JN437318

한 사학도의 역사산책

박 은 구

숭실대학교 출판부

차 례

글쓴이의 말 / 6

I. 유럽 중세 사회 / 10

1. 중세 유럽의 문화와 사상 / 10
1) 유럽의 형성 / 11
(1) 로마제국 / 11
(2) 민족이동 / 17
(3) 유럽의 형성 / 22
2) 그리스도교 문화 / 26
(1) 가톨릭 교회의 성장 / 28
(2) 수도원운동 / 35
3) 중세사상 / 41
(1) 철학사상 / 41
(2) 정치사상 / 54

2. Uniqueness and Universality of the European Medieval Culture : 중세 문명의 특수성과 보편성 / 64
1) Prologue / 64
2) Uniqueness of the Medieval Culture / 65
(1) Heritage of Church Fathers / 66
(2) Scholasticism / 71
3) Universality of the Medieval Culture / 77
(1) Establishment of the University / 77
(2) Humanism / 80
4) Epilogue / 85

3. 청교도 혁명기의 정치적 이상주의
– J. 해링턴의 〈오세아나〉 분석 / 90
1) 문제의 제기 / 90
2) 공화국의 구조 / 97
3) 농지법(Agrarian Law) / 106
4) 민중(People) / 116
5) 맺는말 / 124

II. 한국 현대사회 / 128

1. 개화기의 한 불꽃
– W. 베어드의 〈숭실학당〉 설립 / 128
1) 머리말 / 128
2) 인격과 신앙의 형성 / 129
3) 선교사 배위량 / 135
(1) 한반도의 상황 / 135
(2) 초기 선교활동 / 137
4) 숭실인 배위량 / 139
(1) 서북지역의 동향 / 139
(2) 교육정책의 수립 / 141
(3) 숭실학당의 설립 / 145
5) 식을 수 없는 열정 / 147

2. 1980년대 한 지식인 집단의 고백 / 150
1) 배경 / 150
2) 시대상황 / 151
3) 1차 민주화 선언 / 153
4) 2차 민주화 선언 / 156
5) 맺는말 / 160

3. 한국 최초의 근대적 민족대학 "숭실대학교"
– 학문적 탁월성과 기독교적 정체성의 요람 / 163
1) 머리말 / 163
2) 한국 근대대학의 효시 / 165
(1) 기독교적 민족대학의 설립 / 165
(2) 초기 숭실의 실용주의 학풍 / 167
3) 평양 숭실의 민족운동 / 171
(1) 한말 민족운동과 숭실대학 / 171
(2) 조선국민회와 숭실대학 / 172
(3) 3 · 1 운동과 숭실대학 / 173
(4) 신사참배 거부와 폐교 / 174
4) 서울 숭실의 재건과 비약적 발전 / 175
(1) 숭실대학교의 재건과 성장 / 175
(2) 민주화 운동과 숭실대학 / 179
5) 세계적 명문사학으로 도약 / 182

Ⅲ. 역사의식의 유형 / 188

1. 중세 유럽의 역사의식 / 188
1) 머리말 / 188
2) 중세적 역사의식의 형성 / 189
(1) 사도 바울 : 시간의 유한성 / 189
(2) 성 아우구스틴 : 종말론적 역사의식 / 191
(3) 오로시우스 : 시대구분 체제의 도입 / 194
3) 중세적 역사이해의 유형 / 195
(1) 고전주의 인식 : 제국의 이전 / 195
(2) 초기 과학주의 인식 : '9명의 위인들' / 198
(3) 예언주의 인식 : 영시 '성 어컨월드' 분석 / 201
4) 맺는말 / 207

2. 현대 역사이론의 동향 / 217
1) 전통적 역사학에 대한 비판 / 217
2) 현대 역사학의 동향 / 220
(1) 마르크스주의 역사해석 / 222
(2) 아날학파의 역사이론 / 234
3) 반성과 전망 / 246

3. 한국의 중세 유럽사 연구의 한 실제 / 251
1) 머리말 / 251
2) 사회경제사 / 252
3) 도시사 / 261
4) 여성사 / 263
5) 교황 및 그리스도교 사상사 / 266
6) 정치 및 정치사상사 / 269
7) 연구사 이론 및 기타 / 274
8) 연구번역서 / 277
9) 맺는말 / 278

찾아보기 / 281

글쓴이의 말

자유롭고 유유자적한 캠퍼스 생활이 몸에 배어 있는 필자 같은 사람에게도 일정한 형식은 역시 약간의 도전이 되는가 보다. 자연 연령이 60을 넘기고, 대학으로부터도 30년을 크게 하는 일 없이 근속했다는 통지를 받자, 무감각하기 짝이 없는 필자도 잠시나마 그 간의 일들을 되돌아보게 되었다. 그래서 사학도로서 뿐만 아니라 숭실인으로서도 지낸 한 세대를 나름 정리해 볼 생각을 가지게 되었다.

그러니까 여기에 실린 글들은 30여 년 전부터 작금에 이르기까지 여기저기에 실었던 것들로서, 이번 기회에 한 권의 책으로 묶어본 것이다. 1장, '유럽 중세사회' 는 유럽사 특히 중세 사학도로 살아 온 필자의 학문정신을 반영하고 있다. 오래 전에 쓴 글들에서도, 유럽 문명의 본원적 구조에 대한 관심, 정치사상 및 사학사적 주제에 대한 선호, 이상주의에 대한 공감, 보편주의적 지향, 그리스도교적 오리엔테이션 등의 성향을 새삼 확인할 수 있었다. 아마도 이것이 필자가 역사학도로서 가진 본래의 모습이 아닌가 한다.

2장, '한국 현대사회' 는 주로 1970년대와 80년대에 역사의식을 조탁했던 이 땅의 한 사학도의 기록이다. 한국사 전공자가 아니었음에도 불구하고, '숭실학당' 과 '1987년의 6월 혁명' 은 사학도로서 숭실인이었던 필자에게는 피할 수 없는 화두였다. 지금도 필자는 1987년 봄, 이 땅에서 전개되었던 일련의 격렬한 정치사회적 변화의 과정을 우리 사회에 민주주의를 본격 제도화한 시민혁명의 과정이었다고 생각한다. 이 6월의 와중에서는 필자 같은 이도 변화를 위해 교수직이라는 영예를 스스로 내려놓을 수 있다고 결단했었다. 설령 주변적인 것이라고 하더라도, 여기서 당시 겪었던 필자 나름의 고뇌와 이에 관련된 약간의 흔적을 남길 수 있다는 사실은, 필자에게는 그야말로 '커다란 행운'이다.

3장, '역사의식의 유형'은 필자가 그 동안 품어 온 역사서술의 이론과 실제에 대한 지적 호기심의 흔적들이다. 앞으로도 필자는 중세 유럽인들의 시간과 역사, 그리고 문화에 대한 인식을 더욱 깊이 이해하고 소개하는 기회를 가졌으면 하는 기대를 가지고 있다.

모쪼록 이 책의 글들이 한 부족한 사학도의 학문과 사유의 궤적을 드러내고, 역사에 대해 폭넓은 관심과 애정을 가진 이들로부터 잔잔한 미소와 약간의 공감을 자아낼 수 있다면, 그리하여 우리 자신과 도도한 역사의 흐름에 대해 흔들리지 않는 신뢰와 소망을 확인하는 조그만 계기가 될 수 있다면, 필자로서는 그 이상의 보람이 없겠다. 끝으로 천학비재하고 게으르기 짝이 없는 필자의 글을 꼼꼼히 읽어 준 손채연 선생과, 숭실대 출판부의 임경란 선생, 장창훈 부장께도 이 자리를 빌려 특별한 사의를 표하고 싶다.

2011. 1
상도동 연구실에서

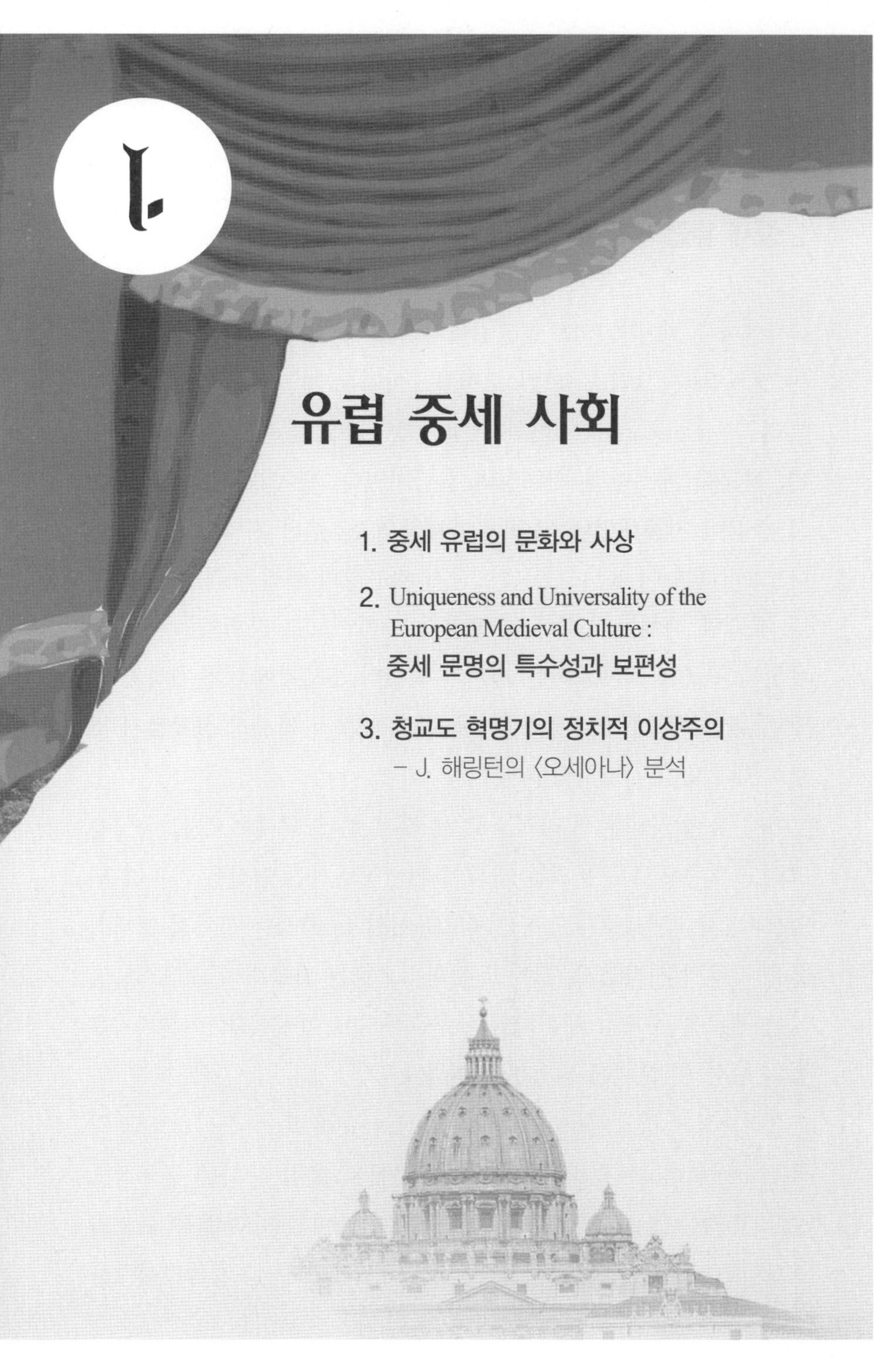

유럽 중세 사회

1. 중세 유럽의 문화와 사상
2. Uniqueness and Universality of the European Medieval Culture : 중세 문명의 특수성과 보편성
3. 청교도 혁명기의 정치적 이상주의 – J. 해링턴의 〈오세아나〉 분석

I. 유럽 중세 사회

1. 중세 유럽의 문화와 사상

샤를마뉴 대제가 의도했던 9세기 카롤링 제국은 고대 제국이라는 정치전통, 그리스-라틴 고전사상이라는 지적 유산, 그리고 가톨리시즘(Catholicism)이라는 정신적 통합력을 축으로 하여 시도된, 독특한 게르만적 재구성의 실험이었다. 당시까지도 서유럽은 그 중심이 지중해였던 고대 로마제국의 한 주변 지역에 불과하였다. 그러니까 이 유니크한 게르만적 재구성의 실험과 좌절 즉 카롤링 제국의 해체는 바야흐로 봉건적 그리스도교 사회라는 독특한 유럽의 구조를 실체화하는 계기가 되었다. 5세기에는 존재하지 않았던 유럽 사회가 9세기를 경과하면서 사회적 역사적 실체로서 뚜렷이 대두되기 시작하였던 것이다.

이제 유럽 사회는 지리적으로 세 수로 즉 드니에프르강, 나일강 그리고 지중해로 구분되는 대륙이라는 영토적인 인식을 가지게 되었으며, 사회체제로서도 봉건제도(Feudalism)라는 정치적 경제적 틀을 갖추기 시작했고, 그리고 문화적으로는 가톨릭적 그리스도교라는 새로운 종교적 패러다임을 구축하기에 이르렀다. 이른바 '유럽의 형성'이 본격화 되었던 것이다.

그리스도교 공동체(respublica christiana) 또는 그리스도교 왕국(christendom) 등의 용어도 이즈음부터 유럽 사회를 구체적으로 가리키는데 사용되었다. 고대적 유산들이었던 라틴적 요소와 게르만적 요소는, 새롭게 형성되고 있던 유럽에서, 가톨리시즘을 매개로 창조적 융합의 과정을 겪음으로써 '중세적인 문화'를 실체화하게 되었다. 그런데 이 중세적 그리스도교 문화와 그 유산이야말로 오늘날도 우리가 유럽 문명의 독특한 정체성(the European Identity)이라고 부르는 바로 그것의 핵심이 아닐까.

1) 유럽의 형성

(1) 로마제국

5세기의 유럽을 연구하려는 역사가들이 직면하게 되는 난제의 하나는 유럽 사회가 아직 존재하지 않았다는 데 있다. 당시 유럽은 유라시아 대륙의 서북단에 위치한 수림(주로 떡갈나무)으로 뒤덮인 미개지역이라는 지리적 개념 이상으로는 존재하지 않았다.[1)]

로마제국은, 이를 나위없는 일이지마는 여전히 밝혀두어야 할 점으로서, 다분히 지중해 제국이었지 유럽의 그것은 아니었다. 잉글랜드와 라인랜드 그리고 프랑스의 상당한 지역들은 이 지중해 제국의 주변지대에 불과하였으며, 아일랜드, 스코틀랜드, 스칸디나비아, 저지대 국가 그리고 대부분의 독일지역과 동유럽의 거의 전역은 숫제 제국의 변경 밖에 위치하고 있었다. 따라서 유럽 사회의 대두는 이 지역에서 추구된 로마제국에 의한 통합 노력의 실패를 전제하고 있다. 유럽의 형성 과정은 그러니까 제국의 해체와 더

---

1) J. Le Goff, *Medieval Civilization*, tr. J. Barron, (Oxford, 1988), 203; G. Duby, *The Early Growth of the European Economy*, (Ithaca, 1974), 5-7 참조. 당시 유럽은 *silvanus*(삼림)의 상태였다. *silvanus*가 야만(영어 - savage, 불어 - sauvage)의 어원이란 점이 시사하고 있듯이, 중세인들에 있어서 *silvanus*는 야만과 미개를 의미하였다. 그러니까 이를 바꾸어 말한다면 *silvanus*의 개간 내지 경작(cultivation)이 곧 문화(culture)의 기초내지 조건이 될 것이었다.

불어 진행되고 있었던 셈이다.

기원후 2세기 동안 로마제국은 로마의 평화로 불리는 놀라운 안정을 유지하였다. 헬레니즘과 중동 문명의 중심지들을 포괄하였던 이 지중해 제국은 심지어 잉글랜드, 북부 프랑스 그리고 라인랜드와 같은 북방지역에까지 도시를 건설하고 정비된 정치조직을 제공하였다. 그리하여 제국의 주민들은 로마제국을 영원하고 보편적인 정치공동체로 간주하였으며, 그것의 그리스-라틴 문명을 문명 그 자체와 동일시하게 되었다. 3세기의 혼란조차, 비록 그것이 매우 충격적이기는 하였지마는, 이와 같은 관념을 파괴하기에 충분한 정도는 아니었다.

그렇기는 하지마는 제국은 3세기를 경과하면서 심대한 변화를 겪어야만 했다. 제국이 살아남을 수 있었던 것은 무엇보다도 디오클레티아누스(248-305)와 질송 콘스탄티누스 대제(306-337)의 통치기술과 열정의 결과였다. 이들은 3세기 전 아우구스투스가 군주제와 과두제를 섞음으로써 공화정 체제의 속성을 상당한 정도로 보존하는데 성공하였던 혼합정부 체제를 종식하고, 고대 중동의 전제정에 보다 가까운 절대 군주체제를 확립하였다. 제국의 통합 유지를 위해서 속주 신민의 사회경제적 생활에 대한 중앙집중적 국가조직의 관료제적 통제가 강화되었으며, 또한 오래전부터 시도되어 온 황제라는 직책과 개인에 대한 상징적 신성성도 보다 의도적으로 개발되었다.[2)]

로마와 황제에 대한 공적 숭배에의 참여를 거부하는 그리스도교

2) 디오클레티아누스는 황제숭배를 강화하기 위해 반신반인적이었던 페르시아 황제로부터 왕관과 의복 그리고 정교한 궁정의식 등을 차용하였다.

도들에 대하여 디오클레티아누스는 그것이 이들의 철저한 일신론적 신조의 불가피한 부산물임을 용인하지 않았다. 그것은 제국의 취약한 통합력에 대한 참을 수 없는 위협이었다. 따라서 이 위협을 제거하고자 하는 것은 디오클레티아누스로서는 오히려 당연한 조치였다.[3] 313년 질송 콘스탄티누스 대제에 의해 그리스도교에 대한 박해가 마침내 포기되고 관용과 호의 정책이 채택된 이후 그리고 황제 자신이 그리스도교로 개종한 이후에도, 황제숭배를 위한 의식과 장치들은 결코 포기되지 않고 있었다.

그러나 4세기 전기에 이미 그리스도교는 사적 신조공동체(private sect)로부터 사회적 종교(civic religion) 집단으로 성장하였으며, 또한 그리스도교도들 역시 황제를 지상 최고의 정치적 수장으로 인정하게 되었다.[4] 그리스도교의 이와 같은 성장과 변화는 제국정부와의 관계를 획기적으로 바꾸어 놓았다. 그리스도교도는 이제 황제중심적 제국 통치에 필요할 뿐만 아니라 유용한 집단이 되었던 것이다. 392년의 국교화 조치는 제국의 통합이 그리스도교도와의 협력 없이는 불가능하였던 현실 상황의 단적인 표현이기도 하지마는, 동시에 그것은 로마적인 것과 그리스도교적인 것의 일치를 공식적으로 보장하는 계기이기도 하였다. 제국의 해체 과정이 비유럽 전역에서 단절적으로 진행될수록, 로마교회가 모든 로마적인 것 즉, 그리스-라틴 문명의 유일한 통로로 간주되고 있었다[5]는 것도 이와 같은 맥락에서 이해될 수 있는 것이다.

---

3) 황제 네로(Nero, 36-68) 이후 9번에 걸쳐 있었던 그리스도교에 대한 박해는 이 시기 절정에 달했다. 디오클레티아누스에 의한 4세기 초엽의 박해가 그리스도교에 대한 제국정부의 최후 최대의 박해이다.

4) F. Oakley, *The Midieval Experience*, (Toronto, 1988), 14.

테오도시우스(379-395)는 자신의 통치력을 제국의 전 영역에 미칠 수 있었던 마지막 황제였다. 그가 타계하자 디오클레티아누스에 의해 시작된 동·서 로마제국의 분리통치는 더욱 고착화되었다. 동로마와 서로마 제국은 보다 분립적인 사회로 나아갔고 그리하여 보다 독자적인 역사를 가지게 되었다. 이를테면 구제국은 지중해 세계에 다수의 후예들을 남겨 놓았던 바, 동부에서는 콘스탄티노플을 새로운 로마로 하였던 비잔티움 제국이 여전히 강력하게 유지되고 있었던데 비해, 서유럽에서는 5세기 말엽까지 통합적 정치조직으로서의 로마제국은 더 이상 존재하지 않게 되었던 것이다.

476년 게르만족 용병 지휘관 오도아케르가 로마의 황제를 폐위하고 콘스탄티노플의 황제 제노(474-491)에게 밝힌 명분이 제국은 한 사람의 황제만으로 충분하며 따라서 서로마의 황제는 필요치 않다는 것이었다.[6] 콘스탄티노플의 대리통치자라는 로마 지배자의 이 같은 지위는 동고트 왕국의 테오도릭(493-526)에 의해서도 유지되었다.[7] 비잔티움 황제의 최종적 주권을 인정하는 이들의 정책은 서로마의 정치적 해체와 함께 그것과 비잔티움 제국간의 힘의 차이를 분명히 드러내고 있다.

구제국의 두 후예들 사이에 있었던 이 힘의 수위차는 한편 콘스

---

5) P. Anderson, 〈고대에서 봉건제도로의 이행〉, 유재건 등 역, (창비, 1990), 140.

6) Oakley, 앞의 책, 15 재인용.

7) 테오도릭은 스스로를 비잔티움 황제의 노예이며 아들(*ego qui sum servus vester et filius*)이라고 부르고, 황제가 부여한 consul, senator, 그리고 patrician의 지위를 유지하였다. 테오도릭 체제의 성격에 관하여는 J. M. Wallace-Hadrill, *The Barbarian West 400-1000,* (Oxford, 1985), 37 등 참조.

탄티노플로 하여금 서유럽에 대한 보다 직접적인 지배를 표면화하게 한 원인이 되었다. 이탈리아, 북아프리카, 스페인 그리고 프랑스 등의 지역을 분할 점령하고 있던 게르만족들에 대한 공격이 533년 유스티니아누스 대제(527-565)에 의해 개시된 이후, 로마제국의 재확립을 위한 정복전쟁은 20여 년간 계속되었다. 이 전쟁의 직접적인 결과가 서지중해와 북아프리카 그리고 남동 스페인에 대한 황제의 권위와 통치력의 일시적인 회복이었다는 점은 분명하다.

그러나 장기적으로 보아 그 결과는 두 가지 측면에서 매우 역설적이다. 우선 제국적 통합이라는 원래의 의도와는 반대로 오랜 전쟁과 그것이 유발한 새로운 민족이동은 1차 민족이동으로 초래된 서유럽의 분열을 더욱 가속시켰다. 그리하여 그것은 사라져 가던 이 지역의 제국적 전통과 유제들을 현저하게 인멸하였다. 특히 이탈리아의 경우, 황폐화된 국토에 부과된 제국정부의 높은 세금 등은 유스티니아누스의 타계와 함께 군사적 통합을 더욱 불안정하게 만들었고, 이민족의 새로운 침입을 초래하였다. 롬바르드족은 북부 이탈리아의 정복에 성공함으로써 비잔티움의 지배를 남부에서만 가능하도록 위축시켰던 것이다. 한편 로마 지역은 양 세력의 위협에도 불구하고 일종의 완충지역으로서 점차 이들 모두로부터 떨어져 나와 독자적인 사회로 구성되고 있었다. 이 같은 이탈리아 반도의 분권적 상황이 완전히 치유된 것이 19세기 후반의 일이니까, 이 시기에 고착된 영토의 분할과 정치 권위의 분열이 실로 지속적인 것이었다고 하지 않을 수 없다.

동시에 구제국의 유력한 후예였던 비잔티움제국 역시 모하메드(Mohammed, 570-632)가 아랍반도 등에 산재하고 있던 자신의 종족들을 이슬람의 신조로 통합하자, 동지중해에 대한 종래의 지배권조차 급속하게 상실하기 시작하였다. 이미 7세기에 아랍권뿐만 아니라 이집트를 포함한 북아프리카 그리고 스페인 및 서고트 왕국을 정복하였던 이슬람 세력은 8세기 전기에는 남불 지중해 연안으로부터 인도에 이르는 대제국을 건설하였다. 콘스탄티노플 그 자체에 대한 이슬람의 위협이 곧바로 성공을 거두지 못한 것이 사실이다. 그러나 이제 이슬람 세력은 지중해 세계의 실질적인 주인공이 되고 있었다. 중세 내내 그것은 독자적인 신앙으로 통합된 중동지역의 제국이었을 뿐만 아니라, 그리스-라틴 문명을 보존 성장시킨 강력한 지중해 세력의 하나로 유지되었던 것이다.

로마제국은 지중해 세계에 비잔티움과 이슬람 제국 그리고 분열된 서유럽을 남겨 놓았다. 이 분열된 서유럽에 구제국의 문명과 전통을 전달하는 가느다란 통로가 있었다면 그것은 그리스도교뿐이었다. 비잔티움과 이슬람 제국은 서유럽에 비해 보다 통합된 사회였고, 높은 수준의 문명을 보다 잘 보존 성장시켰다. 요컨대 보다 비중 있는 구제국의 후예들이었다. 이 점은 비잔티움 및 이슬람 세계의 문명과 역사의 의의와 중요성에 대한 절실한 재인식의 당위성과 함께, 유럽 문명에 관한 한 그것의 특징적 구조의 형성이 고전 문명의 유산만으로는 충분히 해명될 수 없다는 사실 또한 명백히 드러내고 있다. 유럽 역사의 진정한 속성과 구성은 중세로 구분되는 시기에 실제로 일어났던 바에 대한 정밀한 재조명을 통해 설명될 수밖에 없을 것이다. 이 점이 특히 페트라르카(Petrarch)가 경멸적 의미를 담아 암흑시기(the Dark Ages)[8]라고 불렀던 로마

---

8) 5세기로부터 15세기에 이르는 기간을 중세(the Middle Ages)로 구분하는

제국 해체 이후의 수 세기 동안을 유럽의 형성기로 보고, 그것이 어떻게 꾸준히 그리고 구체적으로 진행되었던가를 알아보려는 이유이다.

(2) 민족이동

에드워드 기본(E. Gibbon)은 로마제국 몰락의 주된 원인을 야만족과 그리스도교에서 찾았지마는,[9] 그리스도교의 제국에 대한 승리(국교화)는 야만족들에 의한 제국 국경의 와해와 거의 그 시기가 일치한다. 외몽골 지역의 훈족의 팽창으로부터 촉발된 야만족의 침입은 대략 3차례에 걸쳐 진행되었다.

대규모의 첫 이동 물결은 4세기 말엽과 5세기 전기에 있었다. 훈족의 압박을 받던 라인강과 다뉴브강 지대의 게르만족들은 375년 다뉴브강을 건넌 서고트족을 선두로 대거 제국 영토내로 몰려들어

것은 18세기 이래의 일이다. 계몽주의 사가들에 의해 채택된 이와 같은 시대구분은 15세기 이탈리아 인문주의자로부터 비롯되었으며, 16세기 종교개혁가들에 의해 더욱 강화되었다. 그것이 원래 담고 있었던 정태적, 퇴영적 내지 부정적 역사상은 낭만주의 및 역사주의 사가들의 대두 이후 이 시기의 역사를 역동적, 창조적, 형성적 성격의 것으로 재해석하려는 시도들에 의해 수정 보완되어 왔다. J. Le Goff는 근년의 저작에서 중세는 폭력과 거친 삶의 상황 그리고 자연 조건에 의해 지배된 세계였을 뿐만 아니라 예외적인 창조의 시기였으며, 또한 서구문명의 토대를 놓은 시기였다 고 밝히고 있다 : *Medieval Civilization*, viii.

특히 C. Dawson은 중세와 그 유산 전반에 대한 적극적인 평가와 함께 혼돈의 중세 초기에 관해서도, '그것은 가장 창조적인 시기의 하나였다. 그것은 유럽 문화의 표출이 부분적으로 있었던 시기가 아니라 문화 그 자체 즉 뒤이은 모든 문화적 성취의 뿌리와 기초를 놓은 시기였다. 이 시기를 이해하고 평가하는 작업의 오늘날의 어려움은 부분적으로 그것의 창조적 성격에 기인한다' 고 지적하였다 : *The Making of Europe*, (New York, 1956), 15.

9) E. Gibbon, *The Decline of the Roman Empire*, 〈서양중세사연구〉, ed. B. Tierney, (탐구당, 1987), 8-10 재인용.

왔다. 반달족(Vandals), 알란족(Alans) 그리고 수에브족(Sueves)이 406년 경 라인강을 건넜으며, 그것이 초래한 공백과 혼란은 잇달아 슬라브족과 동고트족 그리고 프랑크족의 이동을 유발하였다. 그리하여 5세기를 경과하면서 반달족이 북아프리카, 서고트족이 스페인, 살리 프랑크족(Salian Franks)이 고올(Gaul) 그리고 동고트족이 이탈리아의 일부를 분할 점령하기에 이르렀다. 로마의 국경 내에서 안전을 구하고자 하였던 이들의 움직임은 제국의 국경과 정치조직 그 자체를 무력화시키고 있었던 것이다.[10)]

그러나 이 초기 게르만족들은 공통된 종족적 기원에도 불구하고, 제국의 통합력을 대치할 만한 어떤 지속적인 사회조직내지 공통 문화를 창출해내지는 못하였다. 제국 유제들에 대한 존중과 모방이 초기 게르만 왕국들의 현저한 특징이었음에도 불구하고, 영토의 분점과 뒤이은 혼란이 초기 과정의 주된 산물이었다. 한 예로서, 이들이 수용하였던 아리우스파 신앙은 가톨릭 신앙을 유지하였던 로마 신민들로부터 충성은커녕 양 집단의 거리를 더욱 넓혀 놓았다.[11)] 부족 종교로서의 게르만교회와 로마교회라는 새로운 분열이 야기되었던 것이다. 정복사업과 지배체제의 구축에 비교적 성공적이었던 클로비스(Clovis, 466-511)의 개종조차, 프랑크족의 가톨릭화와 통일에는 기여하였으나, 게르만족의 통합에로는 나아가지 못하였다.

---

10) Oakley, 앞의 책, 13.

11) 질송 콘스탄티누스 대제에 의해 개최된 1차 니케아공의회는 알렉산드리아의 주교 아타나시우스(Athanasius, 296-373)의 삼위일체설을 그리스도교의 공식 교리로 채택하고, 이를 부정한 아리우스(Arius, d. 335)의 신조를 정죄하였다. 그러나 Arianism은 동방교회의 주된 사조였으며, 초기 게르만 부족들에 의해서도 광범위하게 수용되었다.

두 번째 민족이동의 물결은 유스티니아누스 대제(527-565)의 타계 이후 곧 촉발되었다. 비잔티움 내부의 동요는 아바르족의 발칸 침입, 롬바르드족의 이탈리아 정복, 앵글로 색슨족의 잉글랜드 점령 그리고 고울에 대한 프랑크족 지배의 확대 등을 가져왔다. 제국체제의 해체를 더욱 가속시켰던 2차 이동은 무엇보다도 서유럽의 앞으로의 정치적 전개가 제권의 확립, 중앙 정부의 강화, 제권에 대한 교권의 복속 등을 그 특징으로 하는 동로마제국의 그것과는 현저하게 다른 형태로 나아갈 것임을 분명히 하였다.

6세기에서 8세기까지 지속된 유럽의 역사적 경험은 로마적 요소와 게르만적 요소의 혼재와 융합을 그 핵심으로 하고 있다.[12] 이 복합적인 융합의 과정은 삶의 광범위한 영역에 걸친 것이었다. 그것은 사회적으로는 통혼과 동화, 경제적으로는 라티푼디아의 해체 및 촌락공동체의 형성과 확산 그리고 정치적으로는 로마의 조세 사법제도의 인멸과 게르만적 관습의 강화 등으로 나타났다. 특히 게르만 왕국들의 가톨릭화[13]와 프랑크왕국을 중심으로 한 서유럽의 정치적 재편은 이 융합과정의 중요한 이정표가 되었다.

찰스 마르텔은 당시 활발하게 팽창하고 있던 이슬람 세력을 저지함으로써 그리고 피핀(Pepin, 747-768)은 로마교회와의 제휴를 통해서, 서유럽의 재편과 통합을 현저하게 추진하였다. 더욱이 구제국의 영토는 물론 제국의 변경밖에 위치하였던 대부분의 서유

---

12) R. Mckitterick, *The Frankish Kingdoms under the Carolingians*, 751-987, (London, 1983), 22 ; Anderson, 앞의 책, 129.

13) 5세기에 아일랜드를 시작으로 진행된 게르만족의 가톨릭화는 6세기에 프랑크족과 서고트족, 그리고 7세기에 앵글로 색슨족과 롬바르드족의 순으로 이어졌다.

럽 대륙을 정복하는데 성공하였던 샤를마뉴 대제(768-814)가 마침내 800년 로마교회에 의해 황제로 대관된 사건은 수세기 동안 진행되어온 구제국의 유제와 전통에 대한 게르만적 모방과 실험을 상징하고 있다.[14] 카롤링 제국이 이룩한 군사적 정치적 통합과 이를 매개로 본격화된 유럽의 가톨릭화는 서유럽을 지중해 세계의 일부가 아니라 새롭고 독자적인 사회로 나아가게 하는 직접적인 기초가 되었기 때문이다.[15]

그러나 카롤링제국이 거둔 일시적 성공에도 불구하고, 그와 같은 제국 체제가 9세기 유럽에 적절하거나 지속적인 체제가 될 수는 없었다. 유럽 사회의 여건이었던 방대한 영토, 적은 인구, 느슨한 정치적 유대, 극히 제한된 교역 그리고 열악한 토지경제로는 고대 지중해에서와 같은 제국을 유지할 수 없었다. 제국의 분할

---

14) H. Fichtenau, *The Carolingian Empire*, tr. P. Muntz, (Toronto, 1978), 23-24.

15) 지중해 교역에 대한 연구에 입각하였던 H. Pirenne(1862-1935) 역시, Gibbon과는 달리, 카롤링제국을 중세 사회의 진정한 토대로 파악하였다. '이슬람이 없었다면 프랑크제국은 존재하지 않았을 것이며, 마호멧 없이는 샤를마뉴 대제도 생각하기 어렵다'는 지적으로 대변되는 그의 견해는, 1) 게르만족의 침입에도 불구하고 로마제국은 경제적, 문화적 심지어 정치적으로도 유지되고 있었다. 게르만족이 파괴한 것은 제국이 아니라 제국의 정부였다. 2) 로마제국을 결정적으로 종식시킨 것은 7~8세기를 거치면서 지중해를 내해화한 이슬람 세력이다. 3) 유럽의 토지의존적 중세 사회로의 대전환은 카롤링왕조기의 일이다 등으로 정리될 수 있다.
Pirenne의 저서로는 *Economic and Social History of Medieval Europe*, (New York, 1937); *Mohammed and Charlemagne*, (London, 1939) ; *Medieval Cities*, (Princeton paperback, 1969) 등이 있으며, 그가 야기한 논쟁에 관해서는 A. F. Havighurst, *The Pirenne Thesis*, (Amherst, 1975) ; B. Lyon, *The Origins of the Middle Ages*, (New York, 1972) ; W. C. Bark, *Origins of the Medieval World*, (Stanford, 1977) 등을 참고할 수 있다.

(843)과 뒤이어 더욱 표면화된 3차 민족이동의 물결은 이 같은 상황을 단적으로 재확인하는 계기였다.

북유럽의 노르만족들은 9세기 초엽부터 한 세기 가까이 프랑스와 잉글랜드를 비롯한 유럽의 거의 전역을 수시로 침략하였다. 한편 이슬람 세력은 이즈음 스페인, 사르디니아, 코르시카, 시실리 그리고 남부 이탈리아를 점령함으로써 비잔티움을 대신하여 지중해를 장악하고 있었다. 또한 9세기 말엽에 등장한 마자르족(Margyars)도 60년 가까이 남부 독일과 북부 이탈리아, 심지어 프랑스의 동부 변경을 지배하고 있었다. 뿐만 아니라 이들의 침입으로부터 간신히 벗어나 있던 서유럽의 다른 지역들 역시 분열되고 황폐화되었다. 비록 카롤링왕조가 독일 지역에서는 911년 그리고 프랑스 지역에서는 987년까지 유지되고는 있었지마는, 그것은 사회적 실제와는 유리된 명목상의 것에 지나지 않았다.[16]

사실 서유럽이 이 맹렬한 이민족 침입의 와중에서도 살아남을 수 있었던 것은, 그리하여 이 시기의 것을 서유럽이 경험한 최후의 이민족 침입으로 마감할 수 있었던 것은, 제국의 유산이라 할 통합적 정치조직 때문이 아니었다. 오히려 그것은 분권적 지방세력 덕택이었다.[17] 블로흐(M. Bloch)는 이 시기 유럽의 상황을 국가 기능의 심각한 쇠약화, 토지의존적 사회로의 광범위한 전환, 낮은 생산성과 전반적 빈곤화, 농촌공동체들의 고립, 커뮤니케이션의 단절, 무력감과 절망감의 팽배 및 원자화된 개인들의 상호의존적 인간관계 등으로 묘사한 바 있다.[18] 이를테면 지방세력은 이같이 피

16) Mckitterick, 앞의 책, 'The Last Carolingians' 참조.

17) M. Bloch, 〈봉건사회〉, 한정숙 역 (한길사, 1986), '유럽에 대한 마지막 침입', 특히 99-104 등 참조.

폐한 삶을 그나마 이어주고 보호하는 유일한 현실적 힘이었던 것이다.

로마제국의 해체와 민족이동이 초래한 라틴적 요소와 게르만적 요소의 이원적 병립과 유기적 융합의 과정은 카롤링제국의 실험과 그것의 예고된 와해를 거치면서, 이제 지방세력들을 그 중심으로 하는 새로운 사회체제로 재구성되고 있었다. 끊임없는 전쟁상태에 빠졌던 유럽사회가 마지막 파국을 피할 수 있었던 것은 무엇보다도 이 지방세력들이 구축한 사적 보호의 군사적 정치적 그물망을 통해서였다. 흥미로운 점은 이 새로운 사회체제가 카롤링제국의 영향이 가장 강했던 지역, 다시 말해서 로마적인 요소와 게르만적인 요소가 가장 철저하게 혼합되었던 르아르강에서 라인강에 이르는 지대를 그 기반으로 성장하였다는 사실이다. 카롤링제국의 한 진정한 의의도 그것이 바로 앞으로 한동안 유럽적인 사회틀로 기능하게 될 봉건제도의 핵심적 토양이었다는 데 있다.[19]

(3) 유럽의 대두

샤를마뉴 대제가 의도하였던 보편적 정치이념과 조직은 9세기를 넘기지 못하고 단명하게 붕괴하였다. 은대지(*beneficium*)는 이미 50년대에 사실상 모든 지역에서 세습화되었으며, 70년대에는 순찰사(*missi dominici*)가 그리고 80년대까지는 황제가신(*vassi dominici*)들도 사라져 버렸다.[20] 이들은 스스로 지방세력화하거나 지방유력자들에게 복속하였는데, 한편 지방세력들은 군사적 기

---

18) 앞의 책, 111-123, 142-150, 254-256 등.
19) 앞의 책, 258-259 ; Anderson, 앞의 책, 166-167.
20) Anderson, 앞의 책, 149.

능을 토대로 봉토(*feodum*)와 이에 수반된 노동력 및 제권리들을 배타적으로 지배하게 되었다. 즉 독립된 지방영주로 성장하였던 것이다.

9세기에 있었던 지방영주들의 형성과 대두는 봉건유럽의 한 중추적 형성력이 되었다. 이들은 약화된 중앙정부를 대신하여 공적 정치권위를 사유화하였으며, 봉토의 불입권(immunity)을 토대로 고립된 농촌공동체들을 장악하고 광범위한 예속적 신분의 경작자 계층을 확보하였다. 이들의 대두는 분권적 정치 질서의 제도화 즉 가신제(vassalage)의 확립과 더불어 농노제에 입각한 장원적 생산양식 역시 고착시키고 있었다. 지방영주들은 중세 유럽의 분산적 정치체제와 토지의존적 경제체제의 실질적 지배자들이었던 것이다.

그렇기는 하지마는 가신제와 장원제를 두 축으로 하는 봉건제도의 대두와 발달만으로 특징적 유럽 문명의 형성이 충분히 설명되지는 또한 않는 것 같다. 봉건 유럽의 사회경제적 속성인 극히 제한된 교역만을 가지는 신분제적 농경사회가 반드시 유럽적인 현상만은 아니었다.[21] 뿐만 아니라 봉건적 정치 조직의 기본 속성인 분권화만으로 봉건제도의 발달과 중앙집중적 근대국가의 성립간의 관계를 충분히 해명하기도 어렵다. 분권적 봉건화가 보다 진전되었던 프랑스와 영국이 결과적으로 보아 그 진전 정도가 덜했던 독일, 이탈리아 등에 비해 근대국가를 먼저 그리고 더욱 전형적으로 성립시켰기 때문이다.[22] 사실 윌리암 정복왕(William I, 1066-

---

21) Tierney, 앞의 책, 408.

22) Bloch, 앞의 책, 223-238 ; Anderson, 앞의 책, 169-184 등 참조. 오늘날 봉건제도는 역사의 부정적 유물로 평가되고 있다기보다 차라리 서유럽과 일본

1087)은 이미 11세기에 봉건적 정치조직을 기초로 노르만디 공령과 잉글랜드에서, 상대적이기는 하지마는, 비교적 강력한 중앙집중적 정부를 이룩하고 있었다. 우리는 앞서 고전 문명의 유산만으로 유럽문명의 독자적 성격을 충분히 해명할 수 없음을 지적한 바 있지마는, 분산적 봉건질서 역시 중세 사회의 성격을 충분히 드러내고 있다고 보기는 어려운 측면이 있는 것이다.

사실 보편적 정치공동체 이념은 서유럽에서 결코 소멸한 것이 아니었다. 10세기 유럽은 오토 대제(Otto the Great, 912-973)가 다시 신성로마제국의 황제로 대관되는 것을 보았으며, 그 이후 중세인들 역시 자신들이 로마제국의 말기를 살고 있다고 생각하였다.[23] 물론 이 중세 제국이 과연 얼마만큼 정치적 실체로 기능하였던가 하는 점에는 많은 의문이 있다. 그러나 제국이념이 중세인들의 정치적 명분 내지 희망으로 유지되었다는 점은 분명하다. 9세기 즈음부터 사용된 그리스도교 공화국(*respublica christiana*) 및 그리스도교 왕국(*christendom*)이라는 술어가 구체적인 정치적 함의를 상실한 것은 종교개혁으로 야기된 유럽사회의 분열 이후의 일이었다.[24] 유럽적 정치문화의 한 진정한 특징을 중세 내내

만이 함께 누렸던 일종의 특권으로 이해되고 있는 편이다.

23) Oakley, 앞의 책, 29-30.
'모든 진정한 중세적 주장은 통일체라는 대전제에 입각하고 있다'는 E. F. Jacob의 지적은 고전적인 예이다 : *The Lagacy of the Middle Ages*, (Oxford, 1926), 519. 또한 H. Kohn의 '중세 말기의 모든 민족적 배타주의 정서는 제국적 보편주의의 일부로 스스로를 표출시켰다'는 지적도 음미해 볼 만하다: *The Idea of Nationalism*, (New York, 1967), 93.

24) Ed. R. Fitzgerald, *Comparing Political Thinkers*, (Oxford, 1980), 96-97. 중세 정치사상의 특징은 인류는 하나이며 따라서 하나의 공동체를 이루어야 한다는 신념에 있다. 새로운 로마제국은 종교적 보편주의의 한 도

유지되었던 이 독특한 이원구조 즉 그리스도교가 대변하였던 라틴적 보편제국 이념과 왕실을 포함하는 봉건영주들의 지방적 배타주의가 엮어낸 끊임없는 역동적 상호작용에서 찾아야 하는 이유가 여기에 있는 것이다.[25]

5세기에 존재하지 않았던 유럽은 9세기를 경과하면서, 세 수로 즉 드니에프르강, 나일강 그리고 지중해로 구분되는 아시아, 아프리카 그리고 유럽 대륙에 대한 인식과[26] 함께 가톨릭적 그리스도교 세계가 유럽의 핵심 무대라는 새롭고 구체적인 자각을 가지게 되었다.[27] 그것은 지중해 제국의 해체와 민족이동으로 분리되기 시작한 서유럽이 실로 오랫동안 누적해 온 다양한 역사적 과정의 한 산물이 아닐 수 없다.

사실 서유럽은 로마제국의 보다 직접적인 후예들이었던 비잔티

구로서 제도화되었다. '중세기의 주된 갈등은 보편주의와 개별집단들의 분립욕구 사이의 것이 아니었다. 오히려 그것은 두 형태의 보편주의 즉 교권과 속권 사이에 있었다' 는 H. Kohn의 견해는 여전히 그러나 부분적으로 유효하다 : Kohn, 앞의 책, 79.

25) J. Huizinga는 '그리스도교적 유럽의 정치적 전개는 이중적 기초 위에서 시작되었다. 즉 보편적 그리스도교적 세계공동체 이념과 성격에 있어서 야만적(게르만적)이고 전통에 있어서 로마적인, 여전히 불안정한 권력체계라는 현실이 그것이다' 라고 지적하였다: *Men and Ideas – History, the Middle ages, the Renaissance*, (Princeton paperback, 1984), 103. 보편주의와 지방주의 사이의 간격을 메우고, 이 둘을 효과적으로 수렴 극복한 것이 민족국가(nation state)였다.
J. Strayer는 '로마적 전통, 가톨릭적 원리 그리고 봉건적 생활 실제가 근대적 주권국가(sovereign state)의 토대' 라고 밝혔던 바, 이에 관해서는 Ed. C. L. Tipton, *Nationalism in the Middle Ages*, (New York, 1972) ; J. R. Strayer, 〈근대국가의 기원〉, 박은구 역, (탐구당, 1982) 등을 참고할 수 있다.

26) Southern, *The Making of the Middle Ages*, (London, 1953), 69.

27) Oakley, 앞의 책, 53-54.

움과 이슬람 제국에 비해 몹시 허약한 사회체였다. 그러나 그것은 라틴적 요소와 게르만적 요소 간의 병립 및 서투른 모방의 초기 단계를 거치면서 창조적인 융합을 모색하고 있었다. 특히 프랑크 왕국과 로마교회의 제휴는 게르만 사회에 고대의 유제들을 구조적으로 접목시키는 계기였다. 이를테면 카롤링제국은 정치전통으로서의 제국이념, 지적 유산으로서의 그리스-라틴적 고전사상 그리고 정신적 통합력으로서의 가톨리시즘에 대한 게르만적 재구성의 실험이었다. 그리하여 카롤링제국의 해체는 그 고토에 그리스도교 공동체로서의 유럽과 봉건체제라는 그것의 새로운 사회틀을 구체적으로 출현시켰던 것이다. 가톨릭적 봉건 유럽은 구제국의 와해와 민족이동이 수반하였던 오랜 혼돈과 모색의 역정 즉 라틴, 게르만 그리고 그리스도교적 요소들의 독특한 중세적 융합의 소산이었다.

2) 그리스도교 문화

르네상스와 종교개혁 운동에 의해 비판의 대상이 된 이후 중세 종교와 문화의 성격은 거듭된 토론의 주제가 되어 왔다. 그리하여 오히려 그것은 중세 종교와 문화의 중요성에 대한 광범위한 재인식의 계기가 되었다. 특히 그것은 의미 있는 두 가지 합의를 가져왔다.

첫째, 중세적 전통의 단절은 종교개혁가들이 의도하였던 중세 종교의 부정을 통해서가 아니라, 오히려 인문주의자들이 가하였던 중세 문화에 대한 부정적 비판에 크게 기인하였다. 종교적 및 민족적인 편견이 중세 문화에 대한 정당한 이해를 가로막는 중대한 편견임은 사실이지마는, 부정적 중세상의 보다 중요한 원인이 된 것은 문화적 요인이었다. 그러나 이 저급한 예속적 중세 문화는 역설적이게도 지금도 살아 있는 풍부한 문화적 유산이다. 중세 문화의 한 상징이라고 할 스콜라 신학조차 그것이 구체화한 심성적 태도를 전제하지 않고는 근대 과학의 성장을 생각하기 어렵다.[28)]

둘째, 중세 교회는 독자의 정부와 법률 그리고 구성원을 가졌던 자율적인 조직이었다.[29)] 이 가톨릭적 교회조직은 유럽을 그리스도

---

28) D. Herlihy, *Medieval Culture and Society*, (London, 1968), xi-xv ; A. N. Whitehead, *Science and the Modern World*, (New York, 1948), 1장 : *Adventure of Ideas*, (New York, 1955); C. Dawson, *Medieval Religion*, 김정진 역, (1958), 5-6 등 참조.
다소 도발적이기는 하지마는 L. White는 '중세 유럽의 기술상의 창의력은 부동의 역사적 사실 가운데 하나이다. 근대기술은 세밀한 사항에서 뿐만 아니라 그것에 투영된 정신에 있어서도 중세 유럽의 외연이다' 고 주장하고 있다: *Medieval Religion and Technology*, (Berkeley, 1986), 218-219.
한편 W. Ullmann은 '르네상스 인문주의와 그것에 담긴 모든 표현들은 중세 교회학의 토대 없이는 이해될 수 없다' 고 지적하였다 : *Medieval Foundations of Renaissance Humanism*, (Ithaca, 1977), vii.

29) 중세 교회조직은 대략 아래와 같이 정리될 수 있을 것 같다.

교황
추기경단
공의회 (Church Council)
재속성직자(Secular)
수도성직자(Regular)
대주교 (Archbishop)
주교 (Bishop)
사제 (Priest)
수도원장 (Abbot)
수녀원장 (Abbess)
탁발수도회 (Mendicant Order)
수도승 (Monk)
수녀 (Nun)
탁발수도사 (Friar)
성직자 (Clergy)
그리스도교 공동체 (Respublica Christiana)
일반신도 (Layman)

교화하는 주된 동력이었을 뿐만 아니라, 사실상 그리스도교적 유럽공동체의 핵심적인 정치 사회적 골격이었다. 다시 말해서 중세 가톨릭 교회는 오늘날 국가가 그러한 것과 꼭 마찬가지로 강제적 조직이었으며, 그것이 곧 중세사회였다. 교회와 사회가 일치하는 이 같은 중세적 상황은 중세사의 전 과정 특히 라틴적 보편성과 게르만적 종족성의 융합이 가톨릭적 교회조직이라는 제도적 기초 위에서 이루어졌음을 가리키고 있다.[30]

요컨대 지금까지의 토론은 가톨릭적 중세 문화에 대한 연구가 유럽문명의 고유한 기반 내지 그 자체에 대한 구명임을 드러내고 있다. 중세 사회와 문화를 지탱해 온 가톨릭 교회조직의 역할과 성격에 대한 탐구는 중세사에 관심을 가진 모든 이들에게 주어진 아마도 영원한 도전일 것이다.

(1) 가톨릭교회의 성장

에르스트 트뢸취는 교회(church), 종파(sect) 그리고 신비주의(mysticism)를 그리스도교가 지금까지 사회현상으로서 취해 온 표현들이었다고 규정하고, 특히 중세 그리스도교의 경우 교회가

한 가지 덧붙인다면, 중세사회의 1신분으로서의 성직자 계급은 주로 고위성직자(prelate – 대주교, 주교, 수도원장 등)를 가리킨다는 점이다. 교구사제(local priest), 수도승(monk) 및 탁발수도사(friar) 등은 생활과 정서에 있어서 자타가 인정하는 3신분이었다. 따라서 중세기의 성직자 계층(clergy class)은 일반적 의미의 사회적 계급(social class)이 아니라, 다분히 법제적 계급(legal class)이었음을 이해해 두는 것이 도움이 된다.

30) 교회와 사회 전체 구조와의 일치는 중세를 그 이전 및 이후 시기의 역사와 구별하는 근본적인 특징이다. '중세 서구 교회의 역사는 동시에 유럽 사회의 역사이다' 고 Southern은 지적하고 있다 : *Western Society and the Church in the Middle Ages*, (Pelican Book, 1975), 16-17.

주된 공식적 사회종교적 조직이었고, 사적 신조공동체라는 종파적 요소는 수도원 운동을 통해 흡수 유지되었다고 지적하였다.[31] 종파적 전통이 매우 강했던 원시 그리스도교가 중세기에 교회형 사회종교적 제도로 성장하였던 것은 추상적 논리의 어떤 필연성 때문이 아니었다. 그것은 순전히 역사적인 계기들을 통해서 이루어졌다. 우리는 그러한 계기들을 4세기에 있었던 그리스도교의 라틴화와 5~6세기에 누적적으로 진행된 가톨릭적 조직과 교리의 정비에서 찾을 수 있는 것이다.

라틴어 성서[32]의 보급과 함께 그리스도교의 라틴화의 획기적 이정표는 역시 국교화 조치였다. 그것은 그리스도교를 의심스러운 소수 종파로부터 적어도 이론상 제국의 지배적 이념으로 바꾸어 놓았으며, 그리스도교도들의 내부 조직과 자기 인식에도 심대한 변화를 초래하였다. 이제 그리스도교의 신앙과 권위는 제국의 행정 조직에 의해 보호되었을 뿐만 아니라, 3세기 이후 주교들이 부분적으로 담당해 온 입법적 행정적 및 중재적 기능도 더욱 강화되고 제도화되었다. 교회는 삶의 제한된 영역의 공유에 기초하는 사적 조직으로부터 점차 국가의 영역에 속하는 공공의 기능들을 현실적으로 관리하는 조직이 될 수 있었다.

물론 교회조직의 이 같은 기능은 이웃과 신앙공동체에 대한 봉사(*diakonia*)라는 종교적 인식에 입각하고 있었다. 따라서 권력과

---

31) E. Troeltsch, *The Social Teaching of the Christian Churches*, tr. O. Wyon, (New York, 1960), 334, 340-341; 994.

32) St. Jerome(342-420)에 의해 번역된 최초의 라틴어 성서가 〈*Vulgate*〉이다. 〈*Vulgate*〉가 유럽 정치문화의 형성에 미친 영향에 관해서는 Ullmann, *Law and Politics in the Middle Ages*, (Ithaca, 1975), 42-46이 매우 시사적이다.

법률에 기초하는 세속적 통치와는 매우 다른 전제를 가지고 있었다. 그러나 이교신앙에 대한 명백한 공식적 억압은 점차 교회의 구성원과 국가 내지 사회의 구성원을 일치시켜 나아갔다. 그리하여 마침내 제국이 해체하자 교회는 지금까지 정치적인 것으로 간주되어 왔던 바, 삶의 모든 영역에 영향을 미치는 포괄적인 사회제도로 전환하였던 것이다. 사실 그리스도교가 북유럽의 미개한 야만족과 삼림 속에서 소멸하거나 종족 신앙화하지 않고 오히려 보편적 통합력으로 작용하였던 것은, 무엇보다도 그것이 유일한 포괄적 사회제도였고 동시에 그 통일성이 교황을 정점으로 하는 계서적 가톨릭적 조직을 통해 유지될 수 있었기 때문이었다.[33]

서구 그리스도교의 교황중심적 가톨릭적 조직화는 특히 교황 레오 1세(440-461)와 겔라시우스 1세(492-496)에 의해 현저하게 추진되었다. 가톨릭적 교회조직의 기초는 이를 나위 없이 그리스도에 의해 성 피터(St.Peter)에게 위탁된 교회의 전체적 관리권을 로마의 교황이 승계하였다는 신조이다. 레오 1세가 공식화한 이 교황수장권 이론(theory of Papal Supremacy)은 바야흐로 로마의 주교를 비잔티움의 황제로 부터 해방시키고, 가톨릭교회와 그 조직을 유럽의 관리체로 나아가게 한 초석이었다.[34]

그러나 교회조직이 명실상부한 사회제도로 속속들이 기능하기 위해서는 분별력 있는 정치적 선택이 끊임없이 수반되어야 했다. 콘스탄티노플의 황제 아나스타시우스(491-508)의 황제교권주의

33) Dawson, *Medieval Religion*, 9.
34) W. Ullmann, *Principles of Government and Politics in the Middle Ages*, (London, 1961), 36-38 ; *Medieval Political Thought*, (Peregrine Books, 1975), 24-30.

(caesaro-papism)에 대한 겔라시우스 1세의 반론이 그 좋은 예일 것이다. 겔라시우스에 따르면 그리스도교 사회라는 타원은 두 중심 즉 황제가 지배하는 속권(*imperium*)과 교황이 대표하는 교권(*sacerdotium*)을 동시에 가지고 있었다. 황제는 교회의 주인(master)이 아니라 그 아들이며, 황제의 의무는 가르치는 것이 아니라 배우고 실천하는 데 있다고 그는 생각하였다. 다시 말해서 정신사와 교회사에 관한 한 수장권은 황제가 아니라 교황에게 있으며, 황제와 교황의 관계는 조화로운 협업의 관계여야 한다는 것이었다. 정치적 병행주의로 특징져질 겔라시우스의 이 두 칼의 이론(theory of Two Swords)은 물론 동고트족 테오도릭의 이탈리아 지배라는 시대상황의 한 산물이었다. 그러나 속권과 교권의 등위적 병존체제의 주장은 가톨릭적 서유럽을 비잔티움으로부터 분립시키는 역할 뿐만 아니라 앞으로의 서유럽 정치질서에 대한 가톨릭적 원리를 제시하는 것이기도 하였다.[35)]

유럽의 형성에서 9세기가 가지는 의미에 비교될 수도 있는, 이 시기 교회조직의 정비 과정은 교황 그레고리우스 1세(590-604)

---

35) Ullmann, *Medieval Political*, 40-44; G. Barraclough, *The Medieval Papacy*, (Norwich, 1979), 28, 88.
기본적으로 겔라시아니즘(Gelasianism)은 세속정치로부터 교회조직의 자율성을 보호하려는 로마 교황청의 방어적 수세적 성격의 논리였다. 그러나 그것은 13세기 토마스 아퀴나스에 의해 보다 적극적이고 체계적인 정치적 병행주의로 발전하게 되었다.
한편 겔라시우스 1세의 견해에는 중세적 교황주권론(theory of papal sovereignty)의 맹아 역시 포함되어 있다. 사회 전반이 그리스도교적 로마제국(Christian Roman Empire)의 성격에 비해 라틴적 가톨릭교회(Roman Catholic Church)의 성격을 보다 강하게 가질 경우, 교황은 그 사회에 대한 궁극적 주권(the *auctoritas*)을 당연한 권리로서 요구할 수도 있겠기 때문이다.

에 의해 일단 완성되었다. 그레고리우스는 사실 새로운 교리내지 교회사상을 개척한 인물은 아니었다.[36] 오히려 그는 교회령과 교회수입을 늘리고 이를 효과적으로 활용하는 한편 주교 및 재속성직자들에 대한 지원과 지배를 강화하고, 수도원의 이념과 조직을 교황의 전위로 이식시킨 뛰어난 행정가였다.

특히 롬바르드족과 비잔티움의 위협이 초래하였던 권력의 공백기간 동안, 그레고리우스는 로마의 지방장관겸 주교로서 로마 인민과 전통의 실제적 보호자로 기능하였다. 콘스탄티노플의 보편적 주교권을 거부하고 서구 성직자들에 대한 배타적 사법권을 확립하였던 그는 로마중심적 가톨릭 교회조직의 자립과 자율을 구체적으로 구현하였던 바, 그가 지배하였던 로마교회령(*Patrimonium Petri*)이 교황령 국가의 실질적 기초가 되었던 것이다.

더욱이 그는 대외정책에 매우 적극적이었고 또 성공적이었다. 그는 게르만족들의 아리우스파 신조를 가톨리시즘으로 개종시켰고, 아우구스틴 켄터베리(Augustine of Canterbury, 604년 사망)를 파견하여 앵글로 색슨족을 그리스도교화하였으며, 프랑크교회의 개혁을 진작시켰다. 그레고리우스를 통해 서구 그리스도교는 그리스 라틴 전통과는 확연히 다른 포괄적인 라틴 게르만적 사회제도로 정비될 수 있었으며, 광범위한 현세적 구속력도 확보할 수 있었다. 최초의 수도승 출신 교황이었던 그레고리우스의 아마도 진정한 동기는 정치적이라기보다는 종교적인 것이었다. 그러나 그

---

36) G. R. Evans, *The Thought of Gregory the Great*, (Cambridge, 1986), 152. 그레고리우스 1세는 흔히 St. Jerome, St. Augustine 그리고 St. Ambrose와 함께 가장 위대한 라틴교부 즉 4 교회박사의 한 사람으로 이해되고 있다.

가 이룩한 로마교황의 권한과 자유 및 교회령의 막대한 수입의 확보와 독자적 운용 그리고 교회조직의 강화와 정비는 중세 교황들에 의해 표방될 교황절대권의 초석 바로 그것이었다.[37]

교황중심적 교회조직의 이 같은 확립은 다른 한 편으로 교회의 내면적 자기인식 즉 가톨릭적 교리의 정립을 절실히 요구하고 있었다. 원래 유대민족의 종족사에 입각한 배타적 계시종교였던 그리스도교는 그리스 교부들의 사상과 언어로 운용되어 온 그리스적 종교였다.[38] 그것이 4세기를 거치면서 라틴화하였던 바, 다시 그것이 초기의 종파주의를 극복하고 게르만과 유럽의 보편종교로 수용되기 위해서는 가톨릭적 교리와 규범에 대한 광범위한 합의가 불가결한 요소였다. 이들 다양한 역사 및 사회종교적 전통과 경험을 하나로 묶어 서유럽 사회에 가톨릭적 자기인식을 제공한 주인공이 성 아우구스틴(St. Augustine of Hippo, 354-430)이었던 것이다.

아우구스틴은 특히 극단적인 두 종파주의 집단 즉 펠라기우스(354-418)와 도나투스주의자(donatist)들과의 논쟁을 통해 가톨릭 교리의 근간을 분명하게 제시하였다. 타고난 도덕주의자였던 펠라기우스는 초기 그리스도교의 원죄설(theory of Original Sin)과 종말의식을 비판하고 인간은 자유의지와 본성적 능력을 통해 구원과 완전에 이를 수 있다고 주장하였다. 그것은 인간의 본성과 자유의지 및 인간의 제 조건들에 대해 매우 비관적 견해를 가졌던 초기 교회에게는 심각한 도전이었다. 여기서 아우구스틴은 인

37) Ullmann, *Medieval Political*, 49-51.
38) 그리스 교부들 가운데 대표적인 교회박사로는 Gregory Nazianzeus, Basil the Great, John Chrysostomus 그리고 St. Athanasius 등을 들 수 있다.

간이란 자신의 구원을 위해 자력으로는 아무 것도 할 수 없으며, 그것은 오직 신의 은총(Grace)을 통해서만 이루어질 수 있다는 예정설로써 펠라기우스를 정면 논박하였다. 초기 그리스도교 공동체의 정체감은 이 예정설에 의해 가톨릭교회의 자기인식으로 부단히 유지되었던 셈이다.[39)]

그러나 아우구스틴의 이 예정설을 극단으로 밀고 나아가면 가톨릭 교회조직과 성사(sacrament), 심지어 현세교회 그 자체의 권위와 의미가 전면 부정될 수도 있었다. 이에 그는 도나투스주의자들과의 논쟁을 통해 자신의 견해를 스스로 완화시킴으로써 난국을 해결하였다. 카르타고의 주교 도나투스(313-347)가 제기하였던 문제 즉 부도덕한 성직자에 의한 성사가 과연 유효한가 하는 의문은 일군의 추종자들로 하여금, 교회란 선택되고 의로운 자들만으로 이루어지는 구별된 공동체임을 배타적으로 신봉하도록 만들었다.

결국 자신들 만이 진정한 교회임을 주장하는 도나투스주의자들의 이 극히 분열주의적 신조에 대하여, 아우구스틴은 이번에는 현세적 제도적 교회만이 유일하고 정당한 교회이며, 이 역사적 가톨릭적 교회조직 밖에서는 그리스도교적 구원이 불가능함을 완강히 천명하였다.

아우구스틴에 따르면 인간 사회의 구원에 관한 한 신의 은총과 예정이 진정한 해결책이며, 가톨릭 교회의 조직과 성사가 이 구원과 은총에 이르는 유일한 통로라는 것이었다. 이를테면 그는 신의 은총 및 예정의 교리와 가톨릭 조직의 보편적 유일성의 교리를 양

39) 펠라기우스주의(Pelagianism)에 대한 가톨릭교회의 공식적 정죄는 431년의 일이다.

립시켰다. 우리는 중세 그리스도교 사회의 기본 특징인 교회조직에 의한 사회의 지배 그리고 초월적 규범과 그것의 당위성에 대한 끊임없는 사회적 추구라는 이원성의 논리적 기초가 아우구스틴임을 확인하게 되는 것이다.[40]

(2) 수도원 운동

조직과 교리의 정비가 로마교회를 포괄적인 사회제도로 전환시킨 주요한 동력이었음은 이를 나위가 없다. 그러나 이념의 제도화 내지 사회화는 언제나 그리고 동시에 그것의 고유한 정서(*ethos*)를 위협하게 마련이다. 사회제도로서의 가톨릭 교회조직 역시 그 형해화를 극복하고 지속적인 생명력을 유지하기 위해서는 제3의 요소가 반드시 필요하였다. 다시 말해서 초기 그리스도교의 종파적 전통 즉 구성원들의 자발적 참여와 주체적 결단 그리고 개인적 헌신을 어떻게 교회제도가 유지할 것인가, 그리하여 어떻게 대중들의 정서와 요구 그리고 열정을 달래고, 채우며, 수용하는 자생적 사회조직으로 살아남을 것인가가 문제였던 것이다.[41] 중세 수도원의 고유한 기능이 바로 여기에 있었다.

원래 동방적 기원을 가진 수도원을 가톨릭적 그리스도교의 불가결한 일부로 접목시킨 것은 무엇보다 성 베네딕트(St. Benedict, 480-550)와 그의 저술 〈규칙〉(*Regula*)[42]의 기여였다. 특히 〈규

---

40) 오즈맹은 중세 지성사에서 차지하는 아우구스틴의 막중한 비중을 고전 문명이 중세기의 정치사 및 문화사에서 차지하는 비중에 견주어 설명하고 있다: S. Ozement, *The Age of Reform 1250-1550*, (New Heaven, 1980), 2.
41) Southern, *Society and the Church*, 214-216 ; A. C. Meisel & M. L. Mastero, *The Rule of St. Benedict*, (New York, 1975), 9-10.

칙〉은 기도와 노동 그리고 독서를 수도승이 반드시 실천하여야 할 신의 일(*opus Dei*)로 규정하였다. 그리하여 종교적 이상의 현실적 표출이 띄어야 할 삶의 표준적 양식을 〈규칙〉은 분명하고 구체적으로 제시하였던 것이다.

먼저 기도생활이 강조하고 있는 수도원의 신앙공동체적 성격은 일차적으로 수도원의 확산이 곧 유럽의 그리스도교화의 한 동력이었음을 가리키고 있다. 뿐만 아니라 그것은 수도원이 가톨릭적 이상과 지방적 생활 실제를 끊임없이 연결하는 고리였음을 시사하고 있다. 농경사회의 일부로 정착한 수도원이 승계하고 있던 초기의 종파적 전통(sect tradition)은 지방민들의 습속, 관습, 전승 그리고 이교적 제식과 비의들을 탄력성 있게 용해시켰다.[43] 역으로 말해서, 농촌사회가 그리스도교 및 그것의 가치들을 수용하는 느리고 점진적인 과정은 주로 이 수도원들에 의해서 이루어졌다.[44] 중세 사회가 그리스도교 사회일 수 있었던 것은 농경사회의 일상적 생활과 관행들의 윤리성이 그 사회의 불가결한 일부로 성장하였던 가톨릭적 수도원들에 의해 지속적으로 확인될 수 있었기 때문이다.

---

42) C. H. Lawrence, *Medieval Monasticism*, (London, 1984), 15-17.
43) 특히 이 점에 관하여는 Dawson, *Making of Europe*, 176-180 및 Oakley, 앞의 책, 66-67 참조.
44) J. Le Goff는 '지금까지 그리스도교의 영향을 거의 받고 있지 않았던 농촌지역에 그리스도교와 그것에 수반된 가치들을 느리게 침투시켰던 것이 수도원들이었다는 점은 반드시 강조되어야 한다. 수도승들이 그리스-로마적 이교주의를 정복하였다고 생각한 곳의 흙 밑에서는 단지 외견상으로만 그리스도교 법률에 복속하였던 보다 정교한 도깨비들의 재출현이 조장되고 있었다. 수도원 활동의 한계는 분명하다. 그러나 그것의 힘과 효율을 기억하는 것은 필수적이다' 고 지적하고 있다 : *Medieval Civilization*, 120-121.

또한 〈규칙〉은 수도승들이 매일 7시간의 육체노동과 3시간의 독서를 하도록 규정하였다.[45] 노동에 대한 이 같은 강조는 명백히 종교적인 동기로부터 출발되었다. 그것은 수도승들이 하여야 할 참회와 순복의 실천을 위한 훈련의 과정이었으며, 수도원이 추구하였던 금욕적 삶의 자급자족적 기반을 마련하는 방법이었다. 물론 그것은 작 르고프가 지적하였듯이, 수도승들의 노동을 통한 자기부정은 노동에 대한 전반적 외경을 진작[46]시켰던 것이 사실이다. 그리하여 역설적이게도 수도원 노동은 현실도피적이어야 할 수도원을 중세 사회가 가졌던 최선의 농경조직, 가장 활발한 경제 단위로 만들었던 것도 사실이다.[47]

그럼에도 불구하고 게으름을 영혼의 적으로 금기시하였던 수도원 노동의 본래 의미는 여전히 참회와 자기부정의 금욕적 실천에 있었다. 수도원에 대한 거듭된 비판도 윤리적 이완 및 부와 권력의

---

45) 겨울(10월이후 부활절까지)에는 독서시간이 증가하는 반면 노동시간은 줄어들었다 : *The Rule of St. Benedict*, 48장, '매일의 육체노동' ; Lawrence, 앞의 책, 30-33 참조.

46) J. Le Goff, *Time, Work & Culture in the Middle Ages*, tr. A. Goldhammer, (Chicago, 1982), 80-81; D. Herlihy는 수도승들의 육체노동의 의무는 로마인들과 게르만족들 모두에 의해 부정되어 온 노동의 신성성을 고양시키는 데 기여하였다고 평하고 있다: 앞의 책, 13.

47) G. Duby, *Early Growth*, 214 ; *The Chivalrous Society*, tr. C. Postan, (Berkeley, 1977), 4 ; Dawson, *Making of Europe*, 200-201. 성 아우구스틴 시토교단(the Cistercians)은 이 점에서 전형적이었다. 육체노동을 특히 강조하였던 이들은 봉건적 부담과 십일세 등이 없었던 황무지를 택해 이를 개간하는 데 매우 성공적이었다. 그 밖에도 이들은 양모생산 등의 경제활동을 통해서도 많은 부를 축적하였던 바, 이와 같은 경제적 번영은 오히려 부와 권한이 수도원에 의해 남용될 소지를 남겼다. 수도원의 경제활동에 대한 비판적 검토로는 Duby, *Early Growth*, 213-221; J. Gilchrist, "The Church and the Medieval Economy", in *The Medieval Church*, ed. B. S. Bachrach, (New York, 1972), 80-92 등이 있다.

남용을 표적으로 한 것이었지, 수도원 자체 내지 그것이 표방한 금욕주의라는 이념에 대한 것은 결코 아니었다.[48] 오히려 〈규칙〉의 준수와 금욕의 엄격한 실천이 중세 내내 지속된 다양한 유형의 수도원 운동들 이를테면 클루니파, 카르투지아파, 성 아우구스틴 시토교단 그리고 프란시스회와 도미닉회의 공통된 이념이었다. 수도원은 중세 그리스도교의 두드러진 한 특징으로 유지된 금욕주의(asceticism) 이상의 제도적 온상이었던 것이다.

노동이 금욕주의의 초석이었다면 수도원에서의 독서는 가톨릭 주지주의(intellectualism)의 맹아였다. 사실 초기의 라틴 가톨리시즘은 그리스적 그리스도교에 비해 지적 수준이 결코 높지 못했다.[49] 〈규칙〉이 지정한 독서시간도 제한된 종교적 목표 이외의 학습과 토론을 허용한 것은 전혀 아니었다.[50] 그럼에도 불구하고 사상과 학문의 출발점이 될 책과 도서관(*scriptoria*)은 사실상 수도원적 요소의 하나가 되었다. 특히 카씨도루스(c.480 -575)에 의해 필사가 수도승 노동의 중요한 일부로 정착된 이후, 12세기에 이르기까지 수도원은 교육과 지적 활동을 담당한 서유럽의 유일한 사회제도였다.[51] 세속민들에 있어서 수도원 생활의 선택은 전투와

---

48) Duby, *Early Growth*, 219 ; Southern, *Making of the Middle*, 169.
49) Dawson, *Making of Europe*, 53-54 ; *Medieval Religion*, 43-48 ; F. Copleston, *A History of Philosophy*, (Westminster, 1962), Ⅱ, 38-39.
50) 성 베네딕트가 규정한 *lectio divina* 즉 신성한 독서가 곧 바로 인간의 지적 추구를 보장하고 있다고 해석하기는 어렵다.
51) 중세 수도원의 의의에 관해 역사가들이 가장 쉽게 합의하는 점이 아마도 수도원의 문화적 기여일 것이다. 그러나 12세기 이후에는 재속성직자(clergy)들이 이 기능을 주로 담당하였다: Oakley, *Medieval Exprience*, 142-143. 수도원에서의 필사 즉 '*scribere*'는 원래 육체노동의 일부로 이해되었다. 따

예속적 농경을 피하는 유일한 대안이었고 동시에 문화와 지식에 대한 선택이었던 것이다.[52)]

흥미 있는 점은 수도원 교육에서 인문학이 중요한 비중을 차지하게 되었다는 사실이다. 일찍이 성 아우구스틴에 의해 만약 이교 철학자들 특히 플라톤주의자들이 우리들의 신앙에 유용한 진리들을 표명하였다면, 우리는 그러한 진리들을 두려워하지 말아야 할 뿐만 아니라 우리들의 목적을 위하여 반드시 그것을 활용하여야 한다[53)]고 주장된 이후, 고전문명의 유산은 수도원 학문의 유용한 기둥이 되었다. 수도승들의 개인문집(*florilegium*)은 그들이 섭렵하였던 고전 및 교부들의 기록과 함께, 자유인(혹은 교양인, *liber homo*)의 조건으로서의 인문학 이라는 고전적 전통을 확연히 드러내고 있는 것이다.[54)]

5세기에 이미 문법, 수사학, 논리학의 3과(*trivium*)와 산수, 기하학, 천문학 그리고 음악의 4과(*quadrivium*)를 구체적으로 가리키게 된 인문학은, 6세기 이후 문법과 수사학을 중심으로 신과

라서 그것은 수도승이 마땅히 하여야 할 참회의 한 형태로 간주되고 있었다 : J. Le Goff, *Time, Work*, 81. 이와 같은 형태의 참회에 가장 관심을 보였던 것이 아일랜드의 수도승들이다.

R. W. Southern의 평가는 다음과 같다. '수도승들의 지적 활동 – 라틴어 습득, 방대한 교부 기록들의 수록과 편찬, 고전문헌 전수, 당대의 기록 보관 – 등은 비록 제한적, 초보적인 것이기는 하였지만, 고통 없이는 이루어질 수 없는 작업이었다. 아마도 그것은 단지 수도원 공동체의 틀 안에서만 가능하였을 것이다' : *Making of the Middle*, 192-193.

52) G. Miccoli, "Monks", *Medieval Callings*, ed. J. Le Goff, (Chicago, 1987), 64.

53) Augustine, *De Doctrina Christiana*, in J. Le Goff, *Medieval Civilization*, 114 재인용.

54) Southern, *Making of Europe*, 170-191 참조.

의 합일을 추구하였던 수도원 학문의 불가결한 근간이 되었다. 수도원 학문이 수용하였던 고전과 인문학이 본질에 있어서 부차적인 것이었고, 단편적인 모방으로부터도 크게 벗어나지 못했음은 분명하다. 그러나 그리스-라틴 문명의 전음역에 걸친 가톨릭 교회의 지적 호기심은 수도원에 의해 결코 포기되지 않고 승계되고 있었다.[55]

비록 불완전한 것이기는 하였지마는, 수도원의 독서가 일구어낸 고전전통과 가톨리시즘의 융합은 그 자체로써 중세 사상과 학문의 의미 깊은 초석이었다. 그것은 당대의 이웃 문명체와 비교하더라도 낮은 단계에 지나지 않았던 라틴-가톨릭 사회의 지적 수준을 꾸준히 성장시키는 토대였다. 또한 그것이 유지하였던 고전에의 관심은 중세 내내 단속적으로 제기된 문예부흥(renaissance) 운동의 한 원동력이었다.[56] 뿐만 아니라 그것이 바로 중세 고유의 지적 구조라 할 이성과 신앙의 가톨릭적 종합 즉 스콜라사상을 형성시키는 근간이었다. 고전문명은 이제 더 이상 로마에 있지 않았다. 혼돈의 시기동안 그것은 수도원의 울타리내로 이전되었으며, 여기서 가톨리시즘이란 새로운 이념의 세례를 받았던 것이다.

신의 군단(*scola*)[57]이고자 했던 수도원은 현실적으로 로마교회

---

55) 수도원 학문의 대표적인 예들을 들어보면 다음과 같다 : 6세기 - A. Boethius, F. Cassidorus, 7세기 - Bede the Benerable, 8세기 - Alcuin, 9세기 - J. S. Erigena, 10세기 - Gerbert of Aurillac (Sylvester Ⅱ), 11세기 - St. Anselm.

56) 우리는 그 예로서, 카롤링 왕조의 9세기 르네상스와 오토 왕조의 10세기 르네상스, 그리고 C. H. Haskins가 제시하는 12세기 르네상스 및 이탈리아에서의 15세기 르네상스 등을 들 수 있겠다.

57) *The Rule of St. Benedict*, 'Prologue'.
6세기의 *scola*는 지적 활동과 교육을 위한 학교(school)의 의미와 함께 군

의 정예 군단이었다. 그것은 교황을 정점으로 하는 가톨릭적 조직과 교리에 대중적 기반과 현실적 탄력성을 제공하였다. 동시에 그것이 구현하고자 했던 금욕주의는 그리스도교를 끊임없이 중세 사회의 이념과 규범으로 지탱하고 재형성한 실천적 강령이었다. 끝으로 그것의 주지주의적 요소 즉, 지적 전통과 고전에의 관심을 보존함으로써 수도원은 독특한 중세적 산물이라고 앞서 규정한 라틴 가톨릭적 유럽문명을 배태시키는 한 제도적 요람으로 기능하였다.

3) 중세 사상

(1) 철학사상

실로 오랫동안 중세 사상은 하나의 바늘머리 위에 몇 명의 천사가 함께 춤을 출 수 있는가 따위를 갑론을박한 논쟁 정도로 간주되어 왔다. 지금도 중세 사상은 가톨릭 신앙에 의해 철저하게 압도되었고, 그 특징이 비창의성이며, 교조적 스콜라신학자가 중세 지식인의 이를 나위 없는 대표라는 통념이 받아들여지고 있다. 그러나 이것은 극히 부분적으로만 사실이다.

사물의 본질에 관한 스콜라적 논의 그 자체의 의미는 차치하고라도, 스콜라철학은 중세의 지적 추구들 가운데 명백히 한정된 일부분이었다. 교부철학이 스콜라철학으로 전환한 것은 에리게나(d. 877), 성 안젤름(d. 1109) 등을 통해서였으며, 그것이 학문의 여왕으로 인식된 것은 12세기 말 내지 13세기에 접어들어 형성된 대학

사적 의미 역시 가지고 있었다. 필자는 전자(A.C. Meisel판, 45)의 의미로 한정하기보다 「corps d' elite」로 해석하는 것이 문맥상 보다 적절하다고 생각한다: Lawrence, *Medieval Monasticism*, 28; Dawson, *Medieval Religion*, 27 참조.

의 성장과 더불어 이루어졌다.[58)]

중세 교육기관은 수도원학교를 중심으로 궁정학교, 성당학교, 및 주교좌(cathedra) 성당학교로 유지되어 왔다. 그리하여 상당한 기간 동안 지식인 곧 성직자라는 등식도 성립될 수 있었다. 그러나 12세기 이후 현저하게 진전된 사회상황의 변화 즉 공공질서의 회복, 인구의 증가, 도시생활의 재개 및 교권과 속권 모두의 제도적 정비 등은 보다 많은 훈련된 지식인들을 필요로 하게 되었다. 13세기를 거치면서 대학이 급속히 팽창 확산된 것은 이 같은 사회적 여건 특히 교황, 세속군주 그리고 도시상인들에 의한 지식인 수요의 증가에 크게 힘입은 것이었다.

대학(*universitas*)이 처음부터 고등교육기관을 가리켰던 것은 아니었다. 그것은 오히려 동일한 하나의(*uno*) 목표를 지향하는 사회적 조직 즉 일종의 조합체를 의미하였다. 원래 지방적 폐쇄적이었던 이 배움의 터에 여러 지방 출신의 사람들이 함께 모임으로써, 그 규모가 점차 커지고 지속적인 일반학교(*studium generale*)가 형성되고, 이를 중심으로 교사(*magister*)와 학생(*scholaris*)이 배움의 공동체(*studium commune*)를 이룩한 데서 비롯되었다. 배움의 조합(*studium universitas*) 즉 대학은 이 공동체가 교사자격증을 수여하는 등 나름의 자율적 운용 원리들을 제도화함으로써 성장하였다.

---

58) 12세기 말엽 즈음 살레르노(이), 볼로냐(이), 파리(프), 옥스포드(영) 등에 유럽 최초의 대학들이 형성된 이후 중세 대학의 수는 급속히 증대되었다. 그리하여 1500년경까지는 70여 이상의 대학들이 유럽의 각 도시들에 출현하였다. 이 가운데 특히 살레르노 대학은 의학, 볼로냐 대학은 법학 그리고 파리 대학은 철학 및 신학의 중심지로 명성을 얻게 되었다.

중세대학의 전형은 법학부, 의학부, 신학부 그리고 7 자유학과를 가르치는 인문학부로 구성되어 있었다. 이 가운데 법학, 의학 및 신학부는 오늘날의 대학원 과정에 해당하는 것으로써, 인문학부를 졸업한 학생들 중 일부가 진학하여 학업을 계속하는 곳이었다. 또한 사회적 수요를 생각하면 충분히 이해되는 점이지마는, 진급자 중 보다 많은 수는 법학과 의학 공부를 계속하였다. 그러니까 신학도란 설령 그것이 퍽 명예스러운 지위였다 하더라도, 전체 대학인을 놓고 보면 적은 일부에 지나지 않았다. 요컨대 스콜라사상은 중세철학의 공식적 대표이기는 하지마는, 대학 내의 소수 전문가 집단에 의해 이룩되었으며, 그것이 중세 사상을 주도했던 시기도 비교적 짧은 기간 즉 13~14세기 동안의 일이었다.

중세철학의 가장 큰 주제는 그리스도교의 교리와 가치를 여하히 인간의 이성적 추론과 결부시킬 것인가 하는 문제였다. 조직과 교리를 확립하였던 가톨릭 교회로서는 교리에 대한 철학적 구성이 무엇보다도 절실한 과제였던 것이다. 이 작업은 초기에는 플라토니즘 그리고 후기에는 아리스토텔레스의 사상과 주로 결부되어 진행되었다. 사실 12세기에 이르기까지 아리스토텔레스의 사상은 서구 지식인들에게 거의 알려지지 않았다. 보에티우스(d. 524)에 의해 아리스토텔레스적 요소가 인멸을 면하기는 하였지마는, 초기에 관한 한 성 아우구스틴의 영향이 압도적이었으므로, 그의 저작에 용해되어 있던 플라토니즘은 자연스럽게 가톨릭적 신앙의 철학적 토대로 기능하게 되었다.

성 아우구스틴은 스스로 '플라톤주의자들의 저술에는 성육화(Incarnation)를 제외한 모든 그리스도교 신앙의 근본적 요소들이 포함되어 있다'[59]고 밝힌 바 있다. 이처럼 이교철학 특히 플라토니즘과 그리스도교 교리를 접목시키려는 교부철학자들의 모색은 성 안젤름에게서 대미에 이르렀다. 베네딕트회 수도승이었던 성 안젤름은 가톨릭적 신앙을 자명한 진리로 전제하면서도, 이에 대한 이성적 추론이 가능하고 또 유용하다고 생각하였다.

그의 〈신은 왜 인간이 되었는가〉(*Cur Deus Homo*)가 제시하는 신의 존재와 본성 및 그것과 피조물의 관계에 대한 존재론적 증명은, 성 아우구스틴 이후 처음으로 핵심적 가톨릭 교리 즉 삼위일체, 성육화 등을 철학적으로 해명하려는 본격적 시도였다. '이해하기 위해서 믿는다' (*credo ut intelligam*)는 그의 명제는 신학을 보다 합리적 토대 위에 올려놓으려는 새로운 노력을 대변하고 있을 뿐만이 아니라, 신학의 시녀(*ancilla theologiae*)로서의 철학이라는 스콜라적 인식도 동시에 보여주고 있는 것이다.

한편 교부철학에 수용되어 있던 인문주의 전통의 누적은 12세기에 들어와서 탁월한 법률학자와 인문주의자들을 다량으로 배출하였다. 먼저 법률학의 경우를 살펴보도록 하자. 12세기 이후 진전된 로마법 계수 운동(Reception of Roman Law)은 정치권력의 현실화, 체계화 그리고 관료화를 획기적으로 초래하는 계기가 되었다. 사실 중세사회는 관습이 지배하는 사회였다. 중세인들은 전통적으로 사회 구성원들의 광범위한 동의에 기초를 둔 관습들 가운데 오래되고(age) 선량한(good) 관습이 법률적 구속력을 가진다고 믿고 있었다.

그러나 관습법은 농경사회와 같이 변화가 느리고 정태적인 사회

---

59) Augustine, *Confession*, 20-21, tr. W. Watts, (Cambridge, 1968), 393-399.

에서만 제대로 기능할 수 있는 규범이었다. 상업도시에서와 같이 새롭고 역동적인 사회생활은 보다 명시적이고 객관적인 행위 규범을 필요로 하게 마련이었다. 또한 관습법은 주관적 기억에 의존할 수밖에 없으므로, 예외의 누적을 정당화할 여지가 언제나 있었다. 관습의 발견과 재해석이라는 명분하에 행해지는 지배계층의 자의적 폭력의 경우, 그것을 규제할 방도가 사실상 없었던 것이다. 이를테면 로마법의 재발견은 전통적 지방적 관습에 보다 분명한 객관성, 일관성, 그리고 보편성을 부여하는 작업이었다.

관습법을 포함하는 중세 인정법(human law)의 성문화 과정은 이를 나위 없이 〈로마법 대전〉을 토대로 진행되었다. 이르네리우스(Irnerius, d. 1130)가 볼로냐 대학을 법학의 중심지로 만든 이후, 그 곳에서는 이 〈대전〉의 실체적인 3부분 즉 〈개요집〉(*Institutes*), 〈법령집〉(*Digest*), 그리고 〈신법집〉(*Novellae*)의 본래적 내용을 수집하고, 원형을 복원하며, 이들의 어의를 새기는 데 주력한 주석학파(glossators)가 형성되었다. 불가루스(d. 1167), 휴고(d. 1171) 등에 의해 대표되는 12세기 주석학파의 업적은 아꾸시우스(Accursius, 1185-1263)의 〈대주석서〉로 집대성되었다. 그리고 이 〈대주석서〉는 다시 후기 주석학파(post-glossators, 또는 commentators)에 의해 로마법 원리에 대한 중세적인 해석과 이를 봉건적인 현실에 구체적으로 적용해 보려는 학문적 정치적 시도의 근거가 되었다.[60]

---

60) 로마법의 원리가 반드시 일관된 것은 물론 아니었다. 대표적인 두 원리 즉 '군주의 의사는 법률적 힘을 가진다' 내지 '법률에 의해 제한받지 않는 군주'(*Princeps legibus solutus est*)라는 원리와 '모든 사람과 관련되는 것은 모든 사람에 의해 승인되어야 한다'(*Quod omnes tangit ab omnibus*

뿐만 아니라 로마법의 재발견은 교회법(canon law)의 정비에 있어서도 기념비적인 계기가 되었다. 특히 그라티안(Gratian, d. 1179)의 〈교회법령집〉(*Decretum*)은 '상충하는 교회법들의 조화'(*concordantia discordantium canonum*)를 모색한 표준적인 중세 교회법전이었다. 그것은 교황주권론의 법률적 기초였던 동시에 교황, 추기경단, 그리고 전체 공의회(General Council)를 근간으로 하는 계서적 교회조직의 체계적 정비를 가능하게 하였다. 그리하여 이는 중앙집중적 교황정부의 초석이 되었다. 바로 이 같은 교회정부 체제의 정비가 그 이후 속권과 지역국가 체제 특히 중앙집권적 정부조직의 중요한 모델이 되었던 것이다.

그러나 로마법 계수운동은 여전히 12세기가 경험한 광범위한 사회적 정신적 변화의 한 표출이었다. 아마도 이 시기가 경험한 지적 변화의 핵심은 풀베르(Fulbert, d. 1028), 베르나르 사르트르(Bernard of Chartres, d. 1130), 존 솔즈베리(John of Salisbury, d. 1180) 등의 사르트르 학파에 의해 대표되는 인문주의의 대두일 것이다. 9~10세기의 르네상스가 왕실 일각에 의해 주도된 라틴 고전의 보존 운동이었다면, 라틴 고전과 함께 그리스 고전을 기초로 하였던 12세기 인문주의는 사물의 본성과 질서에 대한 지적 철학적 추구를 그 현저한 특징으로 하고 있었다.

이는 무엇보다도 그리스도교적 사유가 함축하고 있던 물질세계

---

approbetur)는 원리는 경우에 따라서 서로 대립적일 수 있었다. B. Tierney 등에 의한 근년의 연구는 이들이 각각 절대주의 정치전통과 입헌주의 정치전통의 핵심적 원리로 기능하였다고 지적하고 있다.
이에 관해서는, 졸저, 〈서양 중세 정치사상 연구〉, 특히 p.214, 및 졸역, 〈서양 중세사 연구〉, pp.371-420 등을 참조하기 바람.

에 대한 부정적 인식에 일대 전환의 계기가 되었다. 자연(*natura*) 그 자체의 위엄과 자율에 대한 이 시기 인문주의자들의 재인식은 자연을 비본질적 내지 환영적인 무엇으로 간주하여 온 종래의 자연관을 극복하게 하였다. 그리하여 아우구스틴의 원죄설 이후 부정되어 온 인간 본성(human nature)과 인간 이성의 고유한 가치와 존엄에 대해서도 새로운 자각을 가지게 하였다. 이제 자연과 인간사회의 본성적 질서란 체계적으로 구명되고 의식적으로 추구될 수 있다는 획기적인 합의가 마련되고 있었던 것이다.

인간 이성의 가치에 대한 이 같은 재발견은 서유럽 내부의 자생적인 지적 성장의 결과만은 물론 아니었다. 오히려 그것은 11세기 이래로 진행되어 온 재정복(*reconguista*) 사업의 한 산물이었다. 그리스도교 세계는 이를 통해 아비세나(Avicenna, 또는 Ibn Sina, 980-1037), 아베로이스(Averroés, 또는 Ibn Rushd, 1126-1198)와 같은 스페인의 이슬람학자들을 알게 되었고, 이들을 매개로 이슬람 세계가 보존해 온 고전철학 특히 아리스토텔레스의 사상을 보다 본격적으로 수용 접촉하게 되었던 것이다.

이 새로운 지적 충격은 문법과 수사학을 중심으로 하고 있던 서구 인문학의 전통에도 커다란 변화를 초래하였다. 12세기 인문주의의 성격을 특징적으로 보여주는 아베라르(Peter Abelard, 1079-1142)의 〈예 그리고 아니오〉(*Sic et Non*) 및 롬바르드(Peter Lombard, 1100-1160)의 〈명제집〉(*sentences*) 등은 인문학의 역점이 논리학으로 옮겨졌음을 여실히 드러내고 있다.

이와 같은 학문경향의 변화는 아리스토텔레스의 구논리학 즉 〈범주론〉(*Categoriae*)과 〈해석론〉(*Interpretatione*) 뿐만 아니라, 이른바 신논리학 즉 〈분석론 전서〉(*Analytica Priora*), 〈분석론

후서〉(*Analytica Posteriora*), 〈변증론〉(*Topica*) 그리고 〈반박론〉(*Elenchis*) 역시 이 시기에 소개되면서 더욱 증폭되었다. 사실 그리스도교 사회는 이 〈오르가논〉(*Organon*)[61]의 재발견을 통해서 인문학과 철학의 중간 정도에 자리잡은, 그러나 양자 모두와 구별되는 철학의 독자적인 영역과 방법론을 보다 명확히 인식하게 되었다. 중세철학의 고유한 주제였던 보편자(universal)와 이 주제에 접근하는 독특한 방법론 즉 논제의 제기내지 질문(*lectio* 혹은 *guaestio*) 및 이에 대한 토론(*disputatio*)으로서의 찬론과 반론(*pro et contra*) 그리고 결론(*responsio* 혹은 *conclusio*)으로 구성되는 중세 변증법(*dialectica*)은 이들 12세기 인문주의 논리학자에 의해 확립되었던 것이다.

그러니까 이 논리학자들이 추구하였던 신학적 주제와 논쟁의 형식이 바로 13세기 스콜라철학의 직접적인 토양이었다. 더욱이 〈형이상학〉, 〈영혼론〉과 같은 아리스토텔레스의 일련의 저작이 파리대학을 중심으로 계속 소개되면서, 철학적 논의의 초점도 이제 그리스도교의 교리와 아리스토텔레스의 사상 다시 말해서 계시적 신앙과 자연이성을 여하히 조화시킬 것인가 하는데 맞춰지게 되었다. 논리학자의 한 사람이었던 아리스토텔레스가 유일한 철학자(the Philosopher)가 된 것도 이와 같은 맥락에서였다.

질송(E. Gilson)은 엄격한 의미에서 중세인들의 유일한 철학적 주제가 보편자론이었다[62]고 지적한 바 있지마는, 이 주제에 대한

---

61) 흔히 사용되는 〈오르가논〉이라는 술어는 상기한 아리스토텔레스의 6가지 논리학 저술을 한데 묶어 부르는 말이다. 이것은 아리스토텔레스주의자들이 논리학을 학문하는 이들이 자유자재로 다루어야 할 연장(*organon*)으로 간주하였음을 보여주고 있다.

중세 철학자들의 견해는 세 가지 유형으로 대별될 수 있을 것 같다.

첫째, 실재론(realism)에 따르면, 모든 사물은 신의 말씀, 즉 로고스(*logos*)에 의해 피조된 것인 만큼, 원래 그것은 신의 정신 속에 보편적 이념의 형태로서 먼저 존재했다. 따라서 모든 물질적 개별자(particular)들의 진정하고 참다운 실체는 이 선재적 보편자였다: *ante rem*.

둘째가 온건 실재론(moderate 내지 conceptual realism)으로서, 이들은 보편자를 모든 사물이 그것에 의해 분류되는 궁극적인 범주 즉 속(또는 류, *genus*)의 본질로 이해하였다. 그리하여 현실세계의 구체적 사물들을 이 본질의 개별화내지 다양화로 간주하였다. 다시 말해서 보편자는 개별자 속에 그리고 개별자와 함께 존재한다는 것이 이들의 견해였다: *in re*.

셋째가 유명론(nominalism)으로서, 이들은 보편자를 추상적으로 존재하는 어떤 본질이 아니라, 현실 사물들에 대해 인간의 누적된 감각 경험이 결과적으로 추출한 정신적 개념으로 이해하였다. 그리하여 실재하는 것은 언제나 개체일 뿐 보편자란 단지 이름(*nomina*)에 불과하다고 판단하였다. 즉 보편자는 개별자 이후에 존재한다는 것이 이들의 견해였다: *post rem*.

성 아우구스틴이 수용하였던 플라톤적 실재론이 교부철학자들에 의해 승계되면서, 실재론은 중세 가톨리시즘의 확고한 철학적 토대로 기능하였다. 신의 무소부재함과 선재론 그리고 인간의 원죄개념 및 이성에 대한 신앙의 완전 우위 등의 가톨릭 사상은 이 실재론과 그리스도교 신앙의 제휴의 산물이었던 것이다. 이 같은

---

62) Gilson, *Christian Philosophy*, 153.

전통은 12세기에도 윌리암 샹뽀(William of Champeaux), 휴그 생 빅토르(Hugh St. Victor)에 의해 표명되었고, 13세기의 성 프란시스(St. Francis)와 성 보나벤투라(St. Bonaventure) 그리고 14세기의 에기디우스 로마누스(Egidius Romanus), 아우구스티누스 트리움푸스(Augustinus Triumphus) 등을 통해 줄곧 가톨릭적 신앙과 사상의 근간으로 유지되었다. 뿐만 아니라 중세 그리스도교의 독특한 한 흐름 즉 12세기의 성 베르나르(Bernard of Clairvaux), 14세기의 에카르트(Meister Eckhart), 15세기의 니콜라스 쿠사(Nicholas of Cusa) 등이 끊임없이 대변하였던 신비주의 역시, 그 철학적 토대에 관한 한, 이 실재론적 전통으로부터 멀리 떨어져 있지 않았다.

그러나 아리스토텔레스 사상의 파급은 가톨릭 사상을 전통적 실재론에 머물러 있도록 버려두지 않았다. 사르트르 학파의 실재론은 아베라르에 의해서, 보편자란 초월적 이념으로서가 아니라 개별자들과 함께 그리고 그 속에 존재한다는 보다 완화된 입장에로 나아가게 하였다. 그리고 마침내 이 새로운 경향은 알베르투스 마그누스(Albertus Magnus, 1193-1280)와 토마스 아퀴나스(Thomas Aquinas, 1224-1274)를 거치면서, 계시와 이성의 상호보완적 균형이 진리에 이르는 길이라는 온건실재론의 사유체계를 확립하게 되었던 것이다.

이들에 따르면 인간 이성은 신의 본질까지는 아니라 하더라도 물질적 사물의 본질은 구명할 수 있었다. 그리하여 신의 존재 역시 이 현실 사물들의 제일 원인(*prima causa*)으로서 입증될 수 있다고 생각하였다. 이는 신의 존재 증명이란 '증명이라기보다 차라리 계시에 가깝다' 고 밝혔던 성 안젤름의 실재론과는 판이한 정신의 산물이 아닐 수 없다. 그것에는 인간 이성에 대한 거의 무모한 신뢰와 맹목에 가까운 지적 열정이 도사리고 있었다. 그리스도교 신앙과 아리스토텔레스 사상의 위대한 스콜라적 종합, 즉 토마스 아퀴나스의 〈신학대전〉(*Summa Theologiae*)은 아마도 보편적 신앙을 향한 인간의 이성적 추론의 한 영원한 표본일 것이다.

그럼에도 불구하고 아리스토텔레스의 영향은 여기서도 멈추지 않았다. 11세기 베렌게르(Berenger de Tours, d. 1088)는 성찬식(Eucharist) 때 사용된 빵과 포도주가 종교적 상징 이상의 실제적인 변화, 즉 육화(또는 화체, trans-substantiation) 할 수 있을까에 대해 의문을 제기하였다. 이와 같이 빵과 포도주가 '물질적으로' 그리스도의 몸과 피로 변한다는 전통적 화체설에 회의론이 제기된 이후, 실재론적 보편자 개념에 대한 유명론적 반론은 이제 스콜라철학의 한 전통으로 승계되었다. 특히 아베라르의 스승이었던 로셀린(Roscelin, 혹은 Roscelinus of Compiègne, d. 1125)은 실재론적 삼위일체설을 부정하고, 삼위의 신은 종국적으로 하나가 아니라 서로 구별될 수밖에 없다고 주장하였다. 그에 따르면 실재하는 것은 오직 개별 내지 개체일 뿐, 신, 인간 등의 보편적 개념이란 단지 지나가는 소리(*flatus vocis*)에 지나지 않았던 것이다.

그러나 신학과 철학의 통합이 결정적으로 포기되고, 이들이 각각 독립된 자율적 영역으로 인식된 것은 무엇보다 이슬람학자 아베로이스의 영향에 의해서였다. 아베로이스는 신학을 신성한 계시의 산물로 그리고 철학을 자연이성의 그것으로 파악하였다. 그리하여 철학적 진리를 절대적 진리로 이해하였던 그는, 종교가 비록 고유한 사회적 기능을 가지고 있기는 하지마는, 신학을 철학에 대한 일종의 통속적 대중적 해석이라고 규정하고, 신학자 또한 이성이 아니라 곧잘 상상력에 의존하는 자들 다시 말해서 철학을 하기에는 부족한 차선의 이성을 소유한 자들로 간주하였다. 이를테면 아베로이스의 이중진리설은 철학적 진리와 계시적 진리를 동시에 인정하면서도, 계시에 대한 이성의 우위를 명확히 표방하고 있었던 셈이다.

아베로이스적 아리스토텔레스주의는 13세기에 와서, 한편으로는 파리대학의 시제르 브라방(Siger Brabant, 1235-1282), 보에티우스 다치아(Boethius of Dacia, 1280년대 후반경 사망) 등에 의해 이중진리설에 토대를 둔 이신론적(deism) 경향으로, 그리고 다른 한편으로는 옥스포드대학의 로버트 그로쓰테스트(Robert Grossteste, d. 1258), 로저 베이컨(Roger Bacon, 1214- 1592) 등에 의해 관찰과 실험을 중시하는 경험주의적 경향으로 더욱 다원화되었다. 이 같은 유명론적 중세 아리스토텔레스주의를 광범위하게 수용하여 재구성한 인물이 14세기의 윌리엄 오캄(William of Ockham, 1285-1349)이었던 것이다.

토마스 아퀴나스류의 개체 속에 존재하는 보편자를 처음부터 부정하였던 윌리엄 오캄은 오직 개체만이 실재한다는 엄격한 유명론을 재천명하였다. 그에 의하면 개체에 대한 구체적 경험적 인식이 아닌 모든 보편적 개념들, 즉 선, 악, 통합성, 전능함 등은 사물 그 자체가 아니라 단지 개별자들을 가리키기 위한 기호내지 명칭에 불과하였다. 따라서 이들로 이루어진 신학적 명제 특히 신의 선재, 삼위일체, 영혼불멸 등은 엄밀한 의미에서 인간 이성에 의해 증명될 수 없다고 판단하였다. 그렇다고 해서 그리스도교 교리의 비실재성과 초합리성에 대한 그의 면도날(Ockham's razor) 같은 논리적 추론이 그리스도교 신앙의 가치 그 자체를 부정한 것은 전혀 아니었다.

오히려 그것은, 다소 역설적으로 보이기는 하지마는, 토마스 아퀴나스류의 주지주의가 아니라 둔스 스코투스(Duns Scotus, 1264-1308)와 더불어 그리스도교적 주의주의(voluntarism) 전통을 형성하였다. 그는 계시와 이성에 대한 스콜라적 종합을 해체함으로써, 중세 철학을 합리와 이성에 기초한 회의주의적 추론으로, 그리고 중세 신학을 신의 전능함에 역점을 둔 주의주의적 신앙으로 각각 분리시켰던 것이다. 윌리엄 오캄류의 이 주의주의적 유명론이 말기 중세에 관한 한 주도적인 철학 사조를 이룸으로써 스콜라철학은 대미에 이르고 말았다.

오늘날 합리주의와 경험주의는 그 기원이 각각 중세 실재론과 유명론에서 찾아지고 있다. 뿐만 아니라, 실재론적 보편자 개념에서 관념론의 원형이, 그리고 개별 사물의 실재성에 대한 유명론적 인식에서 유물론의 원형이 확인되기도 하는데, 이 같은 작업 역시 흥미로운 추적이 아닐 수 없다. 이처럼 다양한 입장에도 불구하고, 적어도 몇 가지 점은 분명해 보인다. 스콜라사상은 그리스-로마의 철학적 유산을 처음 서유럽 그리스도교 문화에 접목시켰으며, 이 과정을 통해 고전철학은 서구 문화의 고유하고 불가결한 요소가 되었다. 또한 이 시기의 유산들 가운데 아마도 가장 영속적인 가치를 가진 제도로 보이는 대학이 중세 지식인에 의해 형성되었다. 사족이 될까? 끝으로 필자에게는 초월적 가치에 대한 신념, 이성과 계시를 도구로 한 보편적 진리와 규범에의 추구, 보편자와 개별자 내지 본질과 현상의 관계에 대한 치열한 모색, 그리고 무엇보다도 피할 수 없었던 현실적 좌절에도 불구하고 결코 굽히지 않았던 이상에의 헌신들…… 이들이 또한 중세사상의 의미 깊은 유산들이다.

(2) 정치사상

중세 정치의식은 금세기의 아마도 가장 탁월한 중세 정치사상사가라 할 울만(W. Ullmann)에 의해 명쾌하게 두 유형으로 파악되었다. 울만에 따르면 성 아우구스틴이 대표하는 교황권주의자들의 하향적 내지 신정적(descending, theocratic) 정치의식과 마르실리우스(Marsilius of Padua)가 대표하는 인민주권론자들의 상향적내지 인민주권적(ascending, populist) 정치의식이 중세기의 여러 정치적 논의들의 본질을 드러내는 두 핵심적 축이었다.

울만의 이 같은 이론적 설명은 나무보다는 숲의 특징, 말을 바꾸어 본다면, 중세 정치사상의 전체적 구조를 드러내는 데 매우 유용한 틀이었다. 그러나 그것은 온건실재론자 다시 말해서 그리스도교적 아리스토텔레스주의자(christian aristotelian)의 정치적 입장을 충분히 규명하고 있지는 않은 것 같다. 토마스 아퀴나스가 대표하는 이들의 견해를 다른 한 유형 즉 병행주의 정치의식(political parallelism)으로 파악하는 것이 이 시기의 정치적 제 논의들을 보다 세밀히 체계화하는 한 방법이 될 것이다.

① 하향적 정치의식

중세 교황권주의자들은 '교황이 모든 권위(*auctoritas*)의 원천인 신의 현세적 대리자이다' 라는 신념을 가지고 있었다. 교황에 대한 이와 같은 인식이 교황직에 독특한 정치적 기능을 부여하는 것은 오히려 당연한 일이었다. 무엇보다도 교황권주의자들은 선악을 판단하는 궁극적인 권한이 교황직에 속한다고 생각하였다. 그리하여 신성한 지혜(*scientia*)의 소유자인 교황은 선악의 판단을 필요로 하는 모든 문제 특히 현세사와 정치적 분쟁에 당연히 개입할 수 있다는 것이 이들의 기본 신조였다. 또한 이들은 교황직을 단순히 전임 교황직의 승계를 의미하는 것으로 이해하지 않았다. 그것은 언제나 그리스도로부터 직접 묶고 푸는 열쇠를 받은 최초의 교황 성 피터(St. Peter)의 직책의 계승을 의미하였다. 따라서 모든 교황은 성 피터와 마찬가지로 완전한 의미의 정치적 자율성을 보유하고 있었다. 다시 말해서 교황은 모든 정치적 권한과 법률의 제정자인 동시에 이들의 전권적 관리자이며, 예외 없이 초법률적인 존재였다. 그러니까 교황은 교회의 전통은 물론 전임 교황이 제정한 법률에 의해서도 규제되지 않았으며, 교황의 교서나 명령은 그의 개인적인 도덕적 자질과는 무관하게 구속력을 가지고 있었던 것이다. 이와 같은 교황관에 의하면 신도집단이 교회의 관례 내지 교황의 특정 행위를 문제 삼아 정치적으로 도전하거나, 책임을 묻는 행위는, 그것이 어떠한 형태로 제기되든 결코 정당화될 수 없었다.

더욱이 교황권주의자들은 신도집단을 전적으로 신의 의사(*voluntas*)에 따라 관리되어야 하는 공동체로 이해하였다. 그런데 신의 대리자가 교황이므로, 결국 그것은 교황의 절대적 지배권이 그리스도교 공동체 즉 현실 사회에서 확립되어야 한다는 견해였다. 교황 그레고리우스 7세(1021-1085)가 서임권투쟁(Investiture Struggle)에서 밝혔던 바와 같이,[63] 교황과 교회정부의 판단에 동

---

63) 교황 그레고리우스 7세의 교서 〈*Dictatus Papae*〉의 27 명제는 하향적 교황정부의 원리를 훌륭히 보여주고 있다. 이를 정리해 보면 다음과 같다.
(1) 로마교회는 과거에도 오류를 범한 적이 없으며, 앞으로도 세상의 종말에 이르기까지 오류를 범하지 않을 것이다.
(2) 교황만이 새로운 법률을 제정할 수 있다.
(3) 교황은 누구에 의해서도 판단 받지 아니한다.
(4) 교황만이 자신의 판결을 변경할 수 있다.

의하지 않는 자는 그리스도교도가 아니었으므로, 한 개인이 신도 집단 내지 그리스도교 사회의 일원이냐 아니냐를 드러내는 유일한 가시적 기준도 그가 교황의 정치적 사법적 권위에 복속하느냐 또는 복속하지 않느냐 하는 점일 수밖에 없었다. 교황권주의자들에 따르면 교황의 의사에 대한 절대적 순복 여부가 그리스도교 공동체 곧 그 사회 구성원의 자격이었던 것이다.

뿐만 아니라 이들은 궁극적인 종교적 목표 즉 인류의 구원이 성취되기 위해서는 사회체제가 신의 정의를 제대로 반영할 수 있어야 한다고 생각하였다. 그런데 교황이 바로 신성한 지혜의 보고, 법률의 제정자 및 모든 정치적 권한들의 최종 관리자였으므로, 신의 정의는 교황을 정점으로 하는 계서적 사회조직을 통해서만 효율적으로 반영되고 또 성취될 수 있었다. 그러니까 교황권주의자들에 따르면 교황을 단일 수장으로 하는 피라미드형의 권력위임과 복속의 체제를 통해서 교황의 절대적 권위가 위로부터 아래로 지속적으로 흐를 수 있는 사회구조야말로 그리스도교 사회가 언제나 지향하여야 할 정치질서였다.

'그리스도교 사회의 모든 권한(*totum posse*)은 교황에게 속한다. 교황은 다른 모든 정부를 판단하고 헤아리며 또 책임을 물을 수 있다'는 에기디우스(1217-1316)의 교황주권론(doctrine of papal sovereignty)이 전형적으로 보여주고 있는, 이 하향적 정치의식은 보편정부에서 사실상 모든 정부기능을 장악한 전제적 군주의 지위를 교황에게 보장하고 있었다. 교황 그레고리우스 7세,

---

(5) 교황은 황제를 폐위할 수 있다.
(6) 교황은 세속지배자에 대한 신민들의 복속을 면제할 수 있다.

인노센트 3세(1160-1216), 보니파키우스 8세(1234-1303)는 물론, 성 아우구스틴과 펠라기우스(Alvarus Pelagius, d. 1350) 등에 의해서도 대표되고 있는 이 같은 정치의식이 중세 내내 추구되었던 수장제 교황정부(monarchical papacy)의 기반이었다.[64]

② 병행주의 정치의식

새로운 경향의 정치의식은 아리스토텔레스 사상의 수용과 더불어 형성된 그리스도교적 아리스토텔레스주의자들에 의해 제기되었다. 특히 파리대학의 토마스 아퀴나스는 교회정부와 세속정부의 조화로운 병행을 그리스도교 공화국이 유지하여야 할 정치구조의 근간이라고 파악하였다.

기본적으로 토마스 아퀴나스는 세속사회를 이성의 법이 지배하는 자연적 공동체로, 그리고 신도집단 즉 교회를 신앙의 법이 지배하는 초자연적 공동체로 구분하였다. 그리하여 토마스 아퀴나스는 현세사회를 신의 은총이 결정적인 역할을 하는 초자연의 세계와는 다른 질서에 속하는, 그 자체로서 독자적이고 자율적인 세계로 이해하였다.

따라서 그는 처음부터 아리스토텔레스주의자답게 국가를 인간 본성에 입각한 완전한 공동체로 규정하고, 인정적 정치권한의 자족과 독립을 이 공동체를 유지하는 관건으로 간주하였다. 그에 따르면 인민의 권한이 법률 및 정치적 지배권의 기반이었고, 인간의 자연이성(*ratio naturalis*)이 인정법의 합리성과 구속력을 보장해 주는 핵심이었으며, 이 자연이성은 다시 신법에 의해 보장된 진리

64) 중세 제권주의자들 역시 전체주의적 계서적 사회와 정치구조를 모색하였다는 점에서 그 토대는 하향적 정치의식이었다고 생각된다.

추구의 영원한 수단이었다.

그렇다고 해서 토마스 아퀴나스가 현세의 삶이 궁극적으로 종교적인 가치를 지향해야 한다는 전통적인 그리스도교의 신조를 부정한 것은 물론 아니었다. 세속정부와 교회정부의 고유한 영역과 자율성은 마땅히 존중되어야 한다. 비상시가 아닌 한, 이들은 각각 상대방의 영역에 개입하여서는 안 된다. 현세사에 대한 교황의 권한은 간접적인 권한이라는 그의 지론이 충분히 드러내고 있듯이, 토마스 아퀴나스 주장의 역점은 세속정부와 교회정부가, 상하 내지 주종의 관계로서가 아니라, 대등하게 그리고 자율적으로 병행되어야 한다는 데 있었다.

앞서 지적한 바와 같이, 토마스 아퀴나스의 철학사상의 현저한 특징이 신앙과 이성을 등가적인 자율 수단으로 보고, 양자의 균형과 상호보완을 통해 그리스도교적 진리에 이르고자 한 점이었다. 그의 정치적 주장들 역시 그리스도교 사회에 속한 인민들의 진정한 복지는 두 중심 즉, 자연적 및 초자연적 공동체를 각각 독자적으로 관리하는, 세속정부와 교회정부가 조화로운 협업을 통해서 병행될 때 비로소 성취될 수 있다는 신조의 산물이었다고 하겠다. 그러나 이와 같은 병행주의 정치이론은 일면 불안정한 측면을 포함하고 있다.

토마스 아퀴나스는 세속정부와 교회정부의 대등한 병행을 주장하면서도, 교황과 교회정부의 비상시 간섭권을 유보하였다. 말하자면 그는 세속정부에 대한 교황권의 우위를 전면 부정할 의도는 전혀 가지고 있지 않았다. 사실 그와 같은 부정은 경우에 따라서 그리스도교 사회 그 자체의 해체를 초래할 수도 있을 것이었다. 여기에 병행주의 이론의 한계가 있다. 그것이 전제하였던 정치공동체는 의심할 여지없이 그리스도교도들로 구성되는 가톨릭적 타원형의 사회였다. 세속정부의 자율성에 대한 강조도 그것과 교황중심적 교회정부의 조화를 통해 보다 완전한 그리스도교 공화국을 이룩하려는 데 그 기본 동기가 있었던 것이다. 토마스 아퀴나스의 논리가, 중세기에 있어서 조차 가장 신정적 교서의 하나라 할 수 있을, 보니파키우스 8세의 〈우남 상땀〉(*Unam Sanctam*)[65]의 한 초석으로 활용되었던 이유도 바로 여기에 있었다.

③ 상향적 정치의식

아리스토텔레스의 재발견 특히 1220년대에 소개된 그의 〈정치학〉의 충격은 세속정부와 교회정부의 위상을 대등한 관계로 조절하는 정도에서 끝나지 않았다. 병행주의 논리는 오히려 교권에 대한 속권의 우위를 보다 본격적으로 표명하게 될 앞으로의 탈종교적 정치적 논의를 위한 한 단계였다.

〈정치학〉에 따르면 국가란 인간본성에 입각한 자연적 자족적 정치공동체이며, 법률을 제정하고 관리하는 일이 인민의 본성적 권리의 일부이고, 인민의 의사가 국가와 정치권력의 원천이었다. 명백히 〈정치학〉은 교황권주의자들의 그것과는 판이한 정치권력에 대한 논리를 가지고 있었다. 상향적 이라고 할 수 있을, 이 아래로부터 위로 흐르는 정치권력의 당위성에 대한 새로운 인식은 13세기를 경과하면서 꾸준히 수용되었다. 상향적 정치의식은 당시 사

---

65) 〈*Unam Sanctam*〉을 옮기면 지극한 성스러움 (ultimate sanctity)이 될 것이다. 그러나 이것은 관례에 따라 교황의 교서 가운데 첫 구절을 인용해 붙임으로써 고유명사화하였다. 따라서 그 자체로서 교서의 성격을 곧바로 가리킨다고 보기는 어렵다.

회조직의 항구적 일부로 성장을 거듭하고 있던 도시, 대학, 길드, 탁발수도회 등의 공동체 조직은 물론 십자군 원정, 농민반란, 이단 운동을 통해서도 광범위하게 파급되었던 바, 특히 윌리암 옥세르(William of Auxerre, d. 1231), 존 파리(John of Paris, d. 1306) 그리고 마르실리우스 등이 이를 구체화한 주된 이론가들이었다.

무엇보다도 이들은 인민의 의사와 동의 및 이에 입각한 인민의 법률을 모든 인정정부(human government)와 정치권력의 진정한 근거로 이해하였다. 이들은 인민만이 유일한 그리고 제한받지 않는 법률의 제정권자이며, 세속군주와 정부는 반드시 이 법률을 지켜야 하고, 또한 인민은 자신이 제정한 법률을 따르지 않는 정부와 지배자들에 대해 교정·응징하거나, 새로운 지배자를 선택할 수도 있다고 주장하였다. 정부와 법률에 대해 표명된 이 인민주의적 내지 상향적 논리가 중세 인민주권론(doctrine of popular sovereignty)의 핵심적 특징인 것이다.

요컨대 이들에 따르면 세속정부와 지배의 고유한 속성이 정치적 강제력이며, 그것은 단순히 강한 힘(*potentia*)이 아니라 정당한 권한(*potestas*)과 권위를 수반하여야 하는 바, 이 권한과 권위의 정당성은 그것이 합법적일 때 비로소 보장될 수 있었고, 인민의 의사가 바로 합법성의 원천이었다. 따라서 피지배집단인 인민의 의사와 법률이 언제나 강제될 수 있도록 하는 것이 올바른 정치질서의 관건이었던 것이다. 이들이 정부구성의 한 원리로서 선거제를 제기하였던 이유도 이와 같은 인식의 표출이었다.

또한 인민주권론자들은 세속정부와 교회정부의 관계에 대해서 교황권주의자 및 병행주의자와는 확연히 다른 입장을 취하였다.

이들은 세속정부가 인민의 구체적인 동의에 입각하는 한, 그것의 전제적 지배 역시 얼마든지 효율적이고 합법적일 수 있다고 생각하였다. 강제력과 정의 가운데 전자를 정치적 법률의 본질로 그리고 후자를 종교적 법률의 그것으로 이해하였던 이들은, 강제력이 없는 교회법이란 법률이라기보다는 교리라고 규정하였다. 다시 말해서 이들에 따르면, 세속정부의 정당성 여부를 드러내는 유일하고 절대적인 기준이 교황 내지 종교적인 재가가 아니라 언제나 인민의 동의이기 때문에, 인민의 의사에 입각한 세속정부는 마땅히 사제를 포함한 모든 사회구성원을 예외 없이 그리고 항상 지배하여야 한다는 것이었다. 이를테면 인민주권론자들은 교황과 교회정부를 독자적인 법률을 가진 정치적 의미의 자치체라고 생각하지 않고, 오히려 그것을 인민에 의해 지배되는 절대적 세속정부 조직의 한 유용한 하위부서로 간주하고 있었다.

확실히 인민주권론자들은 교회와 국가의 관계 및 정치권력의 사회적 기초에 대하여 교황권주의자는 물론 병행주의자와도 판이한 견해를 가지고 있었다. 인민의 의사와 법률에 입각한 인정정부 및 종교적 가치로부터 해방된 세속 정치권력과 그 절대성에 대한 이들의 주장은, 그리스도교적 가치의 구현을 세속사회의 질서에 우선 시켰던 교황권주의자 그리고 그리스도교적 이념을 전제로 교권과 속권의 병행을 모색하였던 병행주의자의 그것과는 매우 다른 정치문화를 추구하였던 셈이다.

그러나 그렇다고 해서 중세 인민주권론자들의 그것을 곧장 근대적 정치의식의 원형으로 단정하는 데도 무리는 있어 보인다. 왜냐하면 이들에게서 개인적 권리의 성격과 한계에 대한 이론 즉 개인과 집단 및 사회와 정부 내지 정치권력의 관계에 대한 인식과 이에 기초한 다원적 정치의식을 찾아보기 어렵기 때문이다. 이들은 인민이라는 집단을 절대적 의미의 주권체로 규정함으로써, 정치권력의 흐름이 아래로부터 위로 진행되어야 한다는 점을 강조하였을 뿐, 여전히 이들이 지향하였던 사회구조는 단일 주권체의 정치적 의사에 의해 사회 전체가 지배되는 일원적 전체주의적 체제였다. 요컨대 이들은 자율적인 개인들이 아니라 인민이라는 하나의 집단이 주인공이 되는 그리고 이 집단의 의사에 기초한 정치권력이 언제나 강제되는 전제정부를 모색하고 있었다.

끝으로 흥미 있는 사실은, 교권과 속권의 관계에 대해 중세 정치사상가들이 보여주고 있는 이 같은 세 유형의 태도가 신앙과 이성의 관계에 대하여 철학자들이 취하였던 입장들과 비교적 정연한 논리적 관계를 맺고 있다는 점이다. 앞서 지적한 바와 같이, 중세 철학은 신앙우위론 이라고 할 전통적 아우구스틴주의, 신앙과 이성의 보완론인 그리스도교적 아리스토텔레스주의 그리고 이성우위론에 속하는 라틴 아베로이스주의로 대별될 수 있다. 그리하여 이들은 교권과 속권의 관계라는 정치적 주제에 있어서도, 아우구스틴, 토마스 아퀴나스, 마르실리우스가 대표적으로 보여주고 있듯이, 각각 교황권주의, 병행주의 그리고 반교황권주의의 태도를 취하였다.

그라브만(M. Grabmann)의 모델로 불리는,[66] 철학과 정치사상의 관계에 대한 이와 같은 설명들은 이 주제에 대하여 표명된 중세의 복잡다기한 논의들을 체계화하는 데 매우 유용한 것이 사실이

66) 그라브만(M. Grabmann)의 모델에 관해서는 졸고, “그라브만의 이론 : 14세기 철학과 정치사상의 관계”, 〈서양 중세 정치사상 연구〉, (혜안, 2001) pp. 473-498을 참고하기 바람.

다. 그러나 여기에도 문제는 없지 않다. 왜냐하면 이 모델로는 위클리프(J. Wyclif), 제임스 비터보(James of Vilterbo), 그리고 윌리엄 오캄(W. Ockham, 1285-1349)과 같은 예외적인 사상가들의 논리를 적절히 규정하기 어렵기 때문이다. 위클리프는 아우구스틴주의자면서 반교황권주의자에 속했고, 제임스 비터보의 경우 아리스토텔레스주의자였음에도 교황권주의자였는가 하면, 윌리엄 오캄은 아리스토텔레스주의자로서 반교황권주의자였을 뿐만 아니라, 동시에 그의 정치적 견해는 마르실리우스의 전체주의적 경향과도 거리가 먼 유명론적 인민주의의 입장 즉 개인적 권리의 신성성을 그 절대적 기초로 하고 있었다. 그라브만의 모델은 많은 유용성에도 불구하고 명백한 한계를 또한 가지고 있다 하겠다.

필자의 견해로는 중세 사상사의 앞으로의 과제가, 철학 및 정치사상에 대하여 질송, 울만, 그라브만 등이 제시한 기왕의 설명 틀을 기초로, 이 시기의 다양하고 활기찬 논의들을 보다 정밀하게 규정할 수 있는 새로운 이론을 구성하는 일이라고 생각된다. 그것은 분명 용기 있는 학문적 도전만이 이룩할 수 있는 작업이다.

* 이 부분은 서양중세사학회 편, 〈서양 중세사 강의〉 (2003) pp. 259-290, "중세 그리스도교 문화와 사상" 등에서 다루었던 논지를 유럽 중세 사회와 문화 전반에 관한 것으로 확대해서 재구성해 본 글이다.

2. Uniqueness and Universality of the European Medieval Culture : 중세 문명의 특수성과 보편성

1) Prologue

The humanists of the 15th century, the religious reformers of the 16th century, and the enlightened philosophers of the 18th century shared a negative stance toward the European experience between the 5th and the 15th century. It was viewed as 'the Dark Ages' as Petrarch, an Italian humanist of the 15th century, named. The image of the middle ages was characterized as barbarism and ignorance, shamanism and credulity, poverty and inequality, violence and subjection etc.. Although such a negative image still has not been completely cleared, historians and romanticists of the 19th century and some post-modernists praise the medieval culture. They suggest that the medieval period held a unique cultural value as it maintained a balance between harmony and unity, and piety and rationality.

The medieval civilization was achieved through Catholicism, which combined various cultural elements from the Latin and Germanic culture. And such medieval Christian culture is the essence of the European civilization, I guess. Today, many people travel around Europe seeking the cultural heritage of the medieval period as represented by the church, city, university, market, and fortress etc.. The interest in the medieval culture has been heightened since the beginning of the 21st century. That is, the medieval culture has a far-reaching influence on today's society and its people. What cultural elements from the middle ages fascinate people today? Despite the conflicting evaluations on the meaning of the European medieval period, today's intellectual interests in the medieval culture seem to be pervasive and long lasting. It rather lies at the core of people's concern in humanity and civilization.

This paper defines the uniqueness of the medieval civilization as the Latin Catholic culture and explicates it through the philosophy of Church Fathers and Scholasticism. On the other hand, the universality of the medieval civilization is explained through its intellectual heritage such as the establishment of the university and the study of humanities. The paper aims to shed a light on the value of the medieval cultural heritage and its implications.

2) Uniqueness of the Medieval Culture

The debate on the middle ages has been regarded as unproductive and meaningless. The medieval culture has been characterized as uncreative, and the medieval scholars have been stereotyped as dogmatic scholastic theologians. However, such an evaluation depicts only a small fraction of the medieval culture. Setting aside the value of scholastic discussion on the essence of "being(*res*)", the scholastic theology represents only one type of intellectual pursuits of the middle ages. St. Erigena(877) and St. Anselm(1109) held a significant role in transmitting the philosophy of church fathers to scholasticism. This suggests that the medieval christian philosophy is based on the tradition of the philosophy of church fathers. In addition, the socio-economic development in the middle ages resulted in the establishment of the university with the study of law and humanities from the late 12th century. Actually, it was in the 13th century when the scholastic theology started to be viewed as the core subject in the universities.

(1) Heritage of Church Fathers

The church fathers of the late ancient and the early medieval period aimed to support the christian doctrines and its value through intellectual reasoning. At this time, the western european church had to oppose the criticism of the pagan philosophers and the suppression of the lay authorities. Thus, there was an urgent need for the establishment of convincing logic to support the Catholic system. It was St. Augustine of Hippo(354-430), who offered a unique and comprehensive Catholic self-perception at this period.

In particular, St. Augustine provided the basis of the Catholic philosophy through the debate against the two religious heretics, such as Pelagians and Donatists. Pelagius(354-418) who was a moralist, criticized the theory Original Sin and the immanent eschatological conscionsness. Instead, he insisted that people could attain salvation and perfection with free will and inborn naturalistic capability. This challenged the early church that held a pessimistic view toward the human nature, free will, and natural conditions. St. Augustine objected to Pelagius and insisted on the theory of predestination. He argued that salvation only comes from God and people cannot do anything for themselves. As supported by the theory of predestination, the Catholic Church strongly maintained such an elective and unique identity, which separated the ancient christian community from the socio-political confusion in the late Roman imperial era.

However, the theory of predestination could be destructive toward the autonomy of secular world, the validity of the catholic church system and sacrament, and even the religious authority of pope and clergy. St. Augustine adapted a rather relaxed view of the theory of predestination based on the debate with Donatists. Donatus(313-347), the bishop of Cartago, raised an issue whether the sacrament executed by the immoral clergy is valid. In addition, his followers insisted that church is not an institution or an organization on secular and social level. They believed that church is and should consist of the congregation directly selected by God. In other words, they held an exclusive conviction that church is an elected community of absolute goodness.

As opposed to Donatists, who argued that they themselves are the church, St. Augustine supported the church system as the only proper way to obtain salvation. He believed that salvation comes from God via catholic church. As far as christians are concerned, true salvation could not be obtained outside the historic and institutional catholic church. Therefore, he insisted that religious leaders, priests and rituals needs the systematic and social verification, and this can only be guaranteed through the historic value of the catholic church.

According to St. Augustine, God's grace and predestination is the only solution as far as the salvation of humanity is concerned. And such grace and predestination given to the human society could only be received through the catholic church organization and its sacrament. In other words, the divine grace and predestination belong to God's absolute sovereignty, and the catholic church organization as the product of historical and social progress is the only universal passage to it. Here, we can confirm that the uniqueness of medieval structure, in which church and society were identified as the same, relied upon the theory of St. Augustine heavily. The catholic church system had a control over the society; at the same time, the validity of catholic christian doctrines was held against constant social tests.

St. Augustine accepted Platonism, the philosophy of Church Fathers, without any reservations as far as it was consistent with the christian faith. This attitude had a far-reaching impact on the medieval christian philosophy. According to S. Ozment, St. Augustine was the most significant and greatest thinker in the West between the 4th and 11th century. As the 12th century proceeded, the thought of Aristotle started to be introduced through Spain's Islamism. However, the dominant philosophical reality of the 12th century humanism still was constituted of the Platonism of St. Augustine's orientation. In short, the unique influence of St. Augustine signified by the Platonic orientation of his voluminous writings functioned as the philosophical basis of the western medieval catholicism.

However, the church fathers' effort to combine platonism and the christine faith was culminated by St. J. S. Erigena and St. Anselm. St. Erigena from Ireland wrote 〈*The Division of the Nature*〉 which discloses several important creeds. First, the hierarchical order of existence is the natural existential condition of the earthly things. Second, the origin of authority is reason, and the proper use of reason presupposes the acceptance of revelation. Third, faith is philosophical, logic, consists of a set of principles. Fourth, it is certain that the true religion is the true philosophy and vice versa. It is true that St. Erigena was often criticized, because there was no clear distinction between religion and philosophy in his creeds. Despite the criticism, we can confirm that these creeds are the proper product of the Church Fathers' effort to combine faith and reason as much as possible.

Besides, St. Anselm, a Benedictine monk, presupposed that the Catholic faith is the self-evident truth. And he was convinced that such truth could be understood through human reason. His book 〈*Cur Deus Homo*〉 (*Why God became a Human Being?*) aims to explicate God's existence and nature, and attempts to find the ontological verification of the relationship between God and the created. It was the first attempt at the philosophical explication on the existential catholic doctrines, such as the theory of Trinity, the theory of incarnation, and the theory of holy sacrament since St. Augustine. His basic proposition that '*credo ut intelligam*' (believe to understand) on the one hand represents the scholastic pursuit to put the theology on the rational foundation. On the other hand, it represents the hierarchical scholastic recognition that philosophy was regarded as the maid of theology (*ancilla theologiae*).

(2) Scholasticism

E. Gilson indicated that the only philosophical subject in the medieval west was the theory of universals in strict sense. We may divide the medieval opinions on this philosophical subject into three groups as following. First, according to realism, all things are created by divine words (*logos*). Thus, all things pre-existed as universals in God's mentality. In other words, true and ultimate realities of all material particulars are these pre-existed universals in God (*ante rem*).

Secondly, according to moderate realism, universals are regarded as the essence of the ultimate category or the genus that classifies all earthly things. Thus, the concrete particulars in this world are understood as a kind of individualization and diversification of such a genus. In short, universals exist in and with particulars (*in res*).

According to nominalism, universals are not regarded as pre-existed essentials in the abstract manner. Instead, they are regarded as the mental conception based on the human's accumulative sensitive experiences on the things of this world. Thus, existences equal particulars without any exceptions. And the universals exist only in *nomina* (name). That is, the particulars exist first, and then the universals exist only in conception (*post rem*).

Medieval scholars succeeded the platonic realism, which was accepted by St. Augustine. And realism became the undebatable philosophical foundation for the medieval catholicism. The combination of the medieval realism and St. Augustine's catholicism resulted in many logical concepts including God's omni-potence and omni-presence, the theory original sin, the eternity of human spirit, and the theory of salvation, and faith over reason in earthly life, etc.. This tradition was repeatedly proclaimed by William of Champeaux (1121) and Hugh St. Victor of the 12th century, and by St. Francis and St. Bonaventure of the 13th century, and by Egidius Romanus and Augustinus Triumpus of the 14th century. Thus, it had been regarded as the pivot of the catholic faith. Besides, the tradition of mysticism, which was viewed as a peculiar stream of medieval christianity was also founded on the realism of this medieval catholic tradition. St. Bernard of Clairvaux of the 12th century, Meister Eckart of the 14th century, Nicholas Cusa of the 15th century were the leading figures of the mysticism.

However, the influence of the Aristotelianism did not leave the catholic faith in the tradition of realism intact. The traditional realism was criticized by Peter Abelard, who insisted that universals are not supernatural ideas but exist with and in the particulars. His position modified the traditional realism, and this new trend led the compensatory balance between revelation and reason as the only way to truth. This theory of moderate realism was established through Albertus Magnus (1193–1280) and Thomas Acquinas(1224–1274) of the 13th century.

According to these scholars, human reason had limitations to explain God's nature, but it could explain the nature of the materials of this world. Thus, the existence of God could be proved through the existence of the worldly materials. Such an opinion is indeed a distinct mental product of realism proclaimed by St. Anselm, who insisted that 'God's existence can be verified through a divine revelation rather than human reason.' The moderate realism presupposes reliance on human reason and intellectual passion. In 〈*Summa Theologiae*〉 St.

Thomas Aquinas presented a synthesis of aristotelian logic and christian theology. It is the ultimate example of an intellectual attempt to include and keep balance between the Christian faith and rational inferences.

However, the influence of Aristotle did not stop at the christian aristotelianism. Already in the 11th century, Berenger(1088) raised skepticism on the catholic theory of eucharism. He doubted whether bread and wine of the Eucharistic ceremony could transform to Christ's body and blood in the real sense (trans-substantiation), not as mere religious symbols. Such skepticism raised the nominalistic objections to realism as an important part of the scholastic debate. In particular, Roscelin(1125), who taught Peter Abelard, negated the theory of realistic trinity and insisted on the distinction of trinity as the three particulars – God, Son, and the Spirit. According to Roscelin, the real existences are only individuals and particulars, and all the universal conceptions including God and human beings are transient (*flatus vocis*).

Influenced by the Islamic scholar Averroes, the unification of theology and philosophy was abandoned. Instead, the two were set up as independent and autonomous entities. According to Averroes, theology is the product of divine revelation and philosophy is the product of human reason. He argued that both of these could constitute truth, proclaiming 'the doctrine of double truth'. He also regarded the philosophical truth as the absolute truth. He admitted that religion has unique social functions, but viewed theology as a popular interpretation of philosophy. To him, theologians were the second-grade thinkers who heavily relied on subjective imagination rather than rigorous reasoning. In other words, even though the theory of double truth acknowledged the philosophical truth as well as the revelatory truth, it proclaimed the superiority of reason over revelation.

Averroistic Aristotelianism was diversified to deism and experimentalism in the 13th century. Deism was based upon the belief of the completeness of human reason and was led by Siger Brabant and Boethius Dacia of the university of Paris. Experimentalism was led by Roger Bacon(1214–1292) and Robert Grossetesste of the Oxford university who valued observation and experiment. These new trends were broadly accepted and generalized by Willam of Ockham as the unique system of nominalistic cognition.

From the very beginning, Willam of Ockham negated the theory of Acquinas that universals exist in and with particulars. Instead, he proclaimed strict nominalism arguing that particulars are the only existentials.

According to him, things only exist as particulars, and universal conceptions such as good and evil, unity, the plenitude of papal power(*plenitude potestatis*) are only *nominas* that signify particulars. Thus, the theological propositions consisted of such universal conceptions including the pre-existence of God, trinity, Original Sin, eternity of the spirit cannot be proved by human reason in strict sense. Nonetheless,

Ockham's rational and logical inferences on the unreality and the supernaturalness of the christian doctrines, known as Ockham's razor, does not negate the value of christian faith at all.

Paradoxically, Ockham's razor rather shaped the christian voluntarism with Duns Scotus rather than Acquinas' intellectualism. He disintegrated the scholastic synthesis of revelation and reason, dividing theology and philosophy. On the one hand, the disintegration led the medieval philosophy to skeptical inferences on rationality and reason. On the other hand, it led the medieval theology to voluntaristic faith with the emphasis on God's omni-potence. As far as the later middle ages are concerned, the theory of the individualistic nominalism of Willam of Ockam is orientation was the dominant philosophical trend, and the scholastic reasoning reached its height at this time.

The origin of modern rationalism and experimentalism could be traced back to the medieval sholastic realism and the medieval nominalism, respectively. And the prototype of idealism and nominalism could be found in the realistic universal conceptions and the nominalistic conceptions on the existence of particulars. However, the scholastic orientation sought after truth and completeness on the basis of the compensatory balance among reason, emotion, and faith. To this day, such a pursuit has been maintained as a classic model for attempts to search the harmony of universal justice and individual uniqueness. Scholasticism harmonized the philosophical heritage of Greek–Roman classicism and the Catholic Christian faith in a systemic and unique way. In other words, Classicism, the intellectual heritage of the pre–Christian era, became the indispensable and unique structure of the European culture through the medieval scholastic synthesis and its disintegration.

3) Universality of the Medieval Culture

(1) Establishment of the University

The educational institution of the middle ages was only for the clergy class for a long time. Thus, the perception that "intellectuals = clergy" was generally accepted. However, the advancement of social situation after the

12th century represented by the development of manorial economy, the recovery of public order, the increase of population, the revitalization of urban life, and the institutionalization of *sacerdotum* and *regnum* demanded de-clericalization of learning and increase of secular bureaucratic class. The advancement of the society increased the importance of the intellectual manger class either in *clericus* or *laicus*, as long as they are equipped with the systematic cognitive power and understanding of the earthly matters. Furthermore, the central location of the scholarly activity was moved from the monastery in the rural area to the institutionalized educational organization of the urban area pretty quickly.

Today many historians give special status to the medieval university among various cultural achievements of the medieval Europe. The aphorism 'France has *studium* (intellectual authority) just as Italy harbors the sacerdotium (ecclesiastical authority) and Germany the imperium (political authority)' signifies the importance of the university pretty clearly. *Universitas* of the 12th century, of course, did not indicate the higher educational institution as it does today. It meant a kind of guild society with '*uno*' purpose, the exchange and production of knowledge among teachers and students. Thus, as far as its early stages are concerned, the university did not have its own building or property. It basically meant a particular group of human society rather than a particular place and organization.

Such an original concept of '*universitas*' started to have an implication of a modern university through several centers in commercial capitals. People from various classes and regions formed '*studium generale*,' which offered the classes on *Trivium* (grammar, logic, rhetoric) and *Quadrivium* (music, mathematics, geometry, astronomy). This original form of university grew in quantity and quality, producing '*studium commune*,' a stationary corps of teachers and students. Finally, the '*studium commune*' turned into an institution with an autonomous management system and exclusive rights. Through such a process, '*studium universitas*' was established as the university in the modern sense in the West.

The medieval university represented by the university of Paris typically comprises 4 faculties, faculties of arts, law, medicine, and theology. The three advanced faculties, the study of law, medicine, and theology, correspond to the graduate study in the modern university. Only a part of graduates who completed the faculty of arts continued to study the advanced faculties to pursue more specialized professions in the society. At the time, the university started to gain autonomy from church and grew as an important organization for the nation-building process. Considering the change, more and more students who completed the faculty of arts pursued the advanced faculties of law and medicine instead of theology. A record of the early 13th century, 'students researched humanities at the university of Paris, classics at the university of Orlean, and the devil at the university of Bologna,' reflects a sarcastic attitude toward the universities. However, it also suggests the diversified intellectual pursuits of the medieval universities.

(2) Humanism

The most significant change in the medieval thought was the 12th century Renaissance Movement which was led by Fulbert (1028), Bernard of Chartres (1130), Peter Abelard (1142), John of Salisbury (1180). It was also called as the movement of the medieval humanism. Various scholars of the school of Chartres and the university of Paris took the lead for the movement. They were interested in the Latin as well as Greek classics, expanding the range of concern from the church fathers' platonism to Islamic aristotelianism. If we were to depict a concrete and realistic picture of the medieval people with their unique sensibilities and desires, it would largely be achieved through the medieval humanists.

The humanism of the 12th century sought to define the essence of the christian faith and the natural order of worldly things on the basis of the classics. Such a pursuit gave a great impetus to change the negative attitude toward the material world of the early Christianity. As the medieval humanists recognized the self-containedness and autonomy of *natura*, the eschatological and negative conceptions on human and nature, which regarded the present material world as unnatural and transitional phenomenon, was beginning to be overcomed. They formed the new organic theory of nature and society. Such a change in their view resulted in the re-interpretation of human nature and reason, which had been denied since the establishment of St. Augustine's theory of original sin.

The value and dignity of human nature and reason started to be recognized through the medieval Renaissance Movements. In other words, the medieval humanists recognized that the natural order of human society could be systematically organized and reasonably explained. They even thought that the value of nature and human society could be rationally analyzed and universally accepted to anyone, and places in this present world.

The re-discovery of the value of '*humanitas*' and human reason in the Western Europe was not just the result of indigenous intellectual development of the Europe. It was rather an earned product of the process of convergence of christianity and Islam culture in the West. The christian world was able to encounter the scholarships of Avicenna and Averroes through the reconquest of the Islam culture in Spain. Such an encounter was a meaningful trigger for accepting the classic philosophy, esp. the aristotalianism in full scale. It also affected the tradition of educational trends of Western humanism, which centered around grammar and rhetoric. In particular, 'Sic et Non' of Peter Abelard and '*Sentences*' of Peter Lombard reveal that the emphasis of the humanist education moved from the traditional grammar and rhetoric to the dialectic.

Such a change in the trends of Western scholarship was intensified by 〈*Organon*〉 Aristotle's logical treatises. As a matter of fact, the medieval humanists were able to develop the logical system of dialectic in the three stages, namely thesis, antithesis, and synthesis through the discovery of 〈*Organon*〉.

On the other hand, '*Policraticus*' by John of Salisbury reveals how humanism in the 12th century contributed to diversify the medieval thoughts. In fact, his arguments have been regarded as the first systematic political theory in the West. These might be summed up as follows:

(1) the secular power was/is originated from the ecclesiastical power,
(2) the political rule should be legal and lawful,
(3) the essences of political power and human law is the justice of natural law,
(4) the people's resistance to the tyrant, who does not follow justice and law, belongs to their political duty (theory of tyrannicide).

Beside, he viewed the political community as a multi-functional and organic entity, and defined the true philosophy as love for God, who is the wisdom itself. He also insisted that the complete philosophy should not be confined to knowledge, instead it should be executed in action. Such an attitude of John of Salisbury reflects the vitality of medieval humanism.

Despite the personal misfortune, Peter Abelard adhered to his belief that 'true christians are true philosophers, and true philosophers are true christians,' showing that he was not concerned with the original paganism of western Classics. It again implicates that he completely gave up the medieval dogmatic attitude, which regards God's revelation and grace is the only and critical criterion on deciding truth and falseness, and the selected and the abandoned. His pursuit presupposed that the christian truth and classical wisdom share the same universal validity, and the true faith can be explained through the dialectic logic. Schoolmen such as John of Salisbury and Peter Abelard represent the medieval scholars who developed new intellectual recognition on human nature and reason with a deep understanding on the Classics and Roman Law. In short, the optimistic belief of the christian truth and love coupled with the positive attitude toward this temporary and autonomous life represents the medieval humanism in the clearest way.

St. Anselm of the 11th century proclaimed that 'I believe in order to understand'. The Catholic intellectualism, which was institutionalized by the monastery, made a hierarchical connection between faith and reason. However, medieval humanists who regained the belief on humanity and human reason did not stop at this stage. Peter Abelard proclaimed 'I doubt to believe', opening a new prospect of critical skepticism. However, medieval humanism did not negate the value of christian faith at all. In fact, it contributed to establish a logical faith system by raising critical questions on church dogma, institution, and its authority. It resulted in the coordination between revelation and reason as Thomas Acquinas suggested. Medieval humanism also shaped the tradition of intellectual voluntarism through William of Ockam, who insisted on God's omnipotence, the mystery of faith, the uniqueness of individuals, and the autonomy of human society. It seems to me that faith on the universality of truth and justice, recognition on the uniqueness of individuality, and passion for the coordination of the two are the prime pivots of medieval humanism.

4) Epilogue

The biggest challenge to those who study the medieval culture is the limitations of our knowledge on the medieval society and its people. At the same time, these limitations are the very attractions for the students of the medieval culture. The rich heritage from the middle ages cannot be unnoticed today. The medieval political heritage includes the territorial state, the institutional parliament, the theory of contract, the people's sovereignty, and the rule of law. In the socio-economic area, the medieval society contributed to the mobility of social status, the development of manorial agricultural system, and the revival of commercial cities. Lastly, the formation of national languages, the growth of universities, and the amalgamation of divine dignity and pragmatic needs in churches and castles are the products medieval civilization.

We now have recognized that medieval scholarships on intelligence and learning germinated and grew in the worlds of monastery even during the period of barbarism. Also, the medieval scholars, who yearned for peace and freedom, watered the cultural buds, and pushed ahead the ethical revolution of church and its norms by challenging the hierarchy of church and faith.

Also, we have come to understand how difficult it was for the medieval people to survive at a certain socio-economic level and keep the military political systems secure. As a result, we have arrived to sympathize with the medieval people who received a great consolation from church and its promise of the other world as they were in a desperate need for survival.

Simply put, throughout this paper, I have regarded the uniqueness of the medieval civilization as Latin Catholicism, and have tried to explain it through St. Augustine and scholasticism. Monastic asceticism and medieval intellectualism are at the core of Latin Catholicism, and they show the height of ideals of the medieval culture as well as their limitations. Most of all, it reveals the value of humanity, which should not be given up.

On the other hand, I have tried to explain the universality of medieval civilization through the establishment of university and the movements of humanism. The manorial agricultural system and the rise of commercial capitals resulted in the socio-economic development. And it was reflected on a cultural level too. The intellectuals of the 12th century re-gained their belief on humanity and human reason at least partially. Therefore, medieval humanists became to accept the Greek classics, the product of paganism, in a creative way. They aimed to systematically combine the temporal human life and the supernatural dogma of salvation. This intellectual revolution was led by Thomas Aquinas, a Dominic friar, and William of Ockam, a Franciscan friar, as they harmonized human reason and hierarchy of faith. They, as J. Le Goff indicated, were passionate about justice beyond human reason, and were thirsty for truth beyond scientific technology. They attempted at the complete coordination of faith and practice, moving far beyond mere criticism.

Considering this context, the heritage of medieval civilization and its implications in the modern world cannot be debated in any sense. Today's market and power indiscriminately pour out tremendous information and knowledge. However, such information and knowledge do not carry real values by themselves. In fact, they are far from the realization of the universal truth, the enhancement of common benefit, or the personification of individual humanity. However, we should not give up on the challenges and hopes of universal value, public utility, and humanity. And this is the very reason that uniqueness and universality of the medieval civilization have undeniable values in the contemporary society. If they were to be valid, today's information fragments should be value oriented and universal as well as logical. The optimistic and practical discourses on uniqueness of divinity, particulars etc., and universality of humanity, natural norms, common benefits etc., are the eternal heritage of the medieval civilization.

---

* 이 글은 2007년 6월과 7월에 각각 개최되었던, 한국학중앙연구원, "The Global Forum on Civilization and Peace" 및 한국서양사학회, "창립 50주년 기념 국제학술대회" 그리고 2008년 6월에 있었던, 경기도 박물관, "5기 뮤지엄 아카데미" 등에서 논했던 내용들을 정리한 것이다.

〈국문 요약〉

중세 문명의 특수성과 보편성

유럽 중세사회는 다양한 제 요소들로 구성된 독특한 구조를 가지고 있다. 정치적으로는 제국적 정치 전통과 분권적 정치 현실이 혼합되어 있었으며, 경제적으로는 자급자족적 장원경제 체제와 상업도시의 부활이 병존하였고, 사회적으로는 라틴족, 게르만족, 슬라브족, 노르만족 등의 제 종족이 이동과 혼재를 거듭하며 새로운 신분제를 형성하였다. 그리고 문화적으로도 이교적 고전사상과 라틴 가톨리시즘의 융합은 '스콜라사상'이라 불리는 유니크한 문화의 꽃을 피웠다.

이 같은 중세 문명의 특수성에도 불구하고, 오늘날 다양한 중세적 유산들에 부여되고 있는 지속적 보편적 가치와 이에 대한 현대적 인식은 오히려 강화되고 있다. 그 이유가 어디에 있을까? 이교적 고전사상을 수용함으로써 성장하였던 중세 대학, 그리고 여기서 배태되었던 중세 인문주의 및 이들을 토양으로 꽃피었던 스콜라사상 등에는 명백히 신앙과 이성의 보완적 균형, 보편적 가치에 대한 열망, 정의로운 규범에 대한 열정, 자연적 질서에 대한 기대, 주권적 개인 내지 개체의 신성성에 대한 지칠 줄 모르는 탐구, 그리고 공동 선 내지 실제적 보편에 대한 흔들리지 않는 희망 등이 내재되어 있었다. 개체와 공동체 모두에 대해서 유지되었던 거의 맹목에 가까운 신뢰와 낙관, 여기에 중세 문명의 보편성이 가지는 독특한 성격이 있다고 필자는 생각한다.

3. 청교도 혁명기의 정치적 이상주의 – J. 해링턴의 〈오세아나〉 분석

1) 문제의 제기

J. 해링턴(James Harrington, 1611–77)은 17세기 영국이라는 대변혁의 와중에서도 퍽 독특한 길을 걸었던 인물이다. 공화주의자로서 당대에 그 류를 찾아보기 힘든 이론가였음에도 불구하고, 그는 국왕 찰스(Charles) 1세와 밀접한 개인적 친분관계를 유지하였으며,[1] 시종 변혁에의 참여자가 아니라 사태 전반에 대한 객관적 관찰자의 입장을 견지하였다. 그러나 왕정복고 이후에는 그도 혁명의 정당성에 대한 자신의 견해를 숨기지 아니 하였다.[2] 결국 그는 체포되어 투옥당했고, 이때 얻은 신병으로 인하여 17세기 영국적 공화주의(Republicanism)의 한 순교자로서 기구한 생애를 마쳤다.[3] 이에 J. N. Shklar는 이 같은 해링턴의 경우를 역사와 이데올로기의 관계를 검토하는데 있어서 가장 좋은 예라고 지적했던 것이다.[4]

---

1) 1646년 말 장기의회가 국왕에게 파견했던 위원회의 일원이었던 J. V. Harrington은 47년 5월부터 49년 초까지 Charles와 함께 생활하였다. 이 사실은 Harrington이 당시의 과격한 사상들과는 격리되어 있었음을 의미하는 것이기도 하다, J.G.A.Pocock, *The Political Works of James Harrington*, (Cambridge Univ. Press, 1977), pp. 3–5

2) 왕정이 복고된 60년에도 Harrington은 「7년 이내에 영국은 공화정을 수립할 것」이라고 공공연히 주장하였다. J. Aubrey, *Brief Lives*, (London, 1898), Ⅰ. p. 291, cf. C. Hill, *Puritanism and Revolution*, (London, 1962), pp. 309–10.

3) cf. R. Smith, *Harrington and His Oceana*, (Cambridge, 1914), pp.122–28 : *D. N. B.* v.8, pp.1318–20.

국왕의 전횡에 항거하여 40년대부터 혁명운동에 가담하였던 자들은 기본적으로 행정부의 기능 특히 과세권 등에 있어서 의회의 통제력이 강화되기를 원하였다. 그렇게 함으로써 이들은 피 흘리며 쟁취한 스스로의 자유와 재산권을 보장받고자 하였던 것이다. 그러나 내란이 진전되어 감에 따라 보다 민주적 이상을 가진 그룹들이 나타났다. 이들은 혁명의 소산을 젠트리 계층과 비교적 부유한 시민의 범주를 넘어서 전 국민에게로 확대하고자 하였다. 이러한 시대적 여건 하에서 국왕이 처형되고 공화국이 선포된 것이지마는, 그러나 여전히 민주적 헌정체제는 수립되지 않고 있었다. 해링턴이 〈*The Common Wealth of Oceana*〉를 발표할 즈음인 50년대 중반에는, 오히려 올리버 크롬웰(O. Cromwell)의 독재체제가 확립된 듯이 보이던 시기였다.

49년 국왕 찰스(Charles) 1세가 처형된 이후, 7년 동안 공적 활동을 중단했던 해링턴은 그의 대표적 저술이 될 〈오세아나, Oceana(56년 판)〉를 이 시기에 준비하였다. 〈오세아나〉는 해링턴 자신의 이상국가를 정치소설의 형식으로 그린 것이다. 올리버 크롬웰에 대한 헌정을 표면적 목표로 하고 있기 때문에, 부분적으로는 가공적 내지 환상적인 묘사가 다소 지나친 듯한 느낌을 주는 곳도 있다. 그러나 우리는 이 책에, G. 세바인이 지적했던 바와 같이, 17세기의 어떠한 저술에서도 찾아 볼 수 없는, 당시대 상황에 대한 놀라운 통찰과 구체적 제안들이 포함되어 있음을 발견하게 된다.[5)]

---

4) J.N. Shklar, 'Ideology Hunting: The Case of James Harrington', *The American Political Science Review*, v.53, (1959), p.662.

5) G. H. Sabine, *A History of Political Theory*, (New York, 1961), pp. 496-97

해링턴이 제안한 이상국가 〈오세아나〉의 토대는 명백히 영국이었다. 그는 영국이야말로 공화국(the Commonwealth)이 될 가능성이 가장 많으며, 이는 확실하고 자연스러운 일이라고 믿었다. 공화국의 건설을 건물의 건축에 비교했던 그는 「(다른 나라들과는 달리) 영국은 공화국 건설에 필요한 재료 즉 벽돌들을 이미 가지고 있다 … 남은 일은 이 벽돌들을 쌓아 올리는 일 뿐」이라고 생각하였다.[6] 해링턴은 〈오세아나〉에서 영국이 보유하고 있는 이 「벽돌」이 무엇인가를 밝히고, 또한 이 「벽돌」을 어떻게 쌓아 올릴 것인가 하는, 이를테면 축조의 방안을 제시하고자 하였던 것이다.

〈오세아나〉의 서술상의 특징으로서 먼저 지적할 수 있는 점은 공화국에 대한 그의 역사적 접근방법이다. 그는 진정한 공화국의 원리를 과거의 여러 정부형태 특히 이스라엘, 그리스, 로마, 베니스 등의 그것을 비교 분석하고, 또한 이들의 역사적 변화과정을 추적함으로써 해명하고자 했다. 그는 이렇게 말한다.

> 먼저 역사에 대한 지식과 폭 넓은 여행을 체험하지 않고서는, 누구도 훌륭한 정치가가 될 수 없다. 역사는 사물이 지금까지 어떠하였던가를 밝혀주며, 여행은 그것이 현재 어떠한가를 보여주는 바, 역사와 여행이 가져다주는 사물에 대한 이 같은 이해 없이는 정치가가 될 수 없다 …… 역사는 정치적 제 원리들을 제시하여 준다.[7]

---

6) J. Harrington, *Oceana*, tr. Pocock, *Political Works*. pp. 156-359, 이하 *Oceana*라 약함.

7) *Ibid.*, p.310. 역사에 대한 이러한 견해는 Hobbes와는 퍽 대조적이다. Hobbes는 역사를 「경험」으로 파악하고, 역사의 가치는 적확한 「논증」이 아니라, 단지 「가능성」의 제시에 있을 뿐이라고 보았다. cf. P. Zagorin, *A*

사실 해링턴은 결코 자신을 역사가라고는 생각하지 않았다. 그럼에도 불구하고 그는 역사를 통해서 가치있는 많은 것들을 배울 수 있다고 믿고 있었다.

해링턴의 사상에 대한 평가는 시대에 따라 다양하게 변화하여 왔다. 동시대인들에게 있어서 그는, 소수의 친구와 추종자[8]를 제외하고는, 대체로 터무니 없는 공상가 내지 무신론자, 또는 이 두 가지 경향 모두를 가진 자로 간주되었다.[9] 18세기에 들어와서도 몽테스큐는 해링턴을 공상주의자라 부르고, 자유사상을 옳지 못하게 과장하였다는 이유를 들어 그를 비난하였다.[10] 상당한 기간 동안 대부분의 역사가들로부터 외면당하고 있던[11] 해링턴을 영국혁명 해석에 있어서 핵심적 인물의 하나로 부각시킨 사람은 R. 토니였다. 그는 해링턴이 사용하였던 비교분석적 접근방법을 당시 형성되고 있던 「새로운 학문정신」의 한 전형으로 파악하였다. 그리고 이를 토대로 볼 때 해링턴은 혁명 당시에 이미 정치제도가 경제적 현실에 부합하도록 조정되어야만 정치적 안정을 기할 수 있음

History of Political Though in English Revolution, (London, 1954), pp.134-35.

8) 추종자들이 있었던 것은 사실이다. 이들은 'Rota Club'을 중심으로 자신들의 정치적 견해를 표방하였다. 'Rota Club'에 관해서는 Pocock, *Political Works*. p.112, 117-18과 Smith, *op. cit.*, pp.101-08 참조.

9) Smith, *Ibid.*, pp. 113-21. cf. William Prynne, *An Answer to a Proposition: In order to proposing of a Commonwealth or Democracy*, (London, 1859), pp.4-6.

10) Montesquieu, *The Spirit of the Laws*, v.Ⅱ, bk. ⅩⅩⅨ, p.19:v.1, bk. ⅩⅠ, 신상초 역, p.6, 161-99 참조.

11) Gooch의 연구목록을 일견하는 것으로도 이 점은 여실히 들어난다. cf. G. P. Gooch, *English Democratic Ideas in the Seventeenth Century*, (Cambridge, 1954), pp. 250-51

을 인식하고 있었다고 그는 주장하였다.[12] 해링턴의 진정한 독창성이 '내란 이전의 시기에 영국에서 일어났던 사회경제적 발달과정의 헌정적 결과를 분석해 낸 사실' [13]에 있다는 것이다.

해링턴에 대한 R. 토니의 평가에 대한 이견이 H. 트레버-로퍼에 의하여 제기되었다는 것은 놀라운 일이 아니다. R. 토니의 견해를 거부했던 H. 트레버-로퍼는 젠트리의 발흥(rise)설을 '「오세아나」의 독단' 이라고 일축하였다.[14] 트레버-로퍼의 이 일축은 젠트리의 발흥설을 전면 부정하고자 한 것이기는 했지만, 그러나 이는 R. 토니와 해링턴의 견해를 사실상 하나로 묶는, 다시 말해서 해링턴 사상에 대한 R. 토니의 해석을 타당한 것으로 기정사실화하는 결과를 초래하였다. 그리하여 이들의 논쟁이 기폭제가 되어 일어났던 '젠트리 폭풍' (Storm over Gentry)에 있어서도, 해링턴에 대한 평가는 혁명 전야에 영국이 경험했던 사회경제적 변화를 어떻게 이해할 것인가 하는 문제와 주로 결부되어, 판이하게 갈라지게 되었던 것이다.

그러나 근년에 나타난 일련의 업적들은 해링턴 연구에 대한 새로운 경지를 시사하고 있다. Z. 핑크와 J. 포콕 그리고 K. 토쓰 등에 의한 연구가 그것으로서, 이들은 혁명사 연구에 있어서 사회경제적 해석의 근거를 제시했던 해링턴만이 참된(proper) 해링턴은

---

12) R. H. Tawney, 'Harrington's interpretation of His Age,' *Proceedings of the British Academy*, v.27, (1941), pp.11-17, cit. K. Toth, 'Interpretation in Political Theory', *The Reviews of Politics*, v.37,(1975), p.324.

13) *Ibid*, p.4.

14) H. R. Trever-Roper, *The Gentry* 1540-1640, (Cambridge, 1953), p.46.

아니라고 주장하였다. 이들은 오히려 그의 사상의 다른 요소들을 조명함으로써 새로운 해링턴 상을 구축하고자 하였다.

먼저 Z. 핑크는 해링턴 사상의 본질을 고전적 공화주의(classical republicanism)로 파악하고, 그의 혼합정부(mixed government) 이론은 플라톤과 폴리비우스 등의 그것으로부터 추적될 수 있는 고전적인 성격의 논리라고 규정하였다.[15] 계속해서 J. 포콕은 부 특히 토지소유 양식과 정치권력의 관계에 대한 해링턴 사상의 일관된 축은, 그 자체가 법칙을 가지고 있는 경제구조의 진보과정에 대한 새로운 인식이 아니라, 토지를 매개로 하여 군대를 모으고, 이를 토대로 정치권력에 나아가는, 이를테면「봉건적 유대에 대한 재인식」이었다고 주장하였다.[16] J. 포콕은 해링턴을 본질적으로 봉건주의 역사가로, 그리고 당시대의 사회적 변화과정에 대해서는 단지 초보적인 이해 정도를 가진 관찰자로 파악하였다. 그럼에도 불구하고 그는 Z. 핑크의 견해에도 일부 동의하였다.[17] J. 포콕은 '폴리비우스의 혼합정부 이론의 주된 전달자가 N. 마키아벨리라면, 그를 영국의 정치적 법제적 역사적 용어로 번역한 주된 인물이 해링턴이었다' 고 해석하였다.[18]

J. 포콕의 이러한 해링턴 해석에 대하여 K. 토쓰는 몇 가지 의문을 제기하고 있다. K. 토쓰에 의하면, J. 포콕의 조명은 영국혁명

---

15) Z. Fink, *The Classical Republicans*, (Evanston, 1962), pp.2-5.
16) Pocock, *The Ancient Constitution and the Feudal Law*, (New York, 1967), ch. 6, esp. p.129.
17) *Ibid.*, p.141, Shklar도 Harrington을 고전적 공화주의자로 파악하고 있는 점에서는 Fink, Pocock 등과 견해를 같이 한다. cf. Shklar, 'Ideology Hunting' p.672, 676.
18) Pocock, *Political works.* p.15, 64.

의 경제적 기반과 해링턴을 밀착시켰던 기존 가설을 설득력 있게 비판하고 있음에도 불구하고, 여전히 해링턴의 사상을 주로 당시대가 아닌 봉건주의 내지 고대와 결부시켜 해석하는 점에 문제의 여지가 있었다. K. 토쓰는 폴리비우스의 혼합정부 이론과 해링턴의 그것을 날카롭게 대조하면서, 폴리비우스가 그렸던 시민적 덕성(civic virtue)과 해링턴의 그것은 상당한 거리가 있음을 분석하였다.[19] 오히려 K. 토쓰는 해링턴 논리의 핵심이 이해관계(interest)에 대한 개념이었으며, 또한 혁명기의 정치적 논의에 결정적 역할을 한 것도 바로 이 개념임을 지적하였다. 이에 K. 토쓰는 그의 사상에 접근하기 위한 하나의 제안으로서, 두 가지 전통 즉 고전적 혼합정부 이론과 17세기에 들어와서 더욱 광범위하게 논의된 이해관계의 개념을 동시에 고려할 것을 주장하였다.[20] 해링턴이 '이성은 다름 아니라 이해관계에 대한 판단(reason is nothing but interest)이다'라고 할 때,[21] 그리고 '정부의 완성은 민중이 각자의 이해관계를 추구함으로써 공통의 이해관계에 도달할 때 성취될 수 있다'[22]고 했을 때, 이 때의 'interest' 개념은 법률상의 좁은 한계를 벗어나서 새로운 컨텍스트와 함의를 가진다고 K. 토쓰는 주장하였다.

해링턴 사상의 평가와 관련된 일련의 논쟁은, 그것이 지금도 진행 중에 있고, 또한 K. 토쓰의 지적도 여전히 제안의 범주를 벗어나지 못하고 있기 때문에, 아직 어떤 「판단」을 내리기에는 시기상

19) Toth, *op. cit.*, pp.328-32.
20) *Ibid.*, pp.333-34.
21) *Oceana*, p.171, *passim*.
22) *Ibid.*,

조한 감이 있다. 그러나 적어도 이러한 논의가 해링턴의 사상에 새로운 관심을 가지도록 하기에는 충분한 것이 아닌가 한다. 이에 본고에서는 해링턴의 대표적 저술이라고 할 〈오세아나〉를 주로 분석해 봄으로써, 그의 사상의 논리를 재조명해 보고, 논쟁에서 야기되었던 문제점들에 대해서도 몇 가지 시사를 얻고자 한다.

2) 공화국의 구조

해링턴은 공화국의 대원칙을 정부가 권위와 합리성을 가져야 하는 것이라고 밝혔다. 정부의 권위는 현명한 입법과 강한 군대를 통하여,[23] 그리고 합리성은 이른바 상부구조(super-structure)가 경제적인 역학관계 특히 토지분배 양식에 상응함으로써 이룩될 수 있었다.[24] 공화국 정부의 기능을 그는 이렇게 파악하였다.

> 기본적으로 인간의 모든 의지적 행위의 결정적 요인은 이해관계이다 … 그러므로 정부의 기능은 사적(private) 이해관계와 공적(public) 이해관계를 조화시키며 균형(balance)을 유지하는데 있다[25] … 민중(people)의 부패는 정부의 그것에 기인하고, 정부의 부패는 법률의 그것에서 유래된다[26] … 따라서 민중에게 강제적 구속력을 가지고 정부의 활동을 규정하는 법률은 권위를 가질 수 있는 현명한 법률이어야 함은 물론, 법 자체가 이해관계에 입각한 의지적 결정의 소산임으로, 그것은 일인 또는 소수 집단이 아닌 민중의 보편적

23) *Ibid.*, p.163, 165, *passim.*
24) *Ibid.*, p.180-81, *passim*
25) *Ibid.*, p.171-73.
26) *Ibid.*, p.303.

> 이해관계를 대변하는 것이어야 한다[27] … 이해관계에는 3 종류가 있다. 개인, 민중 그리고 인류의 이해관계가 그것이다. 따라서 공화국의 법률은 올바른 이성 그 자체인 인류의 이해관계에 가장 부합하는 것이어야 한다.[28]

해링턴은 민중의 권리와 이해관계를 법률로 보장하는 정부를 「법의 공화국」이라 부르고, 현명한 입법과 그것의 적절한 운용에 근거를 둔 공화국은 개인의 몰락과는 무관하게, 지속적으로 끊임없이 팽창적일 수 있을 뿐만 아니라, 그것은 또한 인류의 이해관계에도 부합되는 것이라고 생각하였다. 그가 제안한 공화국 〈오세아나〉는 무엇보다도 인간의 지배가 아닌 법의 지배가 확립되는 사회였다.[29] 그러니까 그에게 있어서 입법을 위한 특별한 기구와 과정이 일차적 과제였던 것은 조금도 이상한 일이 아니었다.

해링턴은 입법의 원리를 두 소녀의 일화를 통해서 이렇게 밝혔다.

> 여기에 두 소녀와 훌륭한 케이크 한 덩어리가 있다고 치자. 두 소녀가 모두 이 케이크를 더 많이 가지려고 할 때, 어떻게 하면 이들이 가장 공평(equal)하게 이를 나누어 가질 수 있을 것인가 … 유일한 방법은 한 소녀에게 케이크를 자를 수 있는 권한을, 그리고 다른 한 소녀에게는 나누어진 케이크 중 무엇이든 먼저 선택할 수 있는 권한을 주는 길이다.[30]

---

27) *Ibid.*, p.173, 202, 230.
28) *Ibid.*, p.171, 280-81.
29) *Ibid.*, p.170, *passim*.

여기에 공화국의 입법과정에 대한 해링턴의 기본정신이 내포되어 있다. 법률은 국민의 이해관계를 결정적으로 구속하는 것이기 때문에 현명할 뿐만 아니라 동시에 공평하여야 한다는 생각이 그것이다. 문제는 지혜롭고 공평한 법률의 제정이 현실 정치에서 어떻게 보장될 수 있을 것인가 하는 점이었다. 여기서 해링턴은 상원과 하원을 분리하고, 그들의 권한을 엄격히 제한함으로써, 이 목적이 달성될 수 있다고 믿었다.

그에 의하면, 상원은 법률을 토론(discuss)하고 제안(propose)한다. 또한 상원은 군대의 지휘관 · 고급관리 그리고 정무관(magistrate)을 선출할 권한이 있으며, 상원의원의 피선자격은 연수 100파운드 이상인 자였다.[31] 해링턴은 재산상의 제한을 법의 현명한 제안을 위한 불가피한 조치라고 지적했다. 왜냐하면 지혜는 교육을 통하여 획득될 수 있기 때문인데, '이것(정치적 지혜)이 연구 없이 마스터 될 수 있다거나, 혹은 민중들도 연구하기에 충분한 여유를 가질 수 있다는 것은 헛된 환상'[32]이라고 그는 생각하였던 것이다.

하원은 무엇보다도 상원이 제안한 법률을 결정(resolution)할 수 있는 권한을 가졌으며, 하위관직자를 선출할 수 있고, 과세 및 선전포고에 대한 동의권 등이 있으며, 공화국의 모든 주요한 정무적 사항 및 민중생활 전반에 대해 종국적인 재판권(ultimate jurisdiction)을 보유하였다.[33] 한 가지 흥미 있는 조항이, 연수

---

30) *Ibid.*, p.172.
31) *Ibid.*, pp.173-74, 247.
32) *Ibid.*, p.257.
33) *Ibid.*, p.181, 250, 256, 266, 281-82.

100파운드 이상인 자는 전체 하원의석의 3/7을 초과할 수 없다는 단서 조항이다.[34] 그러니까 하원에서 연수 100파운드 이상인 자(이들을 '기병' horse라 불렀다)와 그 이하인 자(이들을 '보병' foot이라 불렀다)의 비율이 3대 4가 되는 셈인데, 이러한 제한을 둠으로써 해링턴은 하원을 민중 및 그들의 대표자들로 항상 과반을 유지하게 할 수 있으며, 그렇게 하여야만 하원의 입법이 민중과 공화국 전반의 공적 이해관계를 제대로 대변할 수 있다고 생각하였다.[35]

그러나 해링턴은 하원의 피선자격과 선거권에서 저임금노동자가 포함된 예속민(servant)들은 제외하였다.[36] 선거권과 피선자격을 「30세 이상의 자유민으로서 가장인 자」[37]로 제한했던 그는, 예속민이란 단순히 타인의 이해관계를 위하여 노동력을 제공하는 자들이기 때문에, 공화국의 중대한 항구적 이해관계에 대해서는 실질적인 관심이 결여될 수밖에 없다고 생각하였다. 이를테면 출항하는 배에 자신의 화물을 싣지 않은 자들은 그 배의 항로에 대해 진정한 관심이 없을 것이라고 그는 판단하였던 것이다.[38]

상원이 선출한 정무관은 하원이 제정한 법률을 충실하게 집행할 권한과 의무를 가지고, 행정의 주무부처인 국무 · 전쟁 · 종교 · 무역 등의 정무 조직을 운용하는 4개 부서 협의회(council)의 우두머리가 되었다.[39] 해링턴이 구상했던 정무관은 단지 법률이 적시

---

34) *Ibid.*, pp.218-19, 222, 226-27, 283-84.
35) *Ibid.*, p.173, 284, 333-34.
36) *Ibid.*, p.212.
37) *Ibid.*, pp.212-13.
38) *Ibid.*, p.259.
39) *Ibid.*, p.248, 250-51.

한 구체적 행정업무만을 담당하는 재량권의 폭이 좁은 관직이었다. 실제로 그는 '모든 정치권력은 민중으로부터 나온다 … 만약 정무관이 민중 즉 하원의 결정에 전적으로 따르도록 하지 않는다면, 그는 권력을 사적 목적을 위하여 사용할 것이고, 그렇게 된다면 공화국은 자유를 상실하게 될 것'[40]이라고 경고 하였다.

그러나 전쟁 등 국가의 비상시기에는 의회가 독재관(dictator)을 임명하고, 독재관이 9명의 군사위원회(junta)를 구성할 수 있으며, 3개월 동안 이들에게 대권을 위임하도록 하였다.[41] 독재관제에 대하여 해링턴은, 공화국도 경우에 따라서는, 이 독재관을 필요로 하는 시기가 있음을 인정하였다. 만약 비상시기에도 공화국 보전에 절실히 요청되는 통치상의 비밀과 신속성을 보장받지 못한다면 공화국은 수천 배의 더 큰 위험에 직면하게 될 수도 있다는 것이었다.[42] 이 독재관제에 대해서는 약간의 해석이 가해질 수도 있을 것 같다. 그도 현실적으로 올리버 크롬웰에 의한 공화국 수립의 가능성을 어느 정도 기대하고 있었던 것이 아닌가 하는 점이 그것이다. 사실 해링턴은 마키아벨리의 지론이라고 할, '공화국은 한 탁월한 개인에 의하여 가장 신속하게 그리고 훌륭하게 성취될 수 있다' 는 주장에 동의하고 있었다.[43]

지방행정을 위하여 공화국은 50 tribe로 분할되었으며, 이는 다

40) *Ibid.*, p.284.

41) *Ibid.*, pp.252-53, 3개월이 경과한 후에도 국가적 위기가 계속되면 dictator는 그때마다 반드시 의회의 동의를 받아야만 하였다.

42) *Ibid.*, p.254.

43) *Ibid.*, p.206, Machiavelli에 대한 외경은 *Oceana*의 여러 곳에서 발견할 수 있다. 예를 들어 보면, 「Machiavelli는 약간의 오류에도 불구하고 유일한 정치가이며, 그 류를 찾아볼 수 없는 민중의 후견인이다」라고 찬양하고 있다. *Ibid.*, pp.257-58.

시 parish과 hundred로 세분되었다. 각 tribe에서는 매년 선거를 통하여 상원 2석과 하원 7석을 선출하였고, 상·하원 모두 의원의 임기는 3년으로서 연임할 수 없었다.[44] 그러니까 전체 의석은 상원이 300석, 하원이 1050석이었으며, 매년 선거를 실시하니까, 해마다 1/3의 의원이 교체(rotation)되어야 하였다. 의원의 임기를 3년으로 제한한 것은 식물에 있어서 꽃이 피고, 열매를 맺고, 그리고 그 열매가 떨어지는 것과 같은 원리였다. 의원들도 자연의 법칙에 따라 처음에는 정무를 익히고, 다음에는 이를 실천하고, 그리고는 물러남으로써, 국정의 안정과 인적 순환(circulation)을 동시에 이룩할 수 있다고 그는 생각했던 것이다.[45] 또한 모든 관직자는 그들의 직위와 임무에 알맞은 정액의 봉급을 받게 하고, 특정 관직과 이해관계가 결부되어 있는 자는 절대로 그 관직에 취임할 수 없도록 제한함으로써, 관직자라고 해서 공적 이해관계를 침해할 수 없도록 규정하였다.[46]

해링턴은 공화국에 있어서 하나의 주요한 기본법이 「교체의 원리」라고 주장하였다.[47] 바람직하고 민주적인 정부조직의 관건은 관직의 교체에 있다는 것이었다.

> 공정한 교체는 민중의 자유선거에 의한 관직의 끊임없는 승계를 의미한다. 이는 인체에 있어서 혈액의 순환작용과 마찬가지로 생명 있는 정부를 위한 결정적 법칙이다 … 임기의 연장·투표 없는 교

44) *Ibid.*, p.218, 226, 267, passim.
45) *Ibid.*, p.249, 264-65.
46) *Ibid.*, pp.287-89, 318.
47) *Ibid.*, pp.180-84, 334, passim.

체 · 교체 없는 투표 등은 순환의 바퀴를 저지하여 공화국의 자연스러운 운동력과 생명 그 자체를 파괴한다.[48)]

실상 해링턴이 제안한 정교한 선거제도는 평등한 인적 순환 즉 관직의 공정한 교체를 확립하기 위한 방안이었다.

한편 해링턴은 남달리 교육의 중대성을 인식하고 있었다. '한 나라 정부의 건강은 그 나라 젊은이들에 대한 교육과 맥박을 같이 한다' 고 지적했던 그는, 공화국에서는 일찍부터 어린이들을 가르쳐야 한다고 주장하였다.[49)]

> 젊은이들을 공화국의 시민으로 기르는 것이 교육이다[50)] … 교육에의 투자는 공화국에 풍요한 결실을 가져다 줄 것이다.[51)] … 교육 없이는 어떠한 개인 내지 가문도 스스로의 위치와 가치를 바로 알 수 없다.[52)]

이에 해링텅은 공화국 어린이들에 대한 교육이 전적으로 그들 부모의 의사에만 맡겨질 수는 없다고 생각하였다. 그가 9세부터 15세까지의 모든 젊은이들을 정부가 맡아서 가르치는 균등하고 보편적인 의무교육의 실시를 역설하였던 이유가 여기에 있었다.[53)]

또한 해링턴은 시민적 자유의 필수불가결한 요소를 양심의 자유

---

48) *Ibid.*, p.181, 287.
49) *Ibid.*, p.299.
50) *Ibid.*,
51) *Ibid.*, p.294.
52) *Ibid.*, p.311.
53) *Ibid.*, pp.300-04.

라고 믿었다. '공화국이란 시민의 양심의 자유가 성취된 사회 그 이상은 아무것도 아니다. … 시민의 자유는 그들의 양심의 자유를 보장하지 않고서는 결코 이룩될 수 없다'[54]고 밝혔던 그는 종교적 관용을 적극 변론했으며, 공직 보유와 결부되어 있던 종교적 제한 조건의 철폐를 강력히 주장하였다. 동시에 그는 성직자들의 권력 남용도 몹시 혐오하였다.[55] 그리하여 이를 막기 위한 방안으로 그는 성직자의 관직 취임을 엄격히 금지하였다. '성직자의 관직 취임을 막지 못하는 국가는 마치 부인을 제어하지 못하는 남편과 같다'[56]는 것이 그의 생각이었다.

그러나 종교문제 특히 교리상의 이견들에 대한 해링턴의 견해는 지나치게 단순한 것이 아닐까 한다. 그는 이렇게 단언하였다.

> 공화국에서 신앙의 문제를 해결하여 주는 곳은 대학이다. 대학은 고전에 관한 지식을 풍부히 갖추고 이성적으로 성서를 해석함으로써, 교리상의 모든 논쟁을 합리적으로 해결하여 줄 것이다[57] … 이성을 가장 잘 활용하는 것이 신에 대한 인간의 최대의 봉사이다.[58]

---

54) *Ibid.*, p.185, 217. Harrington은 종교협의회(council of religion)의 임무가 개인의 양심의 자유를 보장하는 일이라 밝히고 있다. *Ibid.*, p.251.

55) *Ibid.*, pp.257~58, Harrington은 여기서 '성직자들의 더 이상 참을 수 없는 좁은 편견' 등과 같은 과격한 표현을 쓰고 있을 뿐만 아니라, '교황은 양심의 자유를 허락하지 않았다… 종교전쟁은 기독교가 전래되면서 유래된 것이다' 라고 주장하고 있다(*Ibid.*, p.186). 그가 당대인들에게 무신론자 내지 이교주의자로 인식된 것도 이러한 이유에서 였다.

56) *Ibid.*, p.309.

57) *Ibid.*, p.217, 305.

58) *Ibid.*, p.218.

명백히 해링턴은 「이성」과 「대학」이 신앙의 모든 문제를 해결해 줄 것이라고 기대하였다. 과연 그럴까? 여기에는 그가 앞서 주장한 개인의 양심과 대학의 「합리적 해석」이 상치될 경우에 대한 고려가 우선 결여되어 있다.[59] 뿐만 아니라 의무교육 실시를 역설하였음에도 불구하고, 해링턴 스스로가 시인했듯이 '민중이 충분한 교육을 받을 수 있다는 것이 환상'[60]이라고 한다면, 결국 대학의 합리적 해결이란 것도 민중의 이해관계가 아닌 소수 식자층의 이해관계를 '합리적으로' 대변하는 일에 불과할 것이다. 더욱이 지식을 갖춘 대학인이라고 하더라도 이해관계와는 무관하게 합리적일 수도 없을 것이다.

우리는 공화국의 정부구조에 관한 이같은 해링턴의 제안들에서 명백히 민주적인 정치이념 등을 확인할 수 있다. 주권재민 의식, 상원이 토론하고, 하원이 결의하며, 정무관이 집행하는 삼권의 분립체제, 선거제와 임기제에 따른 공직교체의 원리 및 의무교육의 실시, 개인의 양심과 신앙의 자유 등은 그 이후의 역사가 실현을 입증하게 될 근대 민주정부의 정치 원리들이었다.

그렇기는 하지마는 여기서 우리는 몇 가지 한계도 지적할 수 있을 것 같다. 우선 상원은 그들이 제안한 법률안의 통과를 위하여 하원을 조작할 수 있을 것이라는 점,[61] 그리고 이와는 반대로 상원

---

59) Harrington은 국가종교(national religion)의 필요성을 인정하였다(*Ibid.*, p.185). 국가종교의 문제를 종교협의회가 담당하는 것은 물론이다. 그러나 종교협의회는 대학의 자문에 따라야 한다고 지적하고 있을 뿐, 그가 생각한 국가종교의 성격이 어떠한 것인지는 여전히 모호하다.

60) *Ibid.*, p.257.

61) 상하원을 합한 전 의석 1050석 중 연수 100파운드 이상인 자 즉 기병의 의석이 750석인데 비해, 보병의 의석은 450석에 불과하다.

과 하원의 반목이 계속되는 경우 공화국은 붕괴될 수밖에 없을 것이라는 점, 또한 종교적 논쟁에 관해서도 해링턴의 견해는 대학의 합리적 해결과는 다를 수도 있는 민중의 종교적 정서에 대한 고려를 크게 결여하고 있다는 점[62] 등이 그것이다. 뿐만 아니라 해링턴의 공화국은 그것이 비록 임시적(*pro tempore*)인 것이라 하더라도, 독재관직을 인정하고 있으며, 더욱이 참정권과 상 · 하원의 피선거 자격에 있어서도 재산상의 제한이 있었다.

공화국에 항구적인 이해관계를 가진 민중이 하원의 과반을 구성하고, 이들이 핵심적 입법권을 장악함으로써, 그리고 정무관이 하원의 결정에 따라야 하고, 그것에 의해 민중생활 전반이 관리되도록 하는 것 등으로써, 민중의 자유와 권익이 보장될 수 있다고 해링턴이 생각하였다면, 그의 사상은 지나치게 소박한 낙관론에 기초하고 있다고 지적될 수밖에 없다. 그러나 아마도 이는 현실 정치의 혁신적 변화를 추구하는 모든 이상주의 정치이론의 숙명의 일부가 아닐까. 소박한 낙관론이 해링턴만의 고유한 한계는 결코 아니었다 할 것이다.

3) 농지법(Agrarian Law)

해링턴 사상의 독창성은 앞서의 정치이론 그 자체에 있다기보다는, 이 같은 논리에 입각하는 정부의 경제적 기반을 밝힌 점에 있었으며, 또한 이를 당시 영국의 상황과 실제적으로 결부시키고자 했다는 사실에 있었다. 해링턴은 토지문제가 정부형태를 정하는

62) 이성만으로 종교와 정서의 문제를 충분히 해결할 수 없다는 점은 명백하다. 더욱이 이 경우 그가 생각한 이성이 한정된 계층의 이해관계일 수 있다는 점을 앞서 지적하였다.

결정적인 근거라고 생각하였다.

> 사람은 부에 의존할 수밖에 없다. 그것은 선택의 문제가 아니라 생을 영위하기 위한 필연이다. 어떤 사람이 빵을 필요로 하는 한, 그는 빵을 제공하는 자에게 예속되지 않을 수 없다.[63] … 농경은 민중(people)의 식량이다 … 만약 한 개인이 전 국토의 대부분 예를 들어 3/4정도의 토지를 소유한다면, 그것은 절대군주정일 수밖에 없다. 만약 소수 귀족이 소유한 토지가 민중의 그것을 압도한다면 그것은 귀족과두정이다. 그러나 민중이 모두 지주라면 또는 민중들이 나누어 가지고 있는 토지가 개인 또는 소수 귀족의 그것을 능가한다면, 그것은 민주정일 수밖에 없다.[64]

그런데 해링턴은 헨리 7세 이후 전개된 영국 사회의 주된 변화과정을, 국왕 내지 소수 봉건귀족이 국토의 대부분을 점유했던 봉건적 질서가 와해되어 간 과정으로 파악하였다. 다시 그의 분석을 들어보자.

> 헨리 7세 때까지도 귀족과 고위 성직자들이 차지한 토지가 민중의 그것을 압도하였다. 그러나 오늘날에는 민중들이 소유한 토지가 귀족들의 그것을 훨씬 능가하고 있다 … 민중의 성장과 귀족의 약화는 엘리자베스 I세 여왕 시기에 일어났다 … 여왕은 귀족이 아니라 민중을 애호하고 즐겁게 해 주었다 … 그러나 스튜어트 왕가는 민중들

---

63) *Oceana*, p.159, 235, *passim*.
64) *Ibid.*, p.163, 263.

의 요구를 무시하였다. 뿐만 아니라 그들은 엘리자베스 I세 여왕이 확고하게 지니고 있었던 민중들로 부터의 존경심을 상실하였다 … 전통적으로 행정업무를 담당해 왔던 귀족계층은 엘리자베스 I세 시기 이후 급격히 몰락해 버렸으므로, 스튜어트 왕가가 영국을 통치할 수 있는 유일한 수단은 군대에 의한 것이었다 … 그러나 군대는 스스로 무장할 힘을 갖추게 된 민중들로 구성된다. 따라서 민중의 요구와 국왕의 그것이 상충할 때 결국 스튜어트 왕가는 붕괴할 수밖에 없었던 것이다.[65]

정치제도는 사회경제적 이해관계에 의해 결정될 수밖에 없다고 믿었던 해링턴은, 엘리자베스 1세 시기를 통하여 민중들이 자유토지보유자(freeholder)로 성장하였다고 보고, '오늘날 민중이 차지하고 있는 토지는 귀족계층의 소유를 압도하고 있다. 적어도 국토의 9할 이상이 민중의 소유이다. 귀족과 젠트리의 토지를 모두 합해도 국왕의 소유의 절반에도 미달된다' 고 파악하였다.[66] 이미 gentry(젠트리), yeomanry(부농), freeholder(자유농), 그리고 tradesman(도시상인)들이 국토를 실제로 장악하고 있는 현실에 있어서, 영국의 정치체제도 이에 따라 「민주정」으로 개편될 수밖에 없다는 것이 그의 판단이었다.[67] 바로 이 논리가 그를 확고한 공화주의자로 불리게 하는 주된 근거였다.

---

65) *Ibid.*, pp.157-58, 197-98.

66) *Ibid.*, pp.226-27.

67) *Ibid.*, pp.202-03. Harrington은 Stuart 왕가가 실패한 '유일한 원인' 이 「정치권력을 부의 분배양식에 따라 조정하려고 한 것이 아니라, 부를 정치권력에 맞추고자 하였던 점」이라고 하였다.

해링턴은 농지법을 공화국의 핵심 기본법으로 규정하였다. 「진정한 공화국은 경제적 기반과 상부구조(super-structure)가 균형을 이룬 사회」인데,[68] 정치제도는 경제구조의 핵심인 토지분배 양식에 따라 결정되므로, 토지분배 양식을 규정하는 농지법을 기본법이라 천명하는 것은 논리의 당연한 귀결이었다. 이제 해링턴 사상의 핵심이라 할 농지법의 내용을 살펴보자. 농지법의 의의를 그는 이렇게 밝혔다.

> 농경은 민중에게 양식을 제공하는 것인 만큼, 개인 혹은 특정 소수가 농지를 독점하여서는 안 된다 … 농지법은 한 사람 또는 소수 귀족의 토지소유가 민중의 그것을 압도하지 못하도록 하는 토지분배의 양식이다. 농지법은 지배의 균형을 확립하고 보존하는 공화국의 영원한 법칙이다 … 농지법이야 말로 (나무의) 뿌리에서부터 평등을 보전함으로써, (나무의) 가지 즉 정치권력에 평등의 실천을 전달하여 준다.[69]

해링턴이 제안한 농지법의 조항들은 다음의 세 가지 논지로 요약될 수 있을 것 같다.[70]

첫째, 영국민은 누구를 막론하고 1년에 본토와 Ireland에서는 2,000파운드 그리고 Scotland[71]에서는 500파운드 이상씩의 토

---

68) *Ibid.*, pp.181, 183, *passim.*

69) *Ibid.*, pp.230-31.

70) *Ibid.*, pp.231-37.

71) Harrington이 직접 이러한 지명을 말하고 있지는 않다. 그러나 이때 그가 사용한 용어인 Oceana, Marpesia, Panopia가 각각 Wales를 포함한 영국 본토, Scotland, 그리고 Ireland를 지칭하는 것은 명백하다. 이 점은 대부분

지를 증식시킬 수 없다.
둘째, 귀족들에게 세습적인 특권을 보장하여 주는 재산상속제 특히 장자상속제는 철폐되어야 한다. (해링턴 자신이 장자였음에도 이 점을 역설한 것이 흥미롭다). 만약 유산이 상기 제한을 초과할 경우에는, 국가가 이를 몰수하여야 한다.
셋째, 딸이 유일한 상속인인 경우를 제외하고는 1,500파운드 이상의 결혼지참금을 가질 수 없다.

이같은 농지법에서 우리는 국가의 안정이 평등으로부터 나오며, 정치적 평등은 경제적 평등에서 유래된다는 생각,[72] 및 농지법을 통하여 토지의 소유 내지 경제적 평등이 유지될 수 있고, 지배의 균형과 평등의 실천이 이루어진다는 해링턴의 기본 인식을 확인할 수 있다. 더욱이 그는 농지법이 가져다 줄 「평등」으로써, 정치적 안정 뿐만 아니라 공화국의 항구적인 팽창적 발전도 기대할 수 있다고 믿었다. 과거의 공화국들 이를테면 이스라엘, 그리스, 로마 등이 결국 와해되었다는 역사적 사실과, 모든 공화국의 운명이 종국적으로 동일하리라는 것과는 엄격히 다르다고 그는 생각했던 것이다.

> 모든 결과에는 원인이 있다. 그들(과거의 공화국들)의 와해에도 원인이 있었다. 원인은 단 두 가지, 모순과 불평등이다. 모순과 불평등 가운데 어느 하나만 있어도 국체는 붕괴될 것이다. 그러나 이들 두 원인 모두를 제거한다면, 국체가 붕괴되어야 할 이유도 없다[73] … 나

의 연구서가 공통적으로 인정하고 있기 때문에 전거게시를 생략한다.

72) *Ibid.*, p.170, 184, 274–75, *passim*.

73) *Ibid.*, pp.270–73, 321.

> 를 외람되다고 생각하지 말라. 만약 우리들의 공화국이 공정한 농지법의 실시에 입각한다면, 이는 (모순과 불평등이 배제된) 정의의 균형(balance of justice)으로서, 이 공화국은 영원히 번영할 것이다.[74]

우리는 이 같은 농지법에 대한 반론을 검토함으로써, 그 성격의 이해에 도움을 받을 수도 있겠다. 주요한 반론은 대략 세가지였다.[75] (1) 농지법은 공화국에 불필요하고, 위험하며, 제조업을 파괴한다. (2) 농지법은 가족제를 해체하며, 군주제를 유지하는데 필요한 충분한 힘과 부를 갖출 수 없게 한다. (3) 설령 농지법이 어느 정도의 실효를 가진다 하더라도, 그러한 제도를 도입해서 실시하기란 실제에 있어서 불가능하다. 그러나 해링턴은 완강하게 이같은 반론을 일축하였다.

> (자신은) 재반론의 필요성보다는 일종의 연민을 느낀다 … 반론은 엄밀한 논증에 입각해야 하는 것임에도 불구하고, 이 점이 결여되어 있다. 반론의 이론적 정당성만 인정된다면, 스스로 농지법 실시 주장을 철회하겠다.[76]

이 단호한 태도에서 공화국의 「영원한 법」인 농지법에 대한 해링턴의 신뢰를 재확인할 수 있다. 그에게는 농지법만이 민중들의 잔을 채우고, 식탁을 마련케 하며, 그들이 흘린 땀에 대한 정당한

---

74) *Ibid.*, p.322.
75) *Ibid.*, pp.231-32.
76) *Ibid.*, p.233.

보수를 약속하고, 개인들을 물질에 대한 과도한 예속으로부터 해방시켜, 이들에게 자유를 보장해 주는 수단이었다.[77] '농지법을 확립함으로써, 공화국은 민중에게 정치적 자유뿐만 아니라 물질적 토지를 제공한다. 이는 공화국에 대한 민중의 자발적인 봉사를 가능하게 만들 것이다. 왜냐하면 공화국의 보호야말로 민중 스스로의 안전과 이해관계에 직결되기 때문이다' 라고 그는 확신하였다.[78]

여기서 우리는 토지의 분배양식과 정부구조의 형태를 직결시켰던 해링턴이, 이제 농지법과 민주정을 직결시키고 있음도 확인할 수 있다. 그는 농지법의 공정한 실시가 민중들에게 자유와 경제적 평등을 보장할 것이며, 나아가서 그것은 정치적 평등을, 그리고 정치적 평등은 불가피하게 군주정의 타파와 민주정의 수립을 가져다 줄 것이라고 확신하였다.[79]

명백히 이같은 논리는 정권담당자 층의 부패 · 탐욕 · 무능 등의 인간적 부덕이 정권 몰락의 주된 원인이라는 통념에 대한 정면 도전이었다.[80] 당시 여러 정치적 분파들이 서로 상대편의 악덕과 어리석음을 비난하고 있을 때, 해링턴은 내란(혁명)의 사회경제적 그리고 역사적 기반을 제시하였다. 그는 오히려 모든 정치적 혼란이 정의의 불균형과 사회적 모순에서부터 유래되며, 또한 이 같은 불균형과 모순은 기본적으로 경제적 불평등에서 기인된다[81]고 인식

77) *Ibid.*, pp.239-40.
78) *Ibid.*, p.241.
79) *Ibid.*, p.201, 237, 322.
80) Hill, *Puritanism*, pp.306-07.
81) *Oceana*, p.239.

했던 것이다.

> 그들은 사회적 토대는 생각하지 않고, 상부구조를 여하히 수립하느냐 하는 문제를 단지 기술(skill) 상의 문제라고 생각하고 있다. 그들은 사태가 진전되어 가는 방향과 목적은 도외시한 채 일종의 적개심 또는 변덕스러운 발상으로 작업에 임하고 있다 … 내가 부패를 경시하는 것은 아니다. 그러나 그것은 방법(manner)상의 문제에 불과하다 … 오늘날의 변화의 실체적 원인은 인간 도덕의 문제가 아니라 국가 제도의 문제이다.[82)]

해링턴에게 있어서 공화국의 건설은 지금까지의 통치기술을 단지 변경하는 차원의 문제가 아니었다. 또한 그것은 부패와 탐욕 등 인간 도덕의 문제도 아니었다. 오히려 이는 국가 제도 그 자체의 혁신, 즉 농지법의 실시 및 이에 수반된 새로운 경제구조에 걸맞는 「합리적」정부의 수립의 문제였던 것이다.

그러나 과연 농지법이 해링턴이 주장하는 바와 같이 「민주정」의 수립을 가져다 줄 것인가. 농지법의 태생적 한계로는 어떠한 것들이 있을까? 우선 그것은 상속문제에 있어서 독자인 경우 무제한의 유산 상속을 보장하고 있다. 또한 그것은 누구에게나 연간 2,000 파운드씩이라는 개인적 부의 증식을 끊임없이 허용하고 있다. 다시 말하면 해링턴이 낙관하였던 것과는 달리 농지법으로서도, 설령 부의 편재 속도를 '약간' 늦출 수 있을지는 모르나, 「편재」 그 자체를 방지하기는 어려울 것이었다. 사실 농지법은 그것이 비록

---

82) *Ibid.*, pp.202-04.

효과 있고 실천적인 혁신적 제안이라 하더라도, 매우 '점진적' 인 경제적 불평등의 완화 가능성을 열어놓고 있을 따름이었다.

더욱이 농지법이 추구했던 경제적 평등은 어디까지나 토지소유 문제에 한정된 것이었다. 해링턴의 주장대로 부가 곧 정치권력[83]이라는 점을 인정하고, 상부구조의 형성에서 차지하는 경제적 토대의 비중을 높게 평가한다 하더라도, 공화국의 으뜸가는 기본법이 농지법이며, 정부구조의 유일 타당한 기반으로서 오직 토지의 분배양식만을 주목하는 것은 농업의 중요성에만 눈을 돌리는 좁은 관점의 결과가 아닌가 한다. 해링턴도 상공업이 국가수입의 주요한 한 원천이며,[84] 네델란드 같은 나라는 주로 상공업에 의존하는 국가임을 잘 알고 있었다. 그러나 그는 네델란드의 장래를 결코 밝다고 생각하지 않았다.[85] 또한 도시국가 베니스를 이상적 공화국의 한 모델로 설정하였음에도 불구하고,[86] 그 도시의 경제구조 전반에서 차지하는 다이내믹한 상공업의 힘을 그는 충분히 파악하지 못하고 있었다.[87]

---

83) *Ibid.*, p.163, *passim.*

84) Harrington은 행정 주무부처의 하나로써 무역협의회(council of trade)를 두고 있으며, 농경이 「식량」인데 비하여 상공업은 「신경」에 해당한다고 말했다(*Ibid.*, p.304). 그러나 그는 「쉽게 들어온 것은 쉽게 나간다(Lightly come, Lightly go)」고 지적함으로써, 상공업에 의한 수익을 「가변적」인 것이라고 보았으며, 이러한 가변적 수익은 한 국가의 독립을 위해서는 만족스럽지 못한 기반이라고 주장하였다(*Ibid.*, p.405).

85) *Ibid.*, p.234, 263-64, *passim.*

86) *Ibid.*, p.234, 320-21, *passim.*

87) Gooch도 이 점을 지적하고 있으며 (Gooch, *op. cit.*, pp.253-54), Pocock는 Harrington의 논리에서 상공업 · 금융 · 이윤 · 판매 · 지대 등의 경제적 요인에 대한 이해가 결여되어 있음을 명료하게 따지고 있다. Pocock, *Ancient Constitution*, pp.128-30.

농지법과 민주정의 관계를 검토함에 있어서, 우리는 참정권의 범위를 놓고 독립파, 수령파 등이 격론을 벌렸던 1647년의 펏니 논쟁(the Putney Debate)을 상기하게 된다.[88] 수평파였던 Rainsborough가 「영국 내에 있는 가장 가난한 사람도 가장 훌륭한 사람과 동등한 삶을 영위할 수 있어야 한다」고 주장한데 대하여, 독립파인 Ireton은 완강하게 「왕국에 항구적이고 고정된 이해관계를 가진 자」에게로 참정권의 범위를 제한할 것을 역설하였다. 농지법을 중심으로 해링턴의 공화국의 성격을 검토한 C. 힐도 '공정한 농지법이 실시되는 공화국은 토지소유 계층의 공화국이다'라고 규정한 바 있다.[89] 요컨대 해링턴이 제시했던 공화국은, 스스로의 표현대로, 배에 화물을 맡기지 않은 자들 보다는, 농지 또는 적어도 그와 관련을 가진 자들, 즉 배에 화물을 맡긴 자들의 이해관계를 대변하는 공화국이 될 것이다. 그렇다면 해링턴의 입장은 수평파였던 Rainsborough라기 보다는 독립파였던 Ireton의 입장에 가까운 것이었다고 지적할 수밖에 없다.[90]

Ireton이 항구적인 이해관계를 가진 자가 정부를 구성하여야 한다고 주장할 때, 해링턴은 이것이 역사적 사실이었음을 발견하고, 이를 자명한 정치원리로 해석하여 당시대에 적용해 보고자 했음직

---

88) C. B. Macpherson, 'Putney and After', *The Political Theory of Possessive Individualism*, (Oxford, 1962), pp.120-29 참조.

89) Hill, *The Century of Revolution* 1563-1714, (New York, 1996), p.182.

90) 이 점에 관해서는 이견이 있다. 예를 들면 Harrington의 정치이념과 그것의 민주적 성격을 주목한 Pocock 같은 학자는 Harrington의 입장은 Ireton과 Rainsborough의 중간노선이라고 하였다. Pocock, *Political Works*, pp.26-27, 42.

하다.[91] 그러나 이것이 공화국 〈오세아나〉의 전부였다고 단정하기는 여전히 이른 것 같다.

4) 민중(People)

지금까지 해링턴이 제안한 공화국의 개요를 고찰하고 몇 가지 한계를 지적하여 보았다. 그러나 문제의 핵심은 「공화국은 민중의 이해관계를 대변하여야 한다」고 해링턴이 주장할 때, 그가 생각하였던 「민중」은 구체적으로 사회의 어떤 계층을 가리키고 있는가 하는 점일 것이다. 이 문제를 통해서 〈오세아나〉 공화국의 성격을 규명하는 작업에 고려되어야 할 요소, 즉 해링턴의 사상이 올리버 크롬웰을 비롯한 젠트리들의 이상에 어느 정도로 실질적인 영향을 주었던가, 또는 젠트리의 이상이 어느 정도로 해링턴의 사상에 작용하고 있는가 하는 문제[92]도 알아 볼 수 있을 것이다.

민중을 공화국의 재료(material)라고 밝혔던 해링턴은 공화국 건설의 첫 번째 과제가 이 「재료」를 분배(distribute)하는 일이라고 지적하였다.[93]

> 민중은 그들의 자질 · 연령 · 재산 그리고 거주지에 따라 어떤 역할을 맡김으로서 적절히 분배되어야 한다 … 첫째, 자유민과 예속민이 있다. 이 분류는 스스로의 힘으로 생계를 영위할 수 있는 자이냐, 또

---

91) cf. Smith, *op. cit.*, p.25.
92) Shklar은 이 점이 Harrington 사상을 평가하는데 있어서 관건이 되는 문제라 보았다. Shklar, 'James Harrington' ed. L. Stone, *Social Change and Revolution in England*, (London, 1965), p.108.
93) *Oceana*, pp.212-16.

는 그렇지 못한 자이냐에 따라 결정된다. 자유민은 참정권을 가진 시민인 반면 예속민에게는 그러한 권한이 없다. 양자 간의 구별은 증명을 필요로 하는 것이 아니라, 생득적(natural)인 것이다. 둘째, 청년(youth)과 장년(elder)이 있다. 이는 시민의 연령에 따른 구분이다. 전자는 18세부터 30세까지이고, 후자는 연령이 그 이상인 자유민을 말한다. 청년은 야전 혹은 해외에서의 공격적인 군인이 되며,[94] 장년은 지역 주둔군으로서 방어적인 군대를 이룬다. 셋째, 기병(horse)과 보병(foot)이 있다. 시민의 무장능력은 그들의 재산정도에 따르는 것임으로, 연수 100파운드 이상인 자를 기병으로 그리고 그 이하인 자를 보병으로 한다. 그리고 끝으로, 시민은 거주지에 따라 parishes, hundreds, tribes 등으로 분류할 수 있다.

이러한 분류를 통하여 우리는 해링턴이 구상하였던 공화국의 사회적 토대가 자유민이며, 이 자유민이 곧 정치적 의미의 시민이고, 이들이 또한 공화국을 수호할 군인임을 알 수 있다.[95]

해링턴은 이상적 공화국의 건설에 있어서, 군대의 역할을 퍽 중요하게 이해하였다. 프랑스에 비하여 영국이 더욱 진정한 공화국

---

94) 「해외에서의 공격적인 군」이 실제로 어떤 성격의 것인지는 분명하지 않다. 그러나 Harrington은 영국이 Ireland와 Scotland를 지배하는 것은, 그 곳의 민중(people)에게 부당한 억압으로부터의 「해방」을 가져다주었다는 점에서 정당한 것으로 보았다. cf. *Ibid.*, p.159, 167-9, 331.

95) Harrington은 '자유민은 반드시 공화국을 수호하는 군인이어야 한다' 고 했다(*Ibid.*, p.213). 군대를 귀족 및 젠트리의 자제가 아닌 예속민으로 구성하는 것은 그들 스스로를 예속민에게 굴복시키는 어리석은 짓이라 생각했으며, 용병제도 이 이유를 들어 가장 바람직하지 못한 제도라고 지적하였다(*Ibid.*, p.213, 228, 312).

을 이룩할 가능성이 많은 근거를, '영국의 중산층(middle people)이 프랑스의 농민층(peasants)보다 훨씬 좋은 병사가 될 수 있다는 사실'[96]에서 찾을 정도이었다. '공화국은 법의 공화국이어야 한다. 그러나 법은 그것을 유지할 수 있는 칼(sword: 강제력)이 없으면 휴지에 불과하며, 칼은 그것을 쥘 손이 없으면 싸늘한 쇠붙이에 불과한 것' 임을 그는 잘 알고 있었다.[97] 더욱이 그는 이 칼을 쥔 손이 군대이며, 군대는 민중 곧 시민으로 구성된다는 사실과, 또한 이들은 커다란 배를 가지고 있어서 자신들의 배를 채워주는 것 이외에는 별다른 관심이 없음도 인식하고 있었다.[98] 그렇다면 시민으로 구성된 군대는 어떠한 정치적 영향력을 행사할 것인가. 다시 말해서 군을 누가 지휘할 것인가 하는 점이 해링턴이 제안한 공화국의 실체를 파악하는 한 주요한 열쇠이다. 다시 그의 주장을 들어보자.

> 젠트리에 대한 민중의 불신 또는 민중에 대한 젠트리의 공포는 공화국 건설에 있어서 치명상이다 … 민중 없는 젠트리는 병사 없는 지휘관과 같으며, 젠트리 없는 민중 또한 지휘관 없는 병사들의 집단과 같다[99] … 이상적 공화국을 유지하는 데는 다음의 과업들이 있다. 첫째, 공화국을 건설하는 일, 둘째, 이를 통치하는 일, 그리고 끝으로 가장 중요한 과업으로서 군대를 통솔하는 일이 그것이다 … 공화국 내에는 훌륭한 성직자, 법률가 등 모든 분야들에 탁월한 전문가들이

96) *Ibid*., p.157.
97) *Ibid*., p.165.
98) *Ibid*., p.165, 290.
99) *Ibid*., p.183.

> 있다. 그러나 군대를 통솔하는 등의 이 같은 과업은 지식과 덕성을 갖춘 젠트리들에게 고유하게 내재하는 독특한 천부적 재능이다.[100)]

우리는 해링턴이, 그 자신이 속해 있던, 젠트리 계층을 민중의 대표자로 간주하고 있으며, 또한 이들을 '독특한 천부적 재능'을 가진 집단으로 깊이 신뢰하고 있음을 확연히 볼 수 있다. 한편 그는 귀족계층에 대해서도 이렇게 말하고 있다.

> 귀족에는 두 가지 유형이 있다. 한 유형은 부를 독점함으로써 공화국의 균형을 파괴하는 자들이며, 다른 한 유형은 결코 균형을 위협하지 않는 선량한 귀족들이 그것이다. 전자는 타도되어야 한다. 그러나 후자는 수용되어야 할 뿐만 아니라 필요하기조차 하다[101)] … 공적 이해관계를 추구하는 이들(후자)에게는 민중들로 부터의 적절한 거리가 유지되어야 한다. 물론 이들도 임무에 따라서는 민중들이 요구하는 바를 경청하여야 한다. 그러나 이들의 작업이 중단과 방해를 받아서는 안 된다[102)] … 공화국은 모든 사회계층이 자연스럽게 하나로 조화된 사회이어야 한다.[103)]

물론 해링턴이 상정하였던 선량한 귀족은 세습적 특권에 의한 귀족이 아니라, 재능과 덕성을 갖춘 국가행정의 브레인들이었다.[104)] 그러나 그는 「공화국은 반드시 유능한 귀족계층을 가져야

---

100) *Ibid.*, p.257.
101) *Ibid.*, pp.258-9.
102) *Ibid.*, p.209.
103) *Ibid.*, p.259.

한다. 폴리스 아테네가 몰락한 분명한 원인은 훌륭한 귀족계층(aristocracy)이 없었다는 점에 있다 … 이들은 귀족(noble)과 젠트리로 이루어진다」라고 지적했으며,[105] 생활양식상 여유를 가지고 민중들을 생각할 수 있는 자들을 귀족이 아닌 다른 용어로 어떻게 부를 수 있겠는가 하고 반문하였다.[106]

명백히 해링턴은 귀족계층을 인정하였다. 그런데 여유를 가진 자를 귀족이라 하고, 동시에 여유를 통하여 교육 그리고 지식을 갖춘 자를 젠트리라고 한다면, 그의 젠트리관은 모호한 것이라 할 수밖에 없다. 결과적으로 해링턴은 민중의 대표인 젠트리 계층을 민중과는 대립하는 귀족계층과도 동일시하였던 셈이다.

이는 민중이 정치권력의 주인이라는 사실이 공화국 성립의 기본원리이다는 그의 주장과도 일관성을 유지하지 못하고 있다. 젠트리 계층을 때로는 민중의 대표자로, 때로는 지식과 능력을 갖춘 귀족의 일원으로, 이를테면 복합적으로 파악하는 것이 해링턴만의 태도는 물론 아니었다. 사실 당시 젠트리들은 스스로에 대해 「젠트리는 단순히 그들 자신의 야망뿐만 아니라, 보편적인 가치를 추구하며, 역사의 요구에 발맞추어 나가는 진보적인 계층이다」라고 생각하는 경향이 있었다.[107] 그러니까 해링턴의 젠트리관도 이 같은 당대의 통념으로부터 크게 그 궤를 달리하는 생각은 아니었던 것이다.

경제문제에 있어서 해링턴은 평등을 위한 절대법이 농지법이라

---

104) *Ibid.*, p.173.
105) *Ibid.*, p.259.
106) *Ibid.*, p.183.
107) Shklar, ed. Stone, *op. cit.*, p.109.

고 하였다. 그리하여 그가 제안한 공화국을 농지 내지는 그것과 관련을 가진 자들의 공화국이라 할 수 있다면, 이 농지 내지 소유를 「가진 자」의 폭이 실제로 어느 정도였던가 하는 문제가 공화국의 성격을 밝히는 또 다른 열쇠가 될 것이다. 그러나 이 점에 대해서 C. 맥퍼슨은 흥미로운 분석을 이미 제시하였다. 그에 의하면, 토지분배 문제가 경제적 평등을 이룩하는 결정적 요인임을 인정하여 해링턴의 농지법을 그대로 당시 영국에 적용하는 경우, 약 5,000여명의 부유층만이 전 국토를 점유하게 되어 있었다고 추산하였던 것이다.[108] 당시의 시민 총수를 약 50만이라 한다면, 5,000여명의 부유층이란 실로 전 시민의 1퍼센트에 불과한 「소수」라는 것이 맥퍼슨의 추정이었다.[109]

바꾸어 말하면 이는 극소수 귀족의 국토 독점을 방지하고, 토지 소유 계층의 폭을 5000여명의 지주층으로 확대하는 것만으로도, 해링턴은 상당한 경제적 평등이 이룩된다고 생각하였음을 드러내고 있다.[110] 여기에 공화국의 경제기반에서 그렇게도 문제가 되었던 평등의 사회적 한계가 있었다고 해야 하지 않을까. 사실 해링턴도 '부의 평등이란 숫자적인 평등을 의미하는 것이 아니라, 기회의 균등을 의미한다. 개인의 재산은 지위, 임무 그리고 근면한 정도의 차이에 따라 달라지게 마련이다' 라고 밝혀 놓았다.[111] 그러니까 해링턴에게 있어서 경제적 평등이 무엇보다 중요하였던 이유는

---

108) Macpherson, *op. cit.*, p.168.
109) *Ibid.*.
110) 당시 영국에서 연수 2,000파운드 이상인 자를 300여가로 본 Harrington은 농지법을 실시함으로써 적어도 지주계층의 폭을 5,000여가로 확대시킬 수 있다고 스스로 밝히고 있다. cf. *Oceana*, p.236.
111) *Ibid.*, p.213, 287.

그것이 사회적 안정과 공화국의 팽창을 위한 핵심적 요인이기 때문이었다.[112] 다시 말해서 경제적 평등은 그 자체의 중요성 때문이라기보다, 공화국의 안정과 팽창을 위한 관건이기 때문에 중요했다. 결국 그는 안정에 위배되는 숫자상의 경제적 평등을 주장하지는 않았던 것이다.

해링턴은 동료 젠트리에 대하여 '이들은 훌륭한 교육을 받은 문필가일 뿐만 아니라, 지구상에서 가장 잘 군대를 통솔할 수 있는 자들이다… 젠트리들은 영국이 필요로 하는 정치적 군사적 지도력을 겸비하고 있다'[113]고 평가하였다. 확실히 그의 사상에는 젠트리 계층에 대한 뿌리 깊은 신뢰가 깔려 있었다. 그러나 그렇다고 해서 H. 트레버-로퍼가 파악했듯이, 해링턴을 단지 올리버 크롬웰의 정치적 이데올로그로만 규정할 수는 또한 없지 않을까 싶다.[114] 해링턴가가 몰락하고 있던 「단순한 젠트리」였다는 사실은 아직 찾아볼 수 없으며,[115] 해링턴이 N. 마키아벨리의 지론을 따랐고, 〈오세아나〉가 올리버 크롬웰에게 헌정될 것이었음에도 불구하고, 그는 결코 성자의 지배 또는 창조적 일인의 통치를 추구하지도 않았다. 이들의 통치란 여전히 민중들의 경제적 기반과 조화될 수 없는 성질의 것이라고 그는 판단하였다.

Shklar는 '두 사람(올리버 크롬웰과 J. 해링턴) 모두가 자신들

---

112) *Ibid.*, p.180, Harrington은 '평등이 국가의 안정과 평화의 관건'이라고 거듭 주장하였으며, 이 사실은 「지금까지 누구도 발견하지 못하였던 것」이라고 자부하였다.

113) *Ibid.*, p.257.

114) Trever-Roper, 'The Country House Radicals'와 'The Outbreak of the Great Rebellion', *Men and Events*, (New York, 1957), pp. 79-88, 195-205. cit. Shklar, 'Ideology Hunting'. p.676.

115) cf. Hill, *Puritanism*, pp.301-02.

의 정치적 이념이 다를 뿐만 아니라, 청교도주의와 이교도주의가 그러할 수밖에 없는 것처럼, 본질적으로 화합될 수 없는 종류의 것임을 잘 알고 있었다' 라고 지적하였다.[116] 올리버 크롬웰과 해링턴의 사상 간에 공통되는 요소가 있다면, 그것은 양자가 모두 사회의 안정을 중요시하였다는 점일 것이다. 실제로 해링턴의 사상이 올리버 크롬웰의 지적 무기로 사용된 적은 없으며, 구태여 올리버 크롬웰의 대변인을 지적한다 하더라도 그는 해링턴이 아니라 J. 밀턴이어야 할 것이다.

해링턴은 공화국이 민중의 이해관계를 대변하는 그들의 공화국이어야 한다고 분명하게 주장한다.

> 소수의 지혜가 민중을 인도하는 빛이 될 수는 있다. 그러나 소수의 이해관계는 공화국을 해친다[117] … 공화국의 주인은 민중이다. 비록 민중들이 스스로 진리를 발견하기란 쉬운 일이 아니라 하더라도, 그러나 일단 진리가 그들에게 비추어지기만 하면 민중들은 그것을 신속히 인정하고 흡수한다. 뿐만 아니라 진리의 가장 항구적이고 성실한 수호자인 동시에 보존자가 바로 이들이다.[118]

그러나 이같은 주장에도 불구하고 해링턴이 구상한 공화국은 '누군가가 공화국을 건설한다면 그는 젠트리일 것이다. 이 사실은 역사가 입증하고 있다' [119]는 자신의 지적대로, 그의 이상국 〈오세

---

116) Shklar, 'Ideology Hunting', p.684.
117) *Oceana*, p.173.
118) *Ibid.*, p.284.
119) *Ibid.*, p.183.

아나〉도 젠트리 주도형의 공화국이었음이 분명하다 하겠다.

5) 맺는말

F. 라압은 'J. 해링턴은 그가 결코 무대 위의 주인공이 아니었음에도 불구하고, 그의 사상 해석의 문제는 17세기 영국사 연구의 핵심적 요소이다. 그의 사상은 이 시기에 대한 모든 분석과 관련되어 있다' 고 지적하였다.[120] 그만큼 J. 해링턴의 사상은 복잡하고 모호하며, 그에 대한 평가도 다양하다.

영국혁명 해석에 있어서 J. 해링턴의 사상은 전체적으로 볼 때, 경제구조의 변화가 내란의 근본 원인임을 밝혔다는 점에서 청교도혁명설 보다는 부르조아혁명설 쪽의 해석에 기여하고 있는 것이 사실이다. 그렇기는 하지마는 J. 해링턴이 밝혔던 점이 재화 특히 토지 소유계층의 변화 그것이었지, 사회경제적 발전의 한 단계를 설명하고자 한 것은 아니었다. 그는 상공업 · 금융 · 판매 또는 이윤 등의 경제적 요소들의 중요성을 충분히 파악하지 못하고 있었다. 〈오세아나〉 전편을 통해서 그는 젠트리와 군대의 관계에 대해 끊임없이 언급하였다. 이 점은 그의 주요한 관심이, 법은 무엇이며, 어떻게 법의 지배를 가능하게 할 것인가, 그리하여 여하히 인간이 아닌 법의 공화국을 이룩할 것인가 하는 류의 화두에 있었음을 잘 드러내고 있다. 이같은 화두는 사회의 경제적 구조에 관한 분석의 지평과는 다른 지평의 문제가 아닐 수 없다.

J. 해링턴의 정치적 견해, 이를테면 성문화된 헌법, 권력분립, 선거제, 관직 임기제 내지 교체의 원칙, 의무교육, 양심의 자유에

---

120) F. Raab, *The English Face of Machiavelli*, (London, 1964), p.185.

대한 주장 등은 명백히 민주적 정치원리들을 내포하고 있었다. 그러나 해링턴의 정치원리가, 수평파들이 그러했던 것처럼, 시민자격에 대한 재산제한의 철폐 등을 포함하지는 않았다. 오히려 그는 시민과 비자유민의 구분을 자연스러운 것이라고 보았다. 또한 그는 스스로 계층 간의 불신을 「치명상」이라 했음에도 불구하고, 의회의 피선자격 제한 및 여유 있는 계층만이 가질 수 있는 고등교육의 기회 등의 화두들을 통해서 공화국의 민중을 결코 우상화하지도 않았다. 오히려 그의 견해는 일반 민중의 지혜와 능력에 대해 불신은 아니라 하더라도 상당한 회의를 함의했다는 지적을 피하기 어려울 것 같다.

그에 의하면 경제적 평등의 관건은 농지법의 실시에 있었다. 해링턴은 농지법의 실시를 통해서 민중들에게 자유와 경제적 평등을 보장할 수 있으며, 그리고 이는 다시 정치적 평등을 구현하게 되고, 그리하여 이 정치적 평등이 「민주정」을 수립하게 될 것이라고 믿었다. 농지법이 지향하였던 바는 명백히 「평등」이었다. 그럼에도 불구하고, 이는 뚜렷한 한계 역시 가지고 있었다. 사실 농지법은 경제구조의 점진적인 「개선」 그 이상의 무엇을 가져다 주기 어려운 것이었다. 따라서 농지법의 실시가 민주정의 '충분한' 토대라는 주장에도 동의하기 어려운 것이 사실이다. C. 힐이 지적한 바와 같이, J. 해링턴이 제시했던 공화국은 두 가지 점에서 뚜렷한 정치적 특징을 가지고 있었다. 그것은 국왕과 소수 귀족의 정치적 경제적 전횡을 방지하는 동시에, 무정부적 정치 상황 즉 과도한 민주정(excessive democracy)의 가능성 역시 배재하는 것이었다.[121] 그의 〈오세아나〉는 사실상 자유와 평등 못지않게 사회적 안정 또한 중요시하는 공화국이었다.

J. 해링턴을 고전적 공화주의자로만 파악한다면, 그의 사상의 독창성은 감소될 수밖에 없을 것이다. 사실 그에 대한 평가는 여전히 분명한 합의에 이르지 못하고 있는 근본 문제, 즉 16 · 17세기 영국이 경험하였던 사회변동이 진정 어떠한 성격의 것이었던가 하는 쟁점과 밀접히 결부되어 있다. 아마도 J. 해링턴은 R. 토니가 파악하였던 만큼 독창적이거나 위대한 사상가는 아닐런지 모른다. 그러나 그는 정치적 격동의 와중에서도 그것에 함몰하지 않고, 사회적 표면적 변화의 역사적 내재적 원인을 탐구하였다. 그리하여 그는 모든 상부구조 상의 혼란들의 진앙에 '경제적 불평등'의 문제가 도사리고 있다고 밝혔다. '스튜어트 왕가가 실패한 유일한 원인은 정치권력을 부의 분배양식에 맞추지 못한 점이었다'는 주장은, 해링턴의 이 같은 신념을 충실히 드러내고 있다. 「오세아나 공화국」은 혁명의 17세기를 살았던 한 이상주의자의 꿈과 현실 간의 대비를 극명하게 드러내고 있다 하겠다.

---

121) Hill, *Puritanism*, p. 300.

* 이 글은 한국역사학회 편, 〈역사학보〉 81집(1979) pp. 125-152에 실렸던 것을 약간 손질해서 옮긴 것이다.

II. 한국 현대사회

1. 개화기의 한 불꽃
   - W. 베어드의 〈숭실학당〉 설립
2. 1980년대 한 지식인 집단의 고백
3. 한국 최초의 근대적 민족대학 “숭실대학교”
   - 학문적 탁월성과 기독교적 정체성의 요람

II. 한국 현대사회

1. 개화기의 한 불꽃
– W. 베어드의 〈숭실학당〉 설립

1) 머리말

1897년 10월 초 자신의 거처에 〈사랑방 학급〉을 개설함으로써, 숭실대학교의 첫 장을 연 W. 베어드(William Martyn Baird, 배위량, 1862년 6월 16일~1931년 11월 28일)는 숭실대의 설립자로서 뿐만 아니라, 한국의 개신교회와 근대 교육의 성장과정에 있어서, 그리고 미국 교회의 선교의 역사에 있어서도, 언제나 확고한 거인의 위치에 자리매김 되고 있는 진정 자랑스러운 숭실인이다. 이에 개교 100주년을 맞이한 숭실대학교가 그 유서 깊은 전통에 걸맞는 '숭실의 인물'로서 배위량을 선정하여, 그의 삶과 꿈 그리고 사상을 간략하게나마 재조명해 보는 일은 매우 뜻깊고 의미있는 작업이 아닐 수 없다.

배위량[1]의 생애는 세계사적으로 보더라도 19세기 말엽과 1차 세계대전 그리고 양차 세계대전의 전간기에 걸쳐있다. 굴곡과 격변의 이 시대를 온 몸으로 걸러내며, 이역만리의 한반도를 제2의 고향으로 삼았고, 지금도 이 땅의 한 모퉁이에서 영면하고 있는 배위량의 삶은, 그 자체로써 한 올곧은 신앙인이 실천하였던 소박하고

---

1) 배위량에 대해서는, 숭실대 기독교박물관 편, 〈윌리암 베어드 박사 / 한국 선교와 숭실〉 (2007) pp. 1-83 등의 사료집과 연구가 있다.

위대한 순례자의 여정을 웅변하고 있다. 그의 생애는 대체로 다음의 네시기로 구분될 수 있을 것이다.

첫 번째 시기는 신앙과 신념에 따라 스스로 고난의 임무를 감당하고자 자신의 학업과 인격의 연마에 몰두하였던 시기였으며, 두 번째 시기는 한반도의 남부지역에서 주로 활동하며 이 땅에 대한 애정과 이해를 누적시켰던 초기 선교사 시절(1881~1897)이었다. 그리고 세 번째 시기가 평양에 숭실대학을 설립하고 이의 육성에 헌신하였던 20여년에 걸친 숭실인으로서의 삶(1897~1916)이었으며, 마지막 시기가 숭실의 발전은 물론 한반도 서북지역 교회의 성장을 위해 그의 식을 수 없는 열정을 고스란히 바쳤던 노년기(1917~1931)라 할 수 있을 것이다.

배위량에 대한 이 짧은 글이 한 벽안의 선교사 개인에 대한 단순한 회고에 그치지 않고, 19세기 말엽과 20세기 초엽의 시대상에 대한 우리들의 이해를 더욱 깊이하며, 숭실의 전통과 정신에 대한 우리들의 애정과 외경을 재 다짐하는 한 계기가 될 수 있다면, 그리하여 숭실이 이룩하여야 할 앞으로의 역할과 위상 그리고 정체성을 새롭게 확인하는 한 계기가 될 수 있다면, 필자로서는 그 이상의 보람이 없을 것이다.

2) 인격과 신앙의 형성

배위량의 가계는 1600년경 북아일랜드로 건너온 스코틀랜드 출신의 집안이었다. 이들이 북아메리카로 이주한 것은 이로부터 200여년이 경과한 19세기 초엽의 일이었다. 배위량의 할아버지인 존 베어드(John Baird)는 1810년 북아일랜드의 런던데리(Londonderry) 지역을 출발하여 신대륙의 필라델피아에 정착하였던 것이다. 스코틀랜드 출신답게 독실한 장로교도였으며, 또한 아일랜드 출신답게 방직과 직조에 관한 고도한 기술을 가지고 있었다는 점은 북아메리카에서의 생활에서도 내내 배위량 가계의 한 두드러진 신앙과 생활상의 특징이 되었다. 이들이 1818년 다시 필라델피아를 떠나 테네시, 오하이오, 켄터키 등을 거쳐 인디애나(Indiana)의 차알스타운 근교 클라크 카운티(Clark county)에 1843년 정착할 때까지 그리고 그 이후로도, 섬유와 직조에 관련된 사업이 배위량가의 주된 가업이었으며, 거친 초기의 이민생활에서도 이들은 장로교 신앙전통을 부단히 유지하였던 것이다.

배위량의 부친 존 마틴 베어드(John Martyn Baird)는 충분한 교육을 받은 의사였고, 농장경영과 직조업에도 깊은 관심과 조예를 가진 인물이었다. 동시에 그는 그 지방 장로교회의 핵심 멤버로서 지역과 가계의 종교생활도 이끌고 있었다. 그렇기는 하지마는 배위량이 유년기에 받은 엄격한 청교도적 생활과 신앙의 훈련은 아마도 모친 낸시 패리스 베어드(Nancy Faris Baird)의 영향에 크게 기인한 것 같다.

배위량의 외할아버지 존 패리스(John Faris) 역시 스코틀랜드 출신으로서, 확고한 노예제 반대론자였다. 그리하여 그는 군대에 투신하여 장교(대위)로 복무하였던 바, 그의 딸 낸시 패리스는 베어드가에 출가한 이후에도 엄격한 스코틀랜드 장로파의 신조에 따라 자녀들의 교육과 종교적 훈련 및 독립적 인격의 형성에 남달리 정성을 기울였던 것이다. 배위량이 의사였던 그의 부친으로부터 자연과학 특히 생물학과 천문학에 대한 깊은 관심을 물려받았다면, 앞으로 그의 변함없는 삶의 특징이 될 청교도적인 신앙과 인격 그리고 경건한 생활태도는 일찍이 그의 유년시절부터 모친의 적극적인 배려 하에서 다져진 것이었다.

비교적 유복했던 이 유년시절은 오랜 가업이었던 직조공장이 문을 닫으면서 종식되었다. 또한 그것은 배위량으로 하여금 보다 본격적인 학업과 자립적인 삶을 스스로 개척하도록 만드는 계기가 되었다. 배위량은 하노바 대학(Hanover College)의 예비학교 1년과 학부과정 4년 그리고 시카고에 소재한 맥코믹 신학대학(McCormick Seminary) 3년의 교육과정을 밟는 동안 학비의 대부분을 아르바이트를 통해 스스로 해결하였다. 물론 배위량이 이즈음의 학창시절에 당시 하노바 대학의 교수로 재직하였던 맏형 존 패리스 베어드(John Faris Baird)의 도움을 받았던 것은 사실이다. 그러나 배위량은 불가피한 경우가 아니면 형으로부터 어떠한 도움도 받으려 하지 않았으며, 부득이 도움을 받는 경우에도 이를 일일이 기록하여, 형 존 패리스 베어드의 만류에도 불구하고 이를 꼬박꼬박 갚아 나아갔다. 학창시절에 가족으로부터 받은 조그만 도움조차 부채로 생각하고 이를 갚아 나아갔다는 사실은 배위량의 인품 즉 그의 청교도적 결벽스러움을 잘 말해주는 흥미 있는 일화인 것이다.

하노바 대학과 맥코믹 신학대학에서의 생활은 배위량의 삶의 방향을 결정하였다.[2] 먼저 그는 하노바대학에서 장래의 배필인 애니 로리 아담스(Annie Laurie Adams)를 만났다. 이 학창시절에 두 사람이 과연 어느 정도로 신앙과 정서를 공유하였는지는 불분명하다. 단지 애니 아담스의 일기장은 그녀가 이 시기에 배위량을 두어 번 만난 적이 있음을 기록하고 있으며, '조용하고 다소 근엄한 편'이라고 평하고 있을 따름이다. 아마도 배위량이 보다 진지한 종교적 그룹의 일원이었던 데 비해, 매우 유복한 가정 출신이었던 애니는 보다 쾌활하고 사교적인 대학생활을 영위하였던 것 같다. 그럼에도 불구하고 교정에서 이루어진 이들의 교우는 장차 두 사람 모두의 운명을 결정할 것이었다. 대학을 졸업한 이후 YMCA 일에 참여하였던 애니 아담스는 다시 배위량과 만나 함께 헌신의 삶에 동참하게 되었던 것이다.

한편 배위량은 대학을 마친 다음 곧장 맥코믹 신학대학에 진학하였다. 그런데 당시 시카고 지역과 맥코믹 신학대학은 1870년대와 80년대에 걸쳐 북미 기독교인들에게 심대한 영향을 미쳤던 무디 목사(Rev. Dwight L. Moody)에 의해 주도된 복음주의 운동의 중심지였다. 결벽스런 청교도였던 배위량이 무디 목사가 이끈 이 성서적 생활 실천운동 내지 복음주의적 경건운동에 깊은 감화를 받은 것은 오히려 당연한 일일 것이다. 배위량은 이곳에서 존경과 애정의 염을 일평생 지니게 될 사무엘 마펫(Samuel Moffett)을 급우로 만났던 바, 무디 성서

2) 여기서 배위량의 삶의 역정을 간략히 정리해 보면 다음과 같다.

	배위량 (W. M. Baird)	애니 로리 (A. L. Adams)	로즈 매이 (R. M. Fetterolf)
출 생	1862년 6월 16일	1864년 9월 15일	1881년 1월 1일
학 력	하노바 대학: 1884년 맥코믹 신학대학: 1888년 Ph.D.하노바대학: 1903년 D.D.하노바대학: 1913년	웨스턴 여자대학: 1882년 하노바 대학: 1883년 와쉬번 대학: 1884년	드렉셀 대학: 1907년 프랫 대학: 1908년 무디 성서 신학대학: 1914년
결 혼	1890년 11월 18일	1890년 11월 18일	1918년 8월 8일
재 혼	1918년 8월 8일		
재 한 기 간	1891년~1931년	1891년~1916년	1918년~1943년
사 망	1931년 11월 28일	1916년 6월 9일	1946년 11월 13일

운동에 동참하였던 이들은 마침내 일생을 함께 아시아 선교, 특히 은둔의 땅이었던 한국민에 대한 봉사에 바치기로 결심하고, 한국 선교사를 자원하게 되었던 것이다.

신학교를 졸업한 다음, 외우 사무엘 마펫은 본인의 희망에 따라 미국 장로교 선교부(The Presbyterian Board of Foreign Mission, USA)에 의해 한국 선교사로 파송되었다. 그러나 배위량은 선교사로 떠나기에 앞서 학창시절에 입은 형의 도움 가운데 스스로 기록한 재정상의 부채를 반드시 먼저 갚아야 한다고 고집하였다. 그리하여 그는 많은 만류에도 불구하고 미주리 및 콜로라도의 델 노르트(Del Norte) 등에서 목회자로서의 삶을 시작하게 되었다. 특히 델 노르트에서는 자신이 담임한 교회의 부속기관이었던 〈델 노르트 학교〉(Del Norte College)의 교장으로도 일하였다. 소수민족 출신의 가난한 젊은이들을 가르치는 이 경험은, 돌이켜보면, 배위량이 한국의 평양에서 얻게 될 애칭 '배교장'을 연상시킨다. 그것은 분명 앞으로의 교육자 배위량에게 한 의미 깊은 준비과정이었다.

2년 남짓한 이 초기 목회생활은, 앞서 언급한 바와 같이, 배위량의 사람됨을 드러낸다는 점에서도 무척 흥미롭다. 사실 그는 이 시기에 소기의 목표를 달성할 수 없었다. 가난한 초년병 목회자 생활로는 기대하였던 만큼의 저축을 할 수 없었기 때문이다. 1889년 말 한국에로의 출발을 더 이상 늦출 수 없다고 판단한 배위량은 결국 당시까지의 저축을 형 존 베어드에게 보내면서 부족한(?) 금액을 가능한 한 빠른 시일 내로 갚겠다고 약속하게 되었고, 그는 이 약속을 '결벽스럽게도' 그야말로 궁핍했던 1890년대 초 부산지역의 선교사 시절에, 나머지 금액마저 미국으로 송금함으로써 지킬 수 있었다. 배위량의 이 행적은 검약과 청빈 그리고 경건의 실천이라는 청교도의 전형을 그가 딱딱하리만큼 치열하게 추구하였음을 웅변하고 있다. 바로 이 자기부정적 청교도주의가 숭실정신의 기저를 이루고 있다는 사실은, '숭실다움'을 주로 상업적 선전전에 활용하고 있는 오늘날 우리들에게 차라리 감동적이다.

1890년 미국 장로교 해외선교부는 배위량과 사무엘 마펫의 요청을 받아들여 배위량을 한국 선교사로 공식 승인하였다. 이에 배위량은 조금도 머뭇거리지 않고 동년 11월 애니 로리 아담스와 '혼인식을 올린 바로 그날' 자신의 임지를 향한 긴 여정을 시작하였다. 비좁고 불결할 뿐만 아니라 위험스러웠던 작은 목선에 몸을 싣고 태평양을 횡단하기에 이른 배위량 부처는 동년 12월 25일 하와이의 호놀룰루에 정박하였으며, 이듬해 1월 8일에는 일본의 요코하마의 도착하였다. 당시로서는 한국으로 가는 유일한 증기선이 1월 25일 고베항을 출발하도록 예정되어 있었기 때문에, 젊은 선교사 부처는 일본에 머무르게 된 약 보름동안 도쿄와 교토를 방문하면서 처음 밟는 동양 땅의 사회와 문화에 대한 약간의 적응 기간을 가지기도 하였다.

요코하마를 출발한 배위량 부처가 마침내 조선의 인천 부두에 도착한 것은 1891년 2월 1일 일요일 저녁의 일이었다. 미리 전갈을 받은 외우 사무엘 마펫 일행이 인천으로 달려왔으며, 손수레와 우마차에 몸과 짐을 의탁한 이들 일행은 그 다음날인 2월 2일 월요일 저녁 무렵에야 서울에 도착할 수 있었다. 신혼여행을 2개월에 걸쳐 은둔의 나라 조선에로 가는 거칠고 생경한 여정으로 대신한 배위량 부처는, 이제 본격적으로 미답의 신천지에서 새롭고 도전적인 선교 사역을 시작하게 되었다.

배위량 부처가 동참함으로써 당시 서울의 선교사 수는 9명으로 늘어나게 되었는데, 이를 계기로 열린 선교사들의 연례 정기모임(1891년 2월 3일~2월 7일)에서는 가능한 빠른 시일 내에 부산에 선교지부를 설립하기로 하고, 이 일을 배위량 내외가 맡도록 결의하였다. 배위량이 2월 중순 부산지방을 처음 둘러보게 된 것도 이 결정에 따른 것이었다. 1차 부산지방 여행은 그로 하여금 한 가지 중대한 사실을 깨닫게 하였다. 그가 한국민과 더불어 호흡과 정서를 진정 공유하기 위해서는 반드시 한국어를 익혀야 한다는 점이 그것이었다. 이에 배위량은 한국어의 학습에 전심전력하였던 바, 동년 8월까지는 상당한 정도의 조선말 구사능력을 갖추게 되었다. 사실 배위량과 애니 로리 여사는 조선과 조선 사람을 이해하고 존중하는데 머무르고자 하지 않았다. 그는 온전히 한국 사회의 일부이고자 했으며, '열정적인 한국인'으로 살고자 하였다.[3] 배위량 내외에게 있어서 조선은 단순한 피선교지가 아니라 제2의 고향으로 다가서고 있었으며, 영면의 안식처가 되어가고 있었던 것이다.

3) 선교사 배위량

(1) 한반도의 상황

19세기 말엽의 한반도에는 열강의 침입으로 야기된 민족적 위기와 이를 극복하고자 하는 민족적 저항운동이 혼재 병존하고 있었

3) 후손들의 증언에 따르면, W. 베어드 박사는 자녀들에게도 영어에 앞서 한국어를 익히고 사용하도록 하였다. 이는 피선교지의 언어 습득을 통해서 정서적 동화 내지 동질적 공감대를 가져야 한다는 그의 생각을 반영하고 있다. 그리하여 배위량의 후손들이 지금도 한국을 외국이라고 생각하지 않고, '아버지의 나라' 내지 '할아버지의 나라'로 간주하고 있다는 사실은 당시 그가 매우 치열하게 '조선 사람'으로 호흡하고 생활했음을 단적으로 보여주고 있다.

다. 1876년 병자수호조약으로 초래된 조선의 개항은 우리 민족에게 개화와 자주 그리고 근대화라는 역사적 과제를 제기해 놓았던 것이다.

그러나 조선 정부는 개항 이래 긴박한 국제정세에도 불구하고 이렇다 할 대책을 세우지 못하고 있었다. 이른바 개화파와 수구파의 대립은 정치적 명분싸움 내지 민비와 대원군의 정략에 얽혀서 정치적 혼란을 더욱 부채질하였던 것이다. 1884년 김옥균, 박영효 등 급진적 개화파에 의한 갑신정변과, 1894년 김윤식, 김홍집 등 온건 개화파에 의한 갑오경장 모두의 실패, 및 청일전쟁(1894. 8~1895. 3), 그리고 1894년 발발한 이후 농민운동으로 전개된 동학혁명 등은 결과적으로 제국주의적 열강 특히 일본의 한반도에 대한 내정간섭을 오히려 강화시키게 되었다.

그러나 갑신정변과 갑오경장과 같은 '위로부터의 개화운동'이 대중적 기반의 결여로 실패하였던 것과는 달리, 독립협회의 활동은 개화노력을 대중운동으로 진전시켰다. 자주독립과 민권운동, 그리고 자강운동에 역점을 두었던 독립협회의 활동은 1905년 을사보호조약을 계기로 전국적인 규모의 애국계몽운동으로 전개되었다. 또한 이 같은 움직임의 매우 두드러진 한 양상이 근대적 교육기관을 설립하려는 활동이었는데, 특히 기독교 선교기관들은 이 점에 적극적이어서, 다수의 근대적 교육기관들이 설립되기에 이르렀다.

예를 들면, 1886년에 배재학당, 이화학당, 경신학교, 1890년에 정신여학교, 1894년 평양에 광성학교, 1897년 평양의 숭실학당, 1898년에 배화학교, 1903년 평양에 숭의학교, 1904년 개성에 호수돈학교, 1906년 대구에 계성학교, 선천에 신성학교, 1907년 광주에 수피아여학교, 대구에 신명여학교, 전주에 기전여학교, 그리고 1908년에는 전주에 신흥학교 등이 차례로 세워졌던 것이다. 1910년 한일합병시에 전국의 사립학교 수가 무려 3000여에 달하였다는 사실은 당시 고조되어 있던 한국민들의 교육열을 잘 반영하고 있다. 이 신설된 근대적 사립학교들은 서양의 새로운 학문과 사상을 익히고 탐구하는 도장으로써 뿐만 아니라, 민족운동의 마르지 않는 근거지로도 기능할 것이었다.

한편 민족의식을 고취하는 종교운동도 활발하였다. 지식층의 정치운동에 커다란 영향을 미쳤던 기독교 특히 개신교는 교육을 통하여 사상적으로 자유주의를 고취하고 민족의식을 함양하는데 매우 적극적이었다. 개신교 계열의 서재필, 이상재, 윤치호 등은 독립협회의 중심인물로서 정치활동에도 적극 참여하고 있던 터였다. 더욱이 이들은 정치와 교육은 물론 금주금연, 미신타파, 남녀평등, 일부일처제, 생활의 검소화 등과 같은 사회운동에도 주도적이었는데, 이와 같은 사회적 움직임이 대중들 사이에 비판적 정치의식의 각성을 초래하였으며, 고조된 민권의식 역시 광범위하게 파급시키고 있었다. 구한말 기독교도들의 의식구조의 변천은 개화-반봉건-자주-항일운동의 패턴으로 진전되었다. 더욱이 이는 기독교 교세의 성장 및 교단의 조직화와 더불어 일제하 민족운동의 한 강력한 축으로 기능하게 되었다.

(2) 초기 선교활동

1891년 2월 서울에 도착한 다음 6개월여 동안 일차적으로 조선말 학습에 몰두하였던 배위량은 그해 9월 초순 선교부의 결의에 따라 부산에 정착하였다. 초기 선교사로서의 부산생활이 시작되었던 것이다. 배위량은 이 시기에 서울 선교부와의 협의를 통해 네 가지 활동 지침을 정하고, 이에 입각한 부산 선교지부의 결성에 전력하였다. 그가 앞으로도 유지하게 될 네 가지 선교지침은, 첫째, 기독교 신자 가정을 찾아 이를 보호 · 후원할 것, 둘째, 사랑방 집회를 정례화하여 지방민들과의 인적 유대를 형성 · 강화할 것, 셋째, 성서와 문서의 보급을 통한 복음전파 활동을 문맹퇴치운동과 병행시킬 것, 넷째, 경상도 지역의 전도여행을 통해 농촌주민들과의 광범위한 직접적 접촉을 유지하며, 이들의 생활과 정서에 대한 이해와 공감을 심화시킬 것 등이었다.

배위량의 부산지방을 중심으로 한 초기 선교활동은 실로 헌신적인 것이었다. 한 예로써, 그가 직접 나서야 하는 지방 전도여행의 경우, 그에게는 매우 생경했던 자연과 사회적 환경 및 열악한 도록사정 내지 여행여건, 그리고 지방민들이 보인 극도의 호기심과 배타심, 또한 의사소통의 어려움 등과 같은 수많은 장애물이 가로놓여 있었다. 이 같은 어려움을 무릅쓰고 그는 1893년 4월 17일 부산을 출발하여 5월 20일까지 밀양-청도-대구-상주-안동-의성-영천-경주-울산을 거쳐 부산으로 돌아오는 400마일의 여정을 소화하였던 것이다. 뿐만 아니라 배위량은 1896년에는 8차례 1000마일에 걸친 전도여행을 279일 동안이나 강행하기도 하였다.

이처럼 가히 상상을 뛰어넘는 배위량의 노력에도 불구하고, 그의 선교사업이 처음부터 반드시 성공적이었던 것은 아니었다. 이 지역주민들 가운데 세례를 받는 기독교인이 비로소 세 사람 나타난 것이 1894년 5월의 일이니까, 그것은 당시 서북지방에서의 기독교 전파속도와 비교해 볼 때 상대적으로 느린 편이었다. 그러나 배위량이 경상도 지방에서 보낸 헌신적 노력의 성과가 결코 없지는 않았다. 아마도 이 시기에 쏟아부은 각고의 노력이 거둔 가장 큰 결실이 대구에 새로운 선교지부를 세우는데 성공했다는 사실일 것이다. 1896년 1월에 작성된 보고서에서 그는 경상도 지방의 지리적 정치적 상업적 중심지인 대구에 미화 217.76 달러를 들여 선교지부를 설립할 수 있었다는 사실을 자랑스럽게 밝히고 있는 것이다.

이 보고서는 그러나 배위량이 대구 선교지부의 설립자임을 말해 주고는 있지마는, 그것이 당연히 기대하게 만드는, 대구지방에서의 배위량의 지속적인 선교활동에 대해서는 거의 언급하지 않고 있다. 아마도 그 이유는 이즈음 서울 선교본부의 정책이 기독교의 전파가 보다 활발하게 진행되고 있던 한반도 서북지역에 그 재원과 인력을 집중시키고자 하였기 때문일 것이다. 이를 위해 선교본부는 배위량 부처를 우선 교육위원으로 임명하여, 구체적인 교육과 선교정책의 수립이라는 새로운 사명을 부여하였다.

4) 숭실인 배위량

(1) 서북지역의 동향

1887년 선교사 언더우드(H. Underwood) 등이 한반도에서 기독교 전교 활동을 시작한 이후, 개신교를 가장 열렬하게 수용한 곳은 해서지방과 서북지역이었다. 특히 서북지역의 교회 발전은 세

년도 ＼ 도	서울	함북	함남	평북	평남	황해	경기
1895~1910	11	5	24	98	162	102	56
년도 ＼ 도	**충북**	**충남**	**전북**	**전남**	**경남**	**경북**	**계**
1895~1910	23	2	30	45	83	42	683

계 어느 곳에서도 그 유례를 찾기 어려울 만큼 교세가 날로 신장되고 있었다. 이 점은 장로교회의 아래와 같은 설립 통계를 보더라도 잘 알 수 있다.

개신교가 서북지역에서 이처럼 적극적으로 수용된 이유는 어디에 있었을까? 아마도 우리는 다음의 몇 가지를 이에 관한 설명으로 정리해 볼 수 있을 것이다. 첫째, 서북지역에서는 경기나 삼남지방에서처럼 양반세력이 형성되어 있지 못하였다. 둘째, 조선시대의 과거시험 합격자중 평안도 출신 합격자가 경상도 출신 합격자의 숫자보다 더 많았다는 사실이 말해 주듯이, 평안도에는 훌륭한 선비들이 많이 있었다. 그러나 이들은 과거에 합격하고서도 중앙 정계에 진출하거나 관직에 임명되지는 못하였다. 따라서 이들은 자연히 기존 집권층에 대한 불만을 누적하게 되었고, 또한 이들 가운데 일부는 전통사회에 대한 변혁도 꿈꾸게 되었다. 셋째, 배위량도 지적하였듯이, 이 지역에서는 '자립적인 중산층'이 비교적 우세하였다. 양반세력이 형성되지 못한 반면에, 상대적으로 중·소 지주의 층이 두터웠던 것이다. 또한 일찍부터 발달한 중국과의 무역을 토대로 근대적인 상회와 상인계층도 형성되고 있었다. 그리하여 전체적으로 볼 때 신분간의 빈부의 격차가 다른 지역에 비해 상대적으로 적었던 것이 사실이다. 넷째, 중·소 지주, 자작농 및 상인계층의 이 같은 성장은 근대적 사회운동의 주요한 기초로 기능하였다. 이 지역에서는 사립학교의 설립과 운영이 활발하게 진전되었을 뿐만 아니라, 애국계몽단체인 서북학회의 활동도 다른 지역의 학회에 비해 선도적 역할을 담당하였다. 이 같은 정치·사회·경제적 여건이 개항이후 서북지역 주민들로 하여금 기독교의 수용을 보다 용이하게 하였던 것이다. 동시에 기독교의 급속한 전파가 새롭고 근대적인 사회적 움직임을 이 지역에서 더욱 활성화하였다고도 지적될 수 있겠다.

(2) 교육정책의 수립

교육위원으로 임명된 배위량은 곧 구체적인 교육정책의 수립에 몰두하였던 바, 1897년 8월 그에 의해 제안된 기본안이 미국 장로교회 선교부의 한반도 교육정책으로 채택되기에 이르렀다. 그런데 배위량의 이 교육정책은 자신의 개인적 선교 체험뿐만 아니라, 이른바 네비우스 방법(The Nevius Method)에 그 기초를 두고 있었다. 원래 중국의 산동지방에서 활동하였던 선교사 네비우스(Dr. J. B. Nevius)는 1890년 봄 한국으로 건너와서 기독교 선교를 위한 핵심적 방법론을 제시하였다. 다른 지역에서와는 달리 특히 한국에서 전형적으로 그리고 성공적으로 수행되었던 그의 방법은 아래와 같이 요약될 수 있다.

① 한번 신자가 된 사람들은 끝까지 믿음을 지키도록 하고, 나아가 그로 하여금 그리스도를 위한 일꾼이 되게 하여, 자신의 생업에 종사하면서 이웃에게 그리스도를 전할 수 있도록 가르친다.

② 본토 교회의 운영과 기구 조직은 해당 교회가 감당할 수 있고 또 운영할 수 있는 범위 내에서 발전시킨다.

③ 해당 교회의 경제적 능력이 허용하는 범위 내에서만, 전도사업에 유자격자를 택하여 그로 하여금 전도하게 한다.

자립선교, 자립정치, 자립보급으로 집약될 수 있는 네비우스 선교방법은 다음과 같은 세부 실천강령도 가지고 있었다.

① 상류계층보다는 근로계층(당시의 중 · 상 · 천민계층)에 중점적으로 전도한다.
② 부녀자들을 개종시키고, 소녀들의 교육에 특히 힘을 기울인다. 이는 가정주부와 여성들이 후세 교육에 지대한 영향을 미치기 때문이다.
③ 기독교 교육은 지방도시에서 초등정도의 학교를 경영함으로써 큰 효과를 거둘 수 있다.
④ 선교부가 경영하는 중학교에서는 이곳에 파견할 유능한 교사들을 훈련시켜야 한다.
⑤ 장차 교육받은 한국인 교역자도 여기서 배출될 것이므로 선교사들은 이 점을 유의하여야 한다.
⑥ 하나님의 말씀은 사람의 힘을 빌리지 않더라도 능력을 행한다. 따라서 하루속히 정확한 성경을 번역 출간하여 널리 읽히는 것이 중요하다.
⑦ 모든 기독교 서적은 한문을 쓰지 말고 순 한글만을 사용하도록 한다.
⑧ 진취적인 교회가 되려면 자립하여야 한다. 선교사의 도움을 받는 사람의 수를 될수록 줄이고, 자립하여 세상에 공헌하는 자의 수를 될수록 늘려야 한다.
⑨ 한국사람은 한국 사람의 전도에 의해 인도되어야 한다. 따라서 선교사들이 직접 많은 사람을 상대로 전도하기 보다는, 오히려 전도자의 양성에 주력하여야 한다.

1927년 배위량은 네비우스 선교방법에 대해 이렇게 술회하였다. "그의 사상은 선교사업의 초창기에 있어 그 원칙과 방법을 형성하는 데 많은 영향을 끼쳤다. 이 방안을 충실하고 경건하게 합심하여 실천하면 우리들의 선교사업은 반드시 성공할 수 있다고 믿었다." 특히 그것의 교육사업에 대한 지침은 배위량에 의해 승계되어 지대한 공헌을 하게 되었던 것이다. 선교부의 공식 입장으로 채택된 〈우리의 교육정책〉(Our Education Policy)은 배위량이 그간의 한국에서의 선교경험을 토대로 밝힌 선교와 교육에 대한 그의 경륜이었다. 또한 그것은 당시 논란이 거듭되고 있던 선교부의 교육정책에 확고하고 구체적인 실천방안을 제시하는 계기이기도 하였다. 이것을 우리는 아래와 같이 요약할 수 있을 것 같다.

① 학교의 설립과 운영의 기본 이념은 학생들에게 유용한 지식을 다양하게 교수하여, 학생들이 앞으로 실생활의 여러 분야에서 책임 있는 일꾼이 되도록 하는데 있다.

② 학교가 해야 할 무엇보다도 중요한 역할은 학생들의 종교적 정신적 역량을 함양시키는 일이다.

③ 선교학교(Mission School)의 주요 목적은 한국민들 사이에서 적극적인 포교활동을 담당할 교회의 육성과 그 지도자의 양성에 둔다.

배위량은 이 정책에 관한 제안 설명에서 자신의 선교교육에 대한 신념과 포부를 이렇게 설명하였다.

> 이상적인 학교는 마치 우물이 바닥에서부터 오염되는 것을 방지하기 위한 것처럼, 기독교인 학생이 끊임없이 학생층의 주류를 이루도록 함과 동시에 무엇보다도 토착교회(Native Church)를 계도할 수 있도록 운영되어야 한다.

학생들에 대한 학교교육이 이와 같을 때, 만약 그 학교의 제일의 원칙이 진실이라면, 학생들은 향후 농민이 되든, 대장공이 되든, 혹은 의사 · 교사 · 정부의 관리가 되든, 복음을 전달하는 능동적인 복음 전파자가 될 수 있을 것이다. 교사는 무엇보다도 학생들을 복음 전파자로 만들 수 있어야 한다. 이 점에 성공하지 못하면 아무리 유능한 교사라 하더라도 선교사 교사(Missionary Teacher)로서는 실패이다.

요컨대 학교 교육에 대한 배위량의 정책은 단순히 학교 몇 개 설립하자는 정도에 머물지 않았다. 그것은 '자립적' 네비우스 선교방법의 교육정책에의 적용이었다. 이와 같은 맥락에서 그는 학교의 설립과 운영의 목적이 학생들로 하여금 후일 실제 사회에서 지도자로 기능하도록 교육하는데 있음을 분명히 하고, 또한 그들이 사회의 어느 분야에서 일하든 확고한 신념과 열정을 가진 복음 전파자의 자질을 갖추도록 강조하였던 것이다.

동시에 배위량은 정규학교 교육이 지속적으로 유지되고 또 성장하기 위해서는 교육의 기반여건의 형성이 매우 중요하다고 생각하였다. 그리하여 그는 학교의 설립과 더불어 다음의 방침들을 충실히 실천하는 데도 힘을 기울였다. 첫째, 각 지역교구에서 초등하교를 발전시킨다. 둘째, 초등학교의 교원 확보를 위하여 특별 단기 시범과정을 운영하며, 재직교사 및 기타 유능한 인재들을 교원으로 양성한다. 셋째, 선발된 우수한 학생들은 중학교와 전문학교로 진급시켜 철저한 교육을 이수하도록 한다. 넷째, 각급 과정에 맞는 한국어 교과서를 준비한다. 이와 같은 정책과 방법에 입각하여 배위량은 선교부의 가용 예산이 거의 없는 가운데서도, 토착교인인 평양 주민들의 힘과 지원을 토대로 한국 근대 고등교육의 첫 장 숭실학당을 열었던 것이다.

(3) 숭실학당의 설립

1897년 10월 2일 배위량 부처는 평양으로 이주하였다. 이들에게는 생애 가운데 가장 창조적이며 활기차고 또한 결실도 컸던 평양에서의 선교교육 사업이 기다리고 있었다. 1898년 평양선교부의 보고서는 당시 사정을 이렇게 기록하고 있다.

> 7년 간의 경험과 능숙하게 한국어를 구사할 수 있는 배위량 선교사 부처가 서울로부터 전임해 옴으로써, 평양선교부는 전례 없이 훌륭한 준비를 갖추었다. 그러나 선교사업 자체가 팽창 일로에 있었으므로, 일꾼의 수는 부족하였다.

개신교회의 발흥이 불길처럼 번져가던 이즈음 평양선교부가 직면하게 된 절실한 교육문제는 다음의 세 가지 측면이었다. 즉 신입교인들을 위한 성인교육의 문제와 기독교의 교리와 문서의 전파를 담당할 전도사 · 교사 · 전도부인 등 전도요원들에 대한 보다 체계적이고 확실한 기독교 교육의 문제 그리고 중등교육의 문제가 그것이었다. 특히 중등교육 및 고등교육의 문제는, ① 각 지교회가 운영하던 초등교육 과정의 이수자들에게 진학의 길을 열어주며, ② 자격을 갖춘 교원들을 양성하여 초등학교 교사들을 제공하고, ③ 앞서 지적한 선교부의 당면 교육 현안 즉 성인교육과 전도요원의 양성이라는 두 가지 문제를 장기적으로 해결하는 방안이라는 점에서 매우 근본적인 과제였다.

그러나 선교부는 교육문제의 절박성에도 불구하고, 이 과제의 해결에 필요한 예산을 전혀 마련하지 못하고 있었다. 네비우스 선교정책에 따라 학교의 설립과 운영은 자립적인 방법을 모색할 수밖에 없었던 것이다. 배위량의 평양 전임도 이와 같은 상황하의 일이었던 바, 이 땅에서 처음으로 세워진 근대적 중등교육의 장은 다분히 배위량의 개인적 결단과 헌신의 산물이었던 셈이다. 아무런 시설과 준비 그리고 재원이 없었음에도 불구하고, 배위량은 우선 자신의 선교사 사택 사랑에 〈학급〉을 발족시키기로 하였다. 배위량이 절감하였던 중등 및 고등교육의 필요성은, 그로 하여금 온갖 어려움을 무릅쓰더라도, 우선 평양선교부 주변의 초등학교 졸업생들과 교회의 청년들을 대상으로 하는 중등교육반의 발족을 서두르게 하였던 것이다.

배위량의 용단에 의해 발족을 본 이 〈사랑방 교실〉이 바로 숭실학당의 모체였다. 이 사랑방 교실이 처음 개설된 것은 그가 평양에 정식으로 부임한지 약 일주간 밖에 경과하지 않은 1897년 10월 초순의 일이었다. 요컨대 그것은 한 벽안의 선교사가 가졌던 투철한 교육열과 창의적 결단을 웅변으로 입증하는 사건이 아닐 수 없다. 성경과 산수, 한문과 역사, 그리고 음악 등을 교육내용으로 하였던 이 중등교육반은 학생들이 중등교육을 받는데 지장이 없도록 하는 예비교육을 초기의 목표로 하고 있었다. 그러나 이듬해인 1898년 정식 학교로의 개교를 위해 학생 모집을 공고하자 60여명이나 되는 지원자가 이 〈사랑방 교실〉에 몰려들었다. 무엇보다도 그것은 당시 사회, 특히 서북지역 기독교도들 사이에 잠재해 있던 뜨거운 향학열을 반증하고 있으며, 또한 배위량의 교육정책과 학교운영이 사회적 요청에 적절히 부응하고 있음을 역설하는 것이었다. 배위량은 이 60여명의 지원자 가운데 학력과 건강상태 등을 고려하여 이 중등학원에서 학업을 이룰 수 있는 자질을 갖춘 자들을 선발하였다. 이때 선발된 학생 수는 18명이었다.

한국과 한국교회가 당면하고 있던 절실하고도 시급한 교육에의 요청이, 그리고 이 사회와 국민들을 누구보다 깊이 이해하고 애정을 쏟았던 배위량의 혜안과 신념이 함께 엮어져서, 대학으로까지 발전하였던 숭실학당은 이렇게 배위량의 사랑방에서 그 발족을 보았다. 이제 숭실은 이 민족이 요구하고 있던 교회와 사회의 지도자 양성에 그 사명을 다하게 될 것이었다.

5) 식을 수 없는 열정

1896년부터 1916년까지 한반도 교육선교사의 지도자로서, 그리고 특히 평양 숭실학당의 교장으로서 일하였던 배위량은 1915년 숭실학당의 교장직을 사임하고, 1916년 부인과 사별함으로써 새로운 국면을 맞게 되었다.[4] 그러나 그렇다고 해서 이 땅과 이 땅의 사람들에 대한 배위량의 애정과 봉사의 불꽃이 식은 것은 아니었다. 1918년 8월 로즈 매이(Rose May Fetterof)와 재혼한 배위량은 지체 없이 숭실에서 학생들을 직접 가르치는 교수직과 서북지역의 선교사업에 다시 몰두하였기 때문이다.

이때 배위량은 이미 60대에 접어들고 있었음에도 불구하고, 그 칠 줄 모르는 열정은 노년의 그의 삶을 더욱 보람 있게 장식하였다. 그는 나이에 걸맞지 않게 뛰어난 건강을 유지하며 지방순회 선

4) '배 교장' 은 당시 평양 시민들이 W. 베어드 박사를 부를 때 널리 사용하였던 벽안의 선교사 배위량에 대한 애칭이었다.

교활동을 계속하는 한편 저술 작업에도 힘을 기울였다. 그리하여 그는 이 시기에 다량의 저술도 남길 수 있게 되었다. 그는 숭실의 교재 편찬 작업에 참여하였으며, 한국말로 된 신문도 발행하였고, 그리스도의 생애 및 그리스도교적 진리를 소개하는 입문서와 다수의 성경공부 교재들을 집필하였던 동시에, 존 번연(J. Bunyan)의 〈천로역정〉 등의 문학작품들도 우리말로 번역하였던 것이다.

1931년 10월 숭실학당과 평양시내의 15개 교회들은 연합하여 전례 없는 큰 잔치를 개설하였다. 이 연회는 숭실학당의 설립자 배위량의 한국 선교 40주년을 기념하기 위한 것이었다. 그것은 실로 이제 70세가 된 한 올곧은 은사에 대해 가졌던 한국민들의 뜨거운 감사의 표출이었다. 이 전례 없던 사은의 큰잔치가 마무리될 즈음인 1931년 11월 29일 조선의 큰 별 배위량은 하나님의 부름을 받았다. 이때의 사인은 장티푸스였다. 누군가 인생은 그 끝을 보아야 알 수 있다고 했던가. 배위량에게서 우리는 그 생애에 걸맞는 한 아름다운 인생의 마지막을 접할 수 있다.

부음을 듣고 달려와 평양 숭실대학의 대강당을 메운 조문객의 수가 6000여명에 이르렀다. 이들은 한국말로 진행된 영결예배에서 고인이 남긴 한국어 찬송을 불렀으며, 또한 고인의 진정한 고향인 이 조선 땅에 영면의 안식처도 마련하였다. 그것은 이 땅에 대한 고인의 식을 수 없는 열정을 기리고, 그 유지의 승계를 다짐하는 한 아름답고 의미 깊은 상징이 아닐 수 없는 것이다.[5)]

배위량의 필생의 동료였던 선교사 사무엘 마펫(Dr. Moffett)이

---

5) 지금도 서울 절두산 아래 위치한 개신교 선교사들의 묘역에는 W. 베어드 박사와 그의 첫 부인 애니 로리 여사의 비문이 꿋꿋하게 서있다.

외우를 먼저 보내며 읽은 아래의 성경 구절은, 지금도 그를 기억하는 모든 이들의 정서를 잘 대변하고 있다.

나는 훌륭하게 싸웠고 달릴 길을 다 달렸으며 믿음을 지켰습니다. 이제는 정의의 월계관이 나를 기다리고 있습니다.(디모데 Ⅲ, 3:11)

"이제부터는 주님을 섬기다가 죽는 사람은 행복하다고 기록하라. 성령께서도 옳다고 말씀하신다. 그들은 수고를 면하고 쉬게 될 것이다. 그들의 업적이 언제나 남아있기 때문이다."(계시록 14:19)

---

* 이 글은 숭실대출판부 편, "인물로 본 숭실 100년" (1992) pp.451-471, '숭실대학교의 첫 장을 연 배위량' 을 거의 그대로 옮긴 것이다.

2. 1980년대 한 지식인 집단의 고백

1) 배경

필자가 《숭실 100년 야사》의 원고를 부탁받은 것은 약간의 명예이기도 했다. 그러나 이는 필자로 하여금 숭실인으로서 생활한 지난 19년 동안 이렇다 하게 한 일이 없음을 다시 한 번 부끄러워하도록 만들었다. 무엇을 남겨야 할까? 망설임이 없지는 않지마는, 필자가 역사학도로서 우연치 않게 쓰고 또 보관하게 된 두 가지 '견해'의 원본을 소개함으로써, 부여된 책임을 면할 수 있다면 그나마 다행한 일일 것 같다.

이들 두 '견해'는 1986년과 87년 봄, 본교 교수들 가운데 일부가 우리 사회의 양심으로서 이 땅의 현실 문제에 관해서 밝혔던 주장들이다. 그러나 무엇보다도 먼저 분명히 해 두어야 할 것은 여기에 교수들의 이름이 언급된다고 해서 그것이 어떤 특별한 의미를 가지지는 않는다는 사실이다. 만약 지금 소개하는 이들의 '견해'가 조금이나마 의미를 가질 수 있었다면, 그것은 전적으로 여기에 이름을 싣지 않은 숭실인 모두가 보여준 광범위한 묵시적 동의 때문이었다.[1)]

사실 필자는 교수들의 집단적인 정치적 행동이, 어떠한 형태의 것이든, 정상적인 사회 풍토 아래에서는 결코 바람직하지 않다고 생각한다. 교수직은 천변만화하는 시류나 주변 환경에 개의치 않

---

1) '글쓴이의 말'에서도 밝혔듯이, 필자는 1987년 봄에 전개되었던 일련의 과정을 이 땅에 민주주의를 제도화시킨 시민혁명의 과정이었다고 생각한다. 이 '혁명의 와중'에서 필자 같은 사람조차 나름의 고뇌와 약간의 흔적을 남길 수 있었음은 '큰 행운'이었다.

고 자신의 학문에 대해 끝없는 각고의 연찬을 쌓아야 하는 전문직이다. 그렇게 하는 것이 보다 본질적인 사회적 봉사인 동시에 후대들에 대한 교육이기도 할 것이다. 우리네 대학도 이를 부단히 실천해 온 다수의 침묵하는 교수들에 의해 오늘날의 모습이나마 갖추게 되었다는 것이 필자의 솔직한 심정이다.

따라서 이 글에 실리는 이름들은 구태여 따지자면 일종의 '외도교수' 들의 명단이다. 그럼에도 불구하고 두 가지 '견해' 의 원본을 있는 그대로 소개하기로 하겠다. 이는 '사실로 하여금 말하게 한다' 는 역사학도로서 가지게 된 필자의 학문적 소신을 따른 것일 뿐, 그 이상도 그 이하도 아니다. 행여나 1980년대의 두 기억이 우리 모두에게 창조적인 반성과 비판의 단서가 된다면, 그리하여 〈숭실대〉의 새로운 100년이 우리 민족의 미래사와 더불어, 자랑스러운 것이기를 간절히 바라는 모든 이들에게 적은 격려나마 보탤 수 있다면, 그 이상의 보람이 없을 것이다.

2) 시대상황

'서울의 봄' 과 '광주의 비극' 으로 시작된 이 땅의 1980년대가 정치적 격변과 사회적 소용돌이로 점철되었다는 사실은, 해방 이후 우리 사회가 경험한 여느 10년과 크게 다를 바 없다. 경제 구조의 산업화는 식민지 잔재와 전쟁의 잿더미 위에서 추진되었음에도 불구하고, 1960년대 이후 가속이 붙어 우리 사회에 많은 변화를 가져다주었다. 무엇보다도 그것은 물질적 생활조건을 현저하게 개선하였다. 그러나 이 점 못지않게 중요했던 것이 금세기 전엽에 우리 민족이 받았던 망국과 전쟁의 깊은 심정적 상처를 산업화의 진전이 완화시켰다는 사실이다. 이제 우리 사회는 스스로의 앞날에 대한 낙관적 전망과 민족적 자신감을 회복하게 되었던 것이다. 1970년대 이후 강화되어 온 정치적 민주화에 대한 요구가 성공적으로 추진되어 온 경제적 산업화의 한 자연스러운 열매임을 인정하는 것이 당시로서는 왜 그렇게도 어려운 일이었을까?

80년대 초엽 일시적이나마 꽁꽁 얼어붙었던 이 땅의 정치문화는 시간이 흐르면서 새로운 형태의 정치적 자각과 사회적 운동으로 기지개를 켜기 시작하였다. 특히 85년의 2·12총선을 통해서 얻은 성과, 즉 결성된 지 몇 개월 안 되는 신생의 야당 신민당이 국회의 다수 의석을 차지한 것은 적지 않은 충격이었다. 선거혁명으로도 불린 2·12총선은 당시의 민심의 향배를 선명하게 드러내는 동시에 앞으로의 정치적 각축이 매우 가파르게 진행될 것임을 예견케 해 주었다. 사실 총선의 결과는 산업화와 더불어 우리 사회의 중심 세력으로 성장한 중산계층의 광범위한 정치적 각성을 반영하고 있었다. 80년대 중반 우리네 중산계층의 정치적 활성화를 드러내는 재미있는 한 예가 이른바 화이트 칼라층으로 이루어졌던 '넥타이 부대'[2]가 아니었을까? 아무튼 광범위한 중산계층이 민주화 요구에 동참함으로써 새로운 정치문화에로의 진전도 이제 만만치 않은 탄력을 받게 될 것이었다.

물론 정치문화적 환경의 이 같은 변화는 매우 의미 깊은 것이 사실이다. 그렇기는 하지만 80년대 내내 대학가가 걷잡을 수 없는 사회 정치적 소용돌이의 한 가운데 자리하고 있었다는 것은 오히려 상식에 속한다. 민주화 과정의 선봉임을 호언하였던 '운동권'

2) 이 용어는 이즈음의 신조어로서, 서울 도심에서 가두시위가 있을 때 인근 사무실에서 일하던 화이트칼라계층이 점심시간 등을 활용해 와이셔츠에 넥타이를 맨 차림으로 시위에 참가함으로써 생겨나게 되었다.

학생층과 전위적 지식인 집단은 이를 나위가 없지마는, 온건합리주의를 고유한 토양으로 삼으며 우리 사회의 지성과 양심의 보루임을 자처해 온 상아탑의 교수들도 당대의 소용돌이로부터 결코 완전히 자유롭기는 어려웠다. 캠퍼스의 젊은이들이 택했던 극단적인 행동[3)]에 접하며, 이를 시간이 해결해 줄 단순한 과도현상으로 치부한다든가, 이를 맹목적인 정의감과 나이브한 이상주의의 부수적 산물로 간주하기에는, 우리 사회의 아픔이 너무나 깊었고, 지배집단과 저항집단 모두의 수단이 너무나 무분별했으며, 교수들의 고뇌 또한 절절히 절실하였다.

3) 1차 민주화 선언

마침내 85년에는 대학가 교수 사회에서 내연해 온 이 고뇌와 갈등이 몇몇 대학을 선두로 한 교수들의 광범위한 시국선언으로 분출되기에 이르렀다. 당시 교수들의 집단적이고도 지속적인 정치적 견해의 표명은 과연 우리 사회에 엄청난 충격을 주었다. 이는 마치 1960년 4월 혁명 때 교수단이 택했던 집단행동이 준 충격에 버금가는 것이었다. 그럼에도 불구하고 정치권의 구조적인 혼미와 이로 인한 대학의 위기는 이렇다 할 구체적인 해결의 실마리를 여전히 찾지 못하고 있었다.

단지 이 같은 혼돈의 와중에서나마 1986년 봄에 접어들면서 사회적 위기의 극복을 위한 약간의 진전이 없지는 않았다. 종래의 민주화 요구는 이념적 지평의 일반론에 머문 것이 대부분이었다. 그

3) 1980년대 중엽 우리네 젊은이들이 택했던 극단적인 행동이 무엇이었던가, 또는 얼마나 극단적이었던가 하는 것을 여기서 구태여 다시 얘기할 필요가 있을까. 그것은 참으로 생각조차 하고 싶지 않다. '뒷장', p.182, 각주 7 참조.

러나 이즈음에 와서 그것은 개헌 청원운동과 민주화 절차의 가시화라는 실천적 지평의 쟁점으로 집약되었으며, 이에 대한 광범위한 국민적 지지도 매우 뜨거워졌다. 「개헌」과 「민주화」 절차의 수립은 해방이후 우리 사회가 한결같이 추구해 온 자유민주주의 체제가 과연 이 땅에 뿌리내릴 것인가, 아니면 또 한 번의 굴절을 맛볼 수밖에 없을 것인가 하는 역사적인 화두가 되기에 이르렀다. 바로 이 같은 위기의식이 숭실대학교 교수단의 이른바 시국선언이 나오게 된 직접적인 정치문화적 토양이었다. 여기에 숭실대학교 교수들이 밝혔던 견해의 전문과 서명자들의 명단을 소개한다.

〈대학이 처한 현실에 대한 우리의 견해〉

진리와 봉사를 이념으로 하는 우리의 대학은 오늘날 심각한 혼란을 겪고 있다. 자유로워야 할 학문연구와 토론의 장은 제한되어 있고 교수와 학생사이의 장벽은 날로 높아지고 있다. 더욱 격화되고 있는 학생들의 몸부림과 이에 대한 근시안적인 대처는 대학 본연의 기능을 마비시키고 있으며, 이로 인한 학생들의 희생은 대학인뿐만 아니라 국민 모두의 우려를 자아내고 있다.

오늘의 대학이 처한 위기는 실로 그 동안 누적되어 온 우리 사회의 여러 모순이 빚어낸 하나의 결과이다. 해방 이후 우리 사회는 자유민주주의 실현을 끊임없이 추구하여 왔음에도 불구하고 여전히 그것은 성취되지 않고 있다. 오늘의 대학이 처한 위기도 민주화에 대한 대학인의 순수한 요구를 외면하고 이를 강압적으로 해결하려고 한 데서 비롯된 것이다. 그러므로 오늘의 대학이 겪고 있는 혼란을 타개하는 근원적인 해결책은 사회 전반의 민주화의 실현에 있다고 우리는 생각한다.

요즈음 전개되고 있는 개헌청원 서명운동도 민주사회를 이룩하려는 국민적 열망의 한 표현이며, 기본권에 속하는 권리 행사이다. 대학은 본질적으로 사회의 일부이며 사회를 계도하는 기능을 가지고 있다. 따라서 대학인이 현실문제에 관심을 가지고 자신의 견해를 표명하는 것은 권리일 뿐만 아니라 의무일 것이다.

우리 교수들은 그동안 대학과 사회가 겪어온 어려움에 아픔을 함께 하면서도 침묵과 방관자적 입장에 서 있었음을 깊이 반성한다. 최근 각 대학 교수들의 잇따른 견해 표명은 의로운 외침이며 솔직하고 타당한 처방이라고 믿는다. 우리는 도덕적인 힘이 결코 외롭지만은 않다는 확신과 용기를 나누어 갖고자 흔연히 이 일에 동참하여, 다음과 같이 우리의 견해를 밝힌다.

1. 대학의 이념은 진리의 탐구와 이를 통한 사회에의 봉사이다. 이를 구현하기 위해서 대학의 자율성과 학문의 자유는 마땅히 보장되어야 한다.
2. 현실문제에 대한 학생들의 의사표시는 자유민주주의의 원리에 입각한 비폭력적인 것이어야 한다.
3. 사회 전반의 민주화를 지향하는 견해들은 자유롭게 표명되어야 하며, 이를 수렴하는 민주화의 절차는 조속히 제시되어야 한다.

1986. 4. 25.

곽신환 구자윤 김기순 김인중 김홍진 박은구 박종철 유영렬

윤도중 이삼열 이성섭 임종률 조우현 최충식 (이상 14명)
숭전대학교 서명교수 일동[4]

4) 2차 민주화 선언

본교 교수들이 '견해'를 밝힌 4월 25일은 1960년 4월 혁명 때 교수단 시위가 있었던 날이기도 하지마는, 바로 전날인 24일 당시 문교부가 교수들의 시국 현안에 관한 집단적인 견해 표명 행위를 불법으로 간주하고, 이에 강경 대처하겠다는 방침을 전달한 시점이기도 했다. 그런데 '견해'는 25일 아침 철학과의 곽신환 교수, 사학과의 김인중 교수, 경제학과의 조우현 교수 그리고 필자가 학교 앞 다방에서 기자들과 만남으로써 언론에 보도되었다고 기억된다. 그러니까 본교 교수들의 '견해'가 이 시점에서 표명된 것은 다분히 우연한 일이었지마는, 그러나 그것은 약간의 파장을 가져오게 되었다.

첫째, 그것은 작금의 시국상황에 대한 본교 교수들의 인식이 1960년 4월 혁명에 대한 그들의 이해와 맥을 같이하고 있다는 점을 드러냈다. 당시의 혼란이 단순한 사회적 소요나 정치적 파쟁이 아니라 우리 사회의 자유민주주의적 가치관과 정치질서의 확립을 위해서 구조적 개혁을 요구하고 있다는 생각을 숭실대 교수들은 분명하게 밝혔다.

둘째, 그것은 정부 특히 문교부에 대해서 시국 현안에 대처하는

---

4) 본교 교명이 당시에는 '숭전대학교'였다. 대전캠퍼스가 한남대학교로 분리 독립하고, 본교가 현재의 교명을 공식으로 회복한 것은 1986년 11월 1일의 일이다. 이를 기념하는 「숭실 교명 환원 선포」 기념예배는 1986년 11월 25일 본교 채플에서 거행되었다.

자세의 일대 방향 전환을 정면으로 요구하였다. 법질서의 본질인 국민적 동의를 외면한 채, 권력 유지에 급급한 나머지, 강경 대처만을 앵무새처럼 반복하는 것이 결코 올바른 정책이 아님을 교수단은 실천적으로 제시하였기 때문이다.

셋째, 그것은 이후에 많은 지식인들과 교수들로 하여금 우리 사회의 고통에 동참하도록 이끄는 시대적 고리 역할을 하였다. 당대의 역사적 명제가 헌법 개정을 통한 '민주화의 진전'이라는 점에 이의를 제기하는 지식인은 그리 많지 않았을 것이다. 그럼에도 불구하고 지금까지 방관자적 태도를 취했던 이들에게 본교 교수들이 택했던 시점과 행동은 자신들의 고뇌를 보다 절박하게 만들기에 충분한 계기가 되었던 셈이다.

다행하게도 본교 교수들의 '견해' 표명은 일회성 과시용 선언으로 흐지부지되지 않았다. 그것은 오랜 시간이 지나지도 않은 그해 6월 3일, 정부로부터도 '개헌은 빠를수록 좋다'는 중대한 입장 변화를 끌어낼 수 있었다. 이제 개헌과 민주화 절차의 가시화는 국민과 정부 모두가 합의한 역사 진행의 방향인 것처럼 보이기도 했다. 그리하여 자유민주주의 체제를 향해 구르는 역사의 수레바퀴를 인위적으로 굴절시키는 것은 이제 불가능할 것처럼 보이기도 했다. 그러나 이 같은 기대란 워낙이 순조롭게 이루어질 수 있는 성격의 것이 아니었다. 그것은 아마도 우리네 사회와 전통이 안고 있는 참으로 구조적인 난제의 무게 때문이리라.

특히 당시의 정부는 이합집산을 거듭하는 정치권의 파행과 사회적 혼미를 빌미로, 결국 1987년 4월 13일 이른바 '호헌조치'를 단행해 버렸다. 아마도 이 같은 조치의 배후에는 우리 사회의 민주화가 단순한 이상주의자들의 시기상조한 꿈에 지나지 않으며, 물리력을 동원한 개헌의 유보는 우리 사회를 뒤흔드는 민주화 열망을 능히 잠재울 수 있고, 이것이 표면상의 안정과 평화나마 유지하는 길이다라는 시대착오적인 역사인식이 깔려 있었던 것 같다. 동시에 그것은 개헌과 민주화에 대하여 지난 해에 취했던 정부의 동의가 들끓는 민의의 예봉을 잠깐 비껴가기 위한 미봉책에 불과했음도 극명하게 드러냈다. 바야흐로 본교 교수들은 다시 한 번 우리네 사회와 역사에 대해서 져야 할 최소한의 지성과 양심이 실체적으로 무엇을 의미할까 하는 고뇌에 빠져들게 되었던 것이다.

그러나 고뇌의 심도가 치열해질수록 결단과 행동에 걸린 시간은 그리 오래 걸리지 않았다. 개헌유보 조치가 있은지 3주 만에 '4 · 13 호헌조치' 의 명분이었던 「우리 사회의 안정과 평화」 바로 그것을 위해 본교 교수들은 새로운 '견해' 를 표명하게 되었다. 돌이켜 보면, 이 때 즉 1987년 6월은 혁명의 전야, 그것도 새벽이 머지않은 시점이었다. 그러나 내일을 예측할 수 없었던 당시로서는 몹시 어둡고 춥게만 느껴졌고, 호헌조치에 대한 정면적 도전이 개인들에게 초래할 불이익에의 위협도 매우 직접적이었던 것이 사실이다. 당시 법학과의 임종률 교수는, '부득이하다면, 교수단의 2차 민주화 선언과 관련된 모든 책임을 혼자 지겠다' 고 선선히 응낙하였다. 임교수의 이 같은 태도는 글을 준비하면서도 위협에 겁먹고 있었던 필자에게는 적지 않은 감동이었다. 아무튼 새로운 '견해' 에는 보다 많은 수의 본교 교수들이 참여하였고, 언론에는 철학과 이삼열 교수와 법학과의 임종률 교수를 통해서 전달되었다고 기억된다. 여기에 그 전문을 소개한다.

〈민주 사회를 위한 우리의 견해〉

오늘날 우리 사회와 대학은 심각한 시련에 처해 있다. 이에 오늘을 사는 지식인에 부과되고 있는 의무에 따라 아래와 같이 우리의 의사를 밝힌다.

1. 지난 해 우리 사회는 민주화의 성취를 위해 천부의 인권이 보장되는 헌법의 개정에 합의하였다. 정부와 여당이 개헌 의지를 거듭 밝혔던 것도 민주 헌법의 마련이 우리 사회의 뿌리 깊은 모순을 해결하는 일차적인 길이기 때문이었다. 우리는 이 국민적 합의의 조속한 실현이 민족적 비원을 치유하는 길임을 거듭 지적한다.
2. 작금에 드러나고 있는 구조적인 경제 비리는 공명정대하게 밝혀지고 과감히 개혁되어야 한다. 지난 여러 해 동안 이룩된 경제 성장은 모든 국민이 혜택을 골고루 누릴 수 있을 때, 지속적인 발전의 초석이 될 수 있으며 또한 진정한 역사적 의의를 가질 수 있다.
3. 법의 공정한 운용과 언론의 자유는 민주 사회의 불가결한 관건이다. 모든 국민은 법 정신에 따라 정의를 지향하고 사실을 알 권리가 있으며, 정부와 법조계 그리고 언론 매체는 국민의 이 기본적 권리들을 보호하여야 할 의무가 있다.
4. 진리 탐구의 도장인 대학의 자율권은 마땅히 보장되어야 하며, 대학인의 비판 정신은 반드시 평화적인 방법으로 표현되어야 한다. 타율과 폭력의 악순환은 오늘날 대학을 황폐화시키고 있으며, 정상적인 교육을 가로막고 있다. 자율화를 통한

위기의 순리적 극복이 민주 사회로 나아가는 핵심 과제의 하나임을 분명하게 밝히는 바이다.

1987년 5월 9일

권영진 김병기 김성숙 김영철 김인중 김홍진 박은구 박종철
신광섭 우춘식 유영렬 윤도중 이경식 이삼열 이준오 임병태
임종률 조우현 최명관 최중식 한명수 (이상 21명)
숭실대학교 서명교수 일동

5) 맺는말

1987년 6월 혁명에 이르는 80년대 우리 사회의 역정, 특히 정치사의 궤적은 한치 앞을 점칠 수 없는 끝없는 격랑의 연속이었다. 1986년과 87년에 나온 숭실대 교수들의 '견해' 도 이를나위 없이 이같은 시대적 상황의 산물이다. 결과적으로 이 '견해' 들이 우리 사회의 민주화 과정에 지극히 적은 여백이나마 메웠다면, 그것은 기대 이상의 역할을 한 것이다. 명색이 역사를 공부한다는 필자로서도, 당시의 정치적 사회적 격랑들이 87년 6월을 넘기지 않고 시민혁명으로 승화될 줄은 미처 몰랐다. 단지 필자의 경우 외면하기 어려운 화두가 한 가지 있었다면, 아마도 우리 사회와 대학이 필자에게 베풀어 준 사랑에 대한 부채감 같은 것이었으리라. 아무튼 필자는 매우 불충분한 역사의식밖에 가지지 못했고, 그 시대의 아픔과 고통에 대해서도 망설이고 머뭇거리며 뒤뚱거렸다. 그야말로 용기없는 지식인의 고뇌 정도를 벗어나지 못했다.

교수들조차 본연의 의무를 한 동안 덮어둔 채, 정치적 쟁점들에

관해, 집단적으로 견해를 밝힐 수밖에 없었던 그 시대 우리 사회의 상황은 정녕 비극이었다. 다시는 이와 같은 불행이 없기를 바라는 것이 필자만의 심정은 아닐 것이다. 그렇기는 하지마는 숭실인으로 지낸 격랑의 1980년대를 돌아보면서, 사회적으로 그리고 대학인으로서 또한 개인적으로도 마음으로부터 우러나는 감사가 없지 않다. 먼저 사회적 문제들에 있어서, 여전히 우리가 나아가야 할 민주사회로의 길이 아득한 장정처럼 느껴지기는 한다. 구조화한 사회악이 위협적이기조차 하다. 그러나 앞으로야 우리 사회가 민주적 가치를 정면 부정하는 파행상태로 전락하지는 않을 것 아닌가. 설령 정치권이 그 같은 나락으로 치닫는다 하더라도 이를 극복하는 힘을 이제는 우리 사회도 가지고 있다고 필자는 믿고 있다. 1980년대의 기억을 우리 모두 깡그리 잊을 수는 없지 않겠는가?

그리고 '숭실대'로서도 지난 80년대는 역류와 혼란의 와중에서나마 꾸준한 양적, 질적 성장을 이룩한 시기였다. 물론 숭실대가 진정한 그리스도교 대학이 되어 숭실을 사랑하는 모든 이들의 명예가 되기 위해서는, 앞으로도 나누어져야 할 책임과 고통이 적지 않을 것 같다. 그럼에도 불구하고 두 차례의 '견해'를 통해서 거듭 밝혔던 바, 연구하고 가르치는 대학인 본연의 모습을 우리 모두는 회복할 수 있다고 믿고 있다. 설령 작금의 난제들이 만만치 않다 하더라도, 이것들의 극복을 회의하는 숭실인이 어디에 있는가. 1980년대의 숭실인들이 보여 주었던 절제된 지성, 의연한 용기, 자발적인 희생 그리고 무엇보다도 깨끗한 신앙 양심이 바로 100년

---

* 이글은 숭실대출판부 편, 〈숭실 100년 야사〉 (1998) pp.270-279, "1980년대 숭실의 두 기억"으로 실렸던 것을 정리한 것이다.

의 충실을 지켜온 전통임을 우리 모두는 기억하고 있다.

또한 개인적으로도 필자는 지난 10여 년을 반성하며 우리네 사회와 대학에 대해 지고 있는 적지 않은 부채를 재확인하게 되었다. 반드시 갚아야 할 사랑의 빚이 너무나 크다는 생각이다. 아마도 그것을 다 갚을 수는 앞으로도 없을 것 같다. 그런들 어쩌랴. 곰곰 기억해 보면, 일생 빚진 자로서의 삶이야말로 과분한 신의 보살핌인 것을……

3. 한국 최초의 근대적 민족대학 "숭실대학교" – 학문적 탁월성과 기독교적 정체성의 요람

1) 머리말

우리나라 근대 대학은 1897년 10월 평양에서 미국 북장로교 선교사 배위량(W. M. Baird)이 설립한 '숭실학당'에서 비롯되었다. 어느 나라에서나 근대 대학의 설립과 성장은 그 국가의 근대적 학문, 문화 그리고 사회 발전의 핵심적 초석이 되기 때문에 중요한 의미를 갖는다. 이 같은 중요성에도 불구하고, 우리나라 근대 대학의 역사는 왜곡된 측면이 있다. 우리나라 근대 대학의 기원을 조선시대의 성균관에 두거나, 심지어 '일제 식민지통치 은혜론'에 따라 조선총독부가 1924년에 설립한 경성제국대학에서 찾는 경우 등이 이 같은 예에 속한다.

'숭실학당'의 창립은 1897년 재한 미국 북장로교 선교부 연례회의에서 배위량이 입안한 교육정책을 심의 확정하고, 그를 평양 선교지부의 선교사로 파견함으로써 시작되었다.[1] 당시 한국사회는 1895년 고종이 '교육입국(敎育立國) 조칙'을 반포한 이후 국권회복을 위해서 실력양성 운동을 전개하고 있었다. 이때 그 핵심은 보다 높은 수준의 근대적 교육기회를 확대하는 일이었다. 그리고 기독교계의 입장에서도 늘어나는 교인의 교육과 교단의 발전을 위해서 중등교육 이상의 새로운 교육기관 설립이 반드시 필요한 실정이었다. 이에 평양 선교부에서는 배위량이 중등교육반을 시작하도록 의결하였다. 그는 우선 자신이 머물고 있는 사택의 사랑에서 이

---

1) 『숭실대학교 100년사』(숭실대 출판부, 1997), 54

른바 '사랑방 학급' 이라 불렸던 숭실학당을 개설하였던 것이다.[2)]중학과정의 숭실학당은 이후 발전을 거듭하여 3년 후인 1900년에는 수업 연한 4년 과정의 정식 중학교로 발돋움하였고, 1904년에는 첫 졸업생을 배출하였다. 그러나 숭실학당은 중학과정에 만족하지 않고, 대학과정의 고등교육 기관 설립을 위해 노력하였으며, 마침내 1906년에는 선교 본부로부터 대학부 설치인가를 받아 대학교육을 실시하게 되었다. 따라서 '숭실학당' 의 개교는 당시 우리 민족과 교회가 당면하고 있던 과제 즉 높은 수준의 근대적 고등교육이라는 절실한 시대적 요청에 부응한 것이었으며, '평양 숭실대학' 은 한국 민중을 위한 선교사들의 기독교 정신과 멸망해가고 있던 국가의 국권을 회복하고자 했던 평양지역 주민들의 교육구국운동에의 열망이 결합해서 일구어 낸 진정한 의미의 기독교 민족대학이었던 것이다.

일제하 숭실대학은 조선총독부의 탄압으로 인해 1925년 대학에서 전문학교로 격하되는 수난을 당해야 했으며, 그리고 1938년 3월에는 일제의 신사참배 강요에 맞서 스스로 폐교를 단행하는 역사적 결단도 내려야 했다. 평양 숭실대의 폐교 결단은 하나님과 민족에 대한 지극한 성실성의 한 표현으로서, 이는 어떠한 불의와도 타협하지 않고 민족적 대의를 지키며, 진리를 사랑하고 봉사를 실천하겠다는 '숭실 정신' 의 역사적 표출이었다.

민족해방과 더불어 추진되었던 평양지역에서의 숭실대학 재건운동은 남북분단으로 인하여 뜻을 이루지 못하였다. 그러나 뜨거웠던 '숭실 정신' 은 결코 식지 않아서 한국전쟁이 종식되자마자

---

2) 『인물로 본 숭실 100년』(숭실대 출판부, 1997), 451-452 참조.

숭실대학교 재건운동이 서울에서 재개되었다. 그리고 이 운동은 마침내 1954년 4월 전쟁의 폐허 위에서나마 그 결실을 보게 되었다. 전후 서울에서 재건된 숭실대학은 대전대학과의 통합으로 인해 숭전대학교(1971~1982)라 불린 시기를 잠깐 동안 거친 바 있으나, 오늘날 숭실대학교(1987년 이후~현재)는 기독교 정신에 바탕을 둔 명예로운 고등교육 기관으로서, 한국 사회의 산업화와 민주화를 선도하고 있으며, 또한 앞으로 있을 평양 숭실대의 회복을 위해서도 부단히 노력하는 세계적인 기독교 명문사학으로 우뚝 자리잡고 있다.

2) 한국 근대 대학의 효시

(1) 기독교적 민족대학의 설립

1897년 대한제국기에 기독교적인 근대 교육을 목표로 평양에서 세워진 '숭실학당'은, 당시 기울어져가고 있던 민족과 국가 그리고 새로운 희망으로 떠오른 기독교와 교회 모두를 짊어지고 나갈 유능한 지도자를 양성하고자 했다. 그리하여 숭실학당은 초기의 중등교육 수준에 머무르지 않고, 당시로서는 유일하게도 높은 수준의 고등교육 기관 즉 '숭실대학'으로 발전하게 되었다.

숭실에서 대학과정의 교육이 실질적으로 시작된 것은 1905년의 일이다. 숭실은 당시 한국에서 가장 크고 좋은 시설을 갖춘 중등교육기관으로서, 1904년 이미 160여 명의 재학생을 갖추고 졸업생을 배출한 터였으므로, 평양 숭실이 한국 최초로 대학부를 설치하고 대학과정을 개설한 것은 결코 우연한 일이 아니었다. 이어서 숭실은 1906년 8월 미국 장로교 선교부로부터 대학부 설립을 공식적으로 허락 받았으며, 1908년에는 대한제국 정부로부터도 학교 설립을 정식 인가 받았다. 대한제국 정부가 1908년 8월 26일 사립학교령을 공포하여 모든 사립학교들에 대해 6개월 이내에 학부대신의 인가를 다시 받게 했던 바, 미국 북장로교 선교부가 이 법령을 받아들였기 때문에, 결과적으로 숭실대학은 대한제국 정부로부터도 인가를 받게 된 것이었다.

이 같은 사실은 여러 신문에서도 확인할 수 있다. 1906년 7월 13일자 『대한매일신보』는 "근래 평양 예수교회에서 학교를 설립하는데" 평양 주민들의 의연금이 답지한다고 보도하였으며, 하와이에서 발행되던 『공립신보』 1908년 11월 18일자 기사는, '평양대학' 즉 '평양 숭실대학'이 한국 최초의 대학으로서 최초로 2명의 졸업생을 배출했음을 축하한다고 쓰고 있고, 특히 1913년 11월 17일자 『신한민보』는 "우리나라의 대학교로는 '평양 숭실대학교'가 유일하다"고 밝히고 있다.

이상의 역사적 기록들로부터 우리는 '숭실학당'에서 출발한 숭실대학이 한말 교육구국 운동과 기독교적 근대 교육에 대한 사회적 열망에 힘입어 우리나라 최초의 근대 대학으로 성장했음을 명확히 알 수 있다. 1905년 숭실학교가 장로교 선교부의 허락을 얻어 자체적으로 시작한 대학교육은 1909년 2개 학습 12명의 학생으로 구성된 정식 '대학부'로 성장했다. 그런데 이 대학에는 장로교와 감리교가 함께 학교 경영에 참여하였으므로, 'Union Christian College', '합성 숭실대학' 또는 '평양 숭실대학'이라 불렸고, 이를 선교사들은 영문으로 'Pyeng Yang Union College'라 표기했으며, 당시 신문에서는 이를 '평양대학'이라고 통칭하였다.

(2) 초기 숭실의 실용주의 학풍

1897년 설립된 숭실학당은 1906년에 대학으로 발전하였다. 그렇다면 고등교육 기관으로서의 초기 '숭실'은 어떠한 학풍을 가지고 있었을까? 여기서 우리는 교명인 '숭실'의 의미를 되새길 필요가 있을 것 같다. 이 교명은 초기 숭실학당의 한문과목 교사였던 박자중(朴子重)이 지은 이름으로서, '허(虛)'가 아닌 실(實)을 숭상하며, 조선후기 이래의 실학(實學)을 숭상한다'는 의미를 담고 있다. 당시 실학은 외세의 침략이라는 민족적 위기에 직면하여, 민족의 실력을 양성하기 위해서 '교육구국 운동'을 활발히 전개하고 있었다. 그러니까 실학은 당시 교육구국의 이상을 실현하고자 했던 우리 민족의 시대정신이었던 셈인데, 교사 박자중은 '숭실'이라는 교명을 통해서 새로운 가치인 기독교를 수용함으로써 이 시대정신을 구현하고 진리와 봉사를 민족사회에 실천하고자 하였던 것이다.

숭실대학은 을사조약 이후 국권이 일제에 침탈당하는 민족적 위기 속에서 실력양성을 통해 국권을 회복하고자 했던 한국인들의 열망과 한국인을 위한 선교사들의 기독교 정신이 결합하여 설립·성장하였다. 개교 이후 숭실대학은 민족을 이끌어갈 실력 있는 지식인을 양성하기 위해서 끊임없이 교육 내용을 보강하였다. 이는 〈표 1〉에서도 확인된다.

1912-1913년의 교과과정을 보면, 이 시기 숭실대학은 종래에 물리학, 생물학, 화학뿐이었던 과학 영역을 더욱 보강하여 농학, 임학, 지질학, 광물학 등의 강좌를 개설하였으며, 사회과학 분야에서는 종래의 경제학 이외에 경제사, 사회학, 민법 등의 강의가 개설되었다. 그리고 어문학 분야에서는 영어 이외에 조선어 고전, 논

영역	1학년	2학년	3학년	4학년
성격	마태복음 이사야서 3 Ⅰ · Ⅱ	요한복음 잠 언 3 빌립보서	히브리서 야고보서 3 소예언서	로마서 시 편 3 다니엘
수학 및 천문학	대학대수 5	삼각법과 측량 3	해석학 3 이론천문학 3	응용천문학 3 선택 수학 3
역사 및 경제학	영국사 3	미국경제사 3	근대경제사 (구라파 및 동양) 3 경제학 3 사회학 3	교회사 2 민 법 3
자연과학	생물학 3 화 학 2	고급식물학 3 물리학 3	농 업 3 물 리 3 화 학 3	심리학 3 임 학 3 지질학 3 광물학 3
인문과학	기초 심리학 및 교육학 3	윤리학 3	윤리학 3 종교사 기독교사 3 사회학	심리학 3 철 학 3
어학	고 전 3 2 영 어 3 일본어 3 음 악 2	작 문 토 론 1 영 어 3 일본어 3 음 악 2	논 어 2 화 법 1 영 어 3 일본어 3	화법 및 토론 1 영 어 5 일본어 5 음 악 2
실과	공 작 3 제 도 3	공 작 3	공 작 3	공 작 3

〈표 1〉 1912-1913 평양 숭실대학 교과과정

어 등의 한문이 추가되고 새로이 일본어도 개설되었다. 또한 1913년 숭실대학 편람에 나타난 교수와 담당과목을 보면 미국에서 석·박사 학위를 받은 배위량(W. M. Baird), 백아덕(A. L. Becker), 변영서(B. W. Billings), 모의리(E. M. Mowry), 편하설(C. F. Bernheisel), 심익순(W. E. Smith), 맹로법(R. M. McMurtrie) 등이 교수로 재직하였으며, 성경, 교육학, 물리학, 철학, 심리학, 역사학, 자연과학, 근대사 등을 강의하였다.

이처럼 교과과정의 체계화와 더불어 숭실대학은 엄격한 졸업생 배출 기준을 마련하고, 학사를 진정한 기독교 대학으로 운영했으며, 교육 내용도 기독교적 사회 봉사활동과 실용적인 과학기술 교육에 주력하였다.[3)]

또한 1920년대에는 숭실대 학생들이 음악전도대를 구성하여 전도활동의 새로운 장을 개척하였고, 전도 강연을 통하여 민족의식을 고취하기도 했다. 1920년 3월에는 숭실대학 학생 전도대원 16명이 1개월간 남한지역 전도를 실시하였는데, 이 때 박형룡(숭대 11회)은 〈하늘의 검〉이라는 제목으로 전도 강연을 하다가 강연 내용이 불온하다는 이유로 10개월 동안 투옥되었다. 그리고 같은 해에 평안북도 안주와 선천지역에서는 김태술(숭대 12회), 김형재(숭

---

3) 아래의 표를 통해서 대학 초창기의 재학생 수와 졸업생 수를 비교해 보면, 숭실대학은 졸업생을 엄선하여 배출하였음을 알 수 있다.

〈초기 숭실대학 재학생수와 졸업생수〉

연도	1907	1908	1909	1910	1911	1912	1913	1914	1915
재적생수	12	19	18	54	49	68	50		80
졸업생수		2	0	5	6	0	9	8	9

대 2회), 조만식(숭대 교수) 등이 전도운동을 하였는데, 이 때의 강연 내용에 문제가 있다고 하여 구속되기도 하였다.

숭실 음악전도대의 활동에는 박태준(숭대 12회), 현제명(숭대 15회), 김동진(숭전 11회) 등이 열성적으로 참여하였다. 그리고 1923년경에는 한경직(숭대 16회), 한창선(숭대 15회), 박경호(숭대 15회) 등 7명의 대원들이 새로이 음악전도대를 구성하여 10여 일 동안 만주 봉천지방에서 전도활동을 펴기도 했다. 숭실의 이 같은 활동은 언론보도를 통해서도 주목을 끌었다. 1920년 7월 13일자 『동아일보』는 다음과 같이 보도하고 있다.

> 당시 예수교회에서는 금월 4일 평양 숭실대학 전도대를 청하여 공전의 일대 활동을 시작하였는데, 그 때 마침 우천임에도 불구하고 매일 3, 4천명으로 만장된 청중은 그 청량한 주악과 선미한 강연에 심열, 회개한 신자 천여 명에 달하여 충천의 성황을 이루었다.

숭실대학에 농과(農科)가 설치된 것은 1931년 4월 숭실전문학교 교장 윤산온(S. G. McCune) 박사의 노력이었다. 그리고 농학과 졸업생들은 숭실대학의 교수였던 민족지도자 조만식의 지도하에 기독교 농촌운동의 지도자로 활동하였다. 농학과가 설립되자 당시 언론에서는 '이는 시의적절한 일로 앞으로 조선사회를 위해 다대한 공헌이 있을 것'[4]이라고 하였으며, 또한 '기독교 선교사업이 시대적 요구에 투응(投應)하고자 하는 바로 유위(有爲)한 결산'이라고 평하며 크게 환영하였다.[5] 이 숭실 농학과 졸업생들은 1930

---

4) 『동아일보』 1913년 3월 8일자

년대 농촌운동의 주역들로서, 정인과(숭대 3회), 배민수(숭전 3회), 박학전(숭중), 유재기(숭전), 이창호(숭전), 최봉주(숭전) 등은 1928년부터 1937년까지 조선장로교총회 농촌부를 주도하였다. 이훈구, 김응룡, 김병하, 조두서 등 농과 교수들은 일반 농민들을 위한 월간잡지 『농민생활』을 발간하기도 하였다.

숭실대학은 설립 초기부터 서구의 근대적 과학 및 과학기술과 관련된 다양한 과목들을 정규 교과과정으로 편성하였다. 이에 관하여 초대 교장 배위량 박사는 다음과 같이 밝혔다.

> 좀 더 많은 자금을 얻을 수 있다면, 학교는 공학과의 개설운영이 가능할 것이고, 그렇게 되면 거의 모든 부문에 근대적 진보가 결여되어 있는 이 땅에 헤아릴 수 없을 만큼 공헌하게 될 것이다.

배위량 박사는 '숭실'이 실용학문인 공학을 도입함으로써, 한국사회의 근대적 진보에 더욱 이바지할 수 있으리라고 기대하였다. 숭실대학의 실용주의 교육 정신은 설립 당시부터 건학정신의 핵심이었던 것이다.

3) 평양 숭실의 민족운동

(1) 한말 민족운동과 숭실대학

1905년 러 · 일전쟁에서 승리한 일본이 '을사조약'을 체결하여 우리의 외교권을 박탈하는 등 국권침탈을 본격화하자, 숭실 학생들은 민족적 대의에 따라 항일독립투쟁의 선봉에 서게 되었다. 을

---

5) 『조선일보』 1931년 3월 8일자

사조약의 체결 이후 숭실학교 학생들은 한동안 수업을 전폐하고 거사의 실행을 결의하거나, 앞으로의 시위운동에 참가하기 위하여 서울로 올라가기도 하였다. 또한 다수의 숭실인들이 한말에 결성된 비밀결사 조직인 '신민회' 에 가입하여 활동하였고, 일제가 평안도 지역의 기독교 세력을 탄압하기 위해 조작한 '105인 사건' 에도 연루되어 투옥되어 옥고를 치르기도 하였다.

이즈음 배위량 교장 등 선교사와 숭실대학 교수들도 일제로부터 부당한 탄압을 받았다. 그러나 마포삼열(S. A. Moffett), 윤산온(S. G. McCune), 원두우(H. G. Underwood) 등 몇몇 선교사들의 노력에 의해 '105인 사건' 은 일제에 의해 날조된 사건이며, 심리과정에서 가혹한 고문도 자행되었음이 전 세계에 알려지게 되었다. 이처럼 숭실인들은 일제의 조선에 대한 강점이 노골화되는 한말의 민족적 위기 속에서 적극적으로 의연하게 항일운동을 전개하였다.

(2) 조선국민회와 숭실대학

조선국민회는 1917년 3월 23일 장일환(숭중), 배민수(숭전 3회), 김인준(숭대 9회), 박인관(숭대 9회) 등이 주축이 되어 조직된 항일 독립운동 단체로서, 1910년대에 국내에서 조직된 가장 큰 규모의 비밀결사조직이었다. 이들은 국내는 물론 미국과 중국, 간도지역에서 활동하고 있는 항일세력을 규합하여 항일무장 투쟁을 전개하고자 했다. 그러나 1918년 2월 일본 경찰에 의해 25명의 중요회원이 체포되면서 그 조직이 드러나고 말았다.

당시 평안북도 경무국의 내부 보고서에 따르면 '숭실은 독립운동사건에 연루된 체포자를 다수 내고 있으며, 학교 내에 불온사상이 널리 퍼져 있는 것이 분명하므로 근본적인 개선이 필요하다' 고 기록되어 있다. 뿐만 아니라 조선총독부 학무국에서는 숭실학교가 항상 불온사상으로 가득하다면서, 학교장에게 이를 개선할 것을 지시하기도 했다. 숭실의 일본인 교사들은 학내의 반일 분위기 때문에 스스로 퇴직할 정도였는데, 이는 평양 숭실의 항일정신이 얼마나 치열했던가를 여실히 말해주고 있다.

(3) 3 · 1 운동과 숭실대학

숭실대학의 학생들은 3 · 1 운동에도 적극적으로 참여하였다. 박희도(숭중)와 김창준(숭대 5회)은 민족대표 33인의 한사람으로 3 · 1 운동을 지도하였다. 또한 1919년 2월 6일 중국 상해에서 '신한청년당' 당원의 자격으로 국내에 들어온 선우혁(숭중 5회)은 평양지역 3 · 1 운동의 기폭제가 되었다. 그는 당시 평양지역을 중심으로 변인서(숭대 1회) · 김선주(숭대 2회) 등과 연락하여, 평양지역에 거주하던 숭실의 전 · 현직 교사 및 숭실대 학생들이 시위운동에 나서도록 노력하였다.

3 · 1 운동이 발발하자 정일선(숭대 8회)은 독립선언서를 낭독하였고, 시위 군중은 숭실대 악대에 맞추어 애국가를 부르며 시가행진을 하였다. 숭실대학 학생들의 3 · 1 운동 참여가 활발해지자, 일본 경찰은 선교사 마포삼열(S. A. Moffett, 3대 학장)과 모의리(E. M. Mowry, 5대 학장)의 집을 급습하여, 평양지역의 3 · 1 운동을 주도하고 있던 숭실대 학생 김태술 외 10여 명을 체포하였으며, 등사판과 각종 문서를 증거물로 압수하는 사건을 일으키기도 했다. 이후 선교사 모의리 학장은 일제에 의해 6개월의 징역형을 선고 받았다.

3·1 운동 당시 숭실대학의 교정에서 펄럭이던 대형 태극기는 마포삼열 학장이 소중하게 보관했다가, 그 후손이 숭실대학에 기증하여 현재 숭실대학교 부설 한국기독교박물관에 소장되어 있다. 해방 후 우리 정부는 선교사로서 한국의 독립운동을 도왔던 모의리, 마포삼열, 윤산온 등 평양 숭실대 학장들에게 대한민국 건국훈장과 문화훈장을 수여한바 있다.

(4) 신사참배 거부와 폐교

1931년 9월 8일 만주사변을 도발한 일제는 한민족에 대한 동화정책의 일환으로 신사(神祠)에 대한 참배를 강요하기 시작하였다. 이는 우리 민족에게는 민족정신을 말살하려는 극단적인 식민지 정책이었으며, 기독교인들에게는 한국인의 기독교 신앙을 파괴하려는 종교탄압 정책이었다. 당시 조선총독부에서는 기독교 계통의 학교를 포함한 전국의 모든 사립학교에 대해 신사참배를 하든지 또는 폐교할 것을 강요하였다. 이에 1935년 11월 14일 평안남도 지사는 이 지역 중등학교 교장들을 소집하여 신사참배를 명하였다. 그러나 선교사 윤산온은 이를 단호히 거부하였다. 당시 교계에서는 신사참배문제로 많은 갈등을 겪고 있었는데, 신사참배의 허용은 기독교 교리에 어긋나는 것이었고, 반면 신사참배 거부는 기독교 학교의 폐교를 의미했기 때문이었다.

1936년 5월 로마 교황청은 이탈리아와 일본의 친선관계를 고려하여 '신사참배는 종교행사가 아니고 애국적 행사이므로 그 참배를 허용한다'고 발표한 바 있다. 이에 따라 천주교는 신사참배를 허용하는 방향으로 입장을 정리하였다. 감리교도 총독부의 신사참배 지시를 받아들여 산하 학교들을 신사참배에 참가하도록 하였다. 그러나 장로교 선교회와 교단 내의 상당수 지도자들은 철저하게 신앙을 지킨다는 의지의 표현으로 신사참배 거부를 결정하였고, 이에 따라 1938년 3월 숭실대학은 스스로 폐교를 단행하였다. 요컨대 한말에 기독교 정신과 민족정신에 바탕을 두고 설립된 평양 숭실대학은 폐교할 때까지 일관되게 진정한 의미의 기독교적 민족대학으로서 그 역사적 역할을 명예롭게 수행하였다.

4) 서울 숭실의 재건과 비약적 발전

(1) 숭실대학교의 재건과 성장

숭실대학은 1945년 광복과 동시에 재건운동을 시작하였다. 1945년 9월 초, 숭실 졸업생 60여 명은 평양시 서문 밖 교회에 모여 숭실대학의 재건을 결의하고 구체적인 재건안을 준비하였다. 그러나 소련군이 북한에 진주하고 공산당의 활동이 활발해지면서 기독교적 오리엔테이션을 가졌던 숭실대학 재건운동은 진전될 수 없었다. 이후 북한에 공산정권이 들어서고 숭실대학 출신들이 속속 월남하자, 재건운동은 서울에서 재개되었으며, 6·25전쟁이 휴전기에 접어든 1953년 이후 본격적으로 추진되었다.

숭실대학은 1953년 12월 17일 영락교회에서 제1회 재건 기성회를 개최하였고, 이어서 12월 30일에 대학 재건을 위한 첫 번째 재단이사회를 개최함으로써 재건운동을 본격화하였다. 이 재단이사회는 대학설립을 위한 기본적인 준비가 완료되자, 재단법인 인가원과 대학설립 인가원을 문교부에 제출하였고, 이는 정부의 중앙교육위원회에 의해 만장일치로 승인되었다. 이처럼 숭실대학 설립 인가원이 정부에 의해서도 만장일치로 승인된 것은 숭실대학이 과거의 역사적 전통을 계승하여 서울에서 재건되는 것이 마땅하다는 당시 사회의 일반적 인식을 반영하고 있었다. 사실 해방 후 많은 대학들이 설립되었지만, 대부분 대학 본연의 임무를 다하고 있지 못한 상황에서, 숭실대학과 같이 전통 있는 대학이 재건되는 것은 모든 사람들의 바람이기도 했다.

1954년 4월 문교부로부터 설립 인가를 얻은 숭실대학은 영락교회의 부속건물을 임시교사로 사용하며, 한경직 목사를 재건 초대 학장 즉 6대 학장으로 모시고, 전쟁의 폐허 위에서나마 고절한 '숭실 정신'으로 대학운영을 다시 시작하였다. 곧이어 동창회와 교계의 후원으로 1957년 6월 17일에는 현재의 상도동 캠퍼스 부지에 신축교사를 마련하고 이전하였다. 이로써 비록 본래의 터전이었던 평양에서 재건된 것은 아니었지만, 재건 숭실대학은 우리나라 최초의 근대 대학으로 평양 숭실대학이 갖고 있었던 기독교적 전통에 입각한 진리탐구와 사회봉사의 건학이념을 서울에서 계승할 수 있게 되었다.

1954년 영어영문학과, 철학과, 사학과, 법학과, 경제학과의 5개 학과로 시작된 서울 숭실대학은 초기에 재정과 시설면에서 적지 않은 어려움을 겪었다. 그러나 1965년 고병간 박사가 8대 학장으로 취임하면서 학교운영에 활성화를 기할 수 있었는데, 그는 문교부 차관과 경북대 총장, 연세대 총장을 역임한 교육계 원로로서 학교가 처한 제반 어려움을 해결하고 학생들의 면학분위기를 조성하는데 혼신의 노력을 다하였다. 안타깝게도 그는 1966년 12월 문교부가 주최한 대학 총학장회의에 참석하던 중 순직하였다.

1967년 9대 학장으로 취임한 김형남 박사는 당시 일신방직을 설립하여 한국의 섬유산업을 이끌던 대표적인 기독교 실업인으로서 숭실대학 중흥의 기초를 다졌다. 취임 후 그는 공학부를 설치하였는데, 이는 우리 사회에 필요한 실용학문을 진작시키고자 했던 숭실의 전통을 되살리고, 산업화라는 시대적 과제를 공학도 양성을 통해서 성취하고자 했기 때문이었다. 실제로 본교는 1969년 9월 국내 대학 가운데 최초로 당시로서는 최첨단이었던 'IBM 1130 전자계산기'를 도입하여 전자계산연구소와 전자계산학과를 설립하였다. 여기에는 한국 사회가 산업화의 단계 이후 정보화 시대에 돌입하게 될 것이라는 9대 학장 김형남 박사의 예지가 담겨져 있었으며, 앞날의 사회 변화에 능동적으로 대처하고자 했던 숭실대학의 창조적 비전과 결단이 담겨져 있었다. 숭실대학교가 서울에서 재건되어 일찍부터 공학부와 컴퓨터 학부를 설립하여 이를 발전시킴으로써, 우리 사회의 산업화와 정보화를 선도하는데도 크게 이바지하였다.

또한 숭실대학은 한국기독교박물관과 한경직기념관, 형남공학관 등 숭실의 건학이념을 구현하기 위한 시설들을 확충함으로써 학교의 발전에 더욱 힘을 기울였다. 1967년 10월에는 우리나라 최초로 한국기독교박물관을 설립하였는데, 이는 본교 사학과에 재직하였던 매산 김양선 교수가 개인적으로 소장하고 있던 유물들을 기증함으로써 이루어졌다. 숭실대 기독교박물관은 수준 높은 한국의 전통문화와 향기로운 기독교 문화를 발전시키고 보존하는 산실로서, 2003년 7월 현대적 전시공간과 과학적 수장시설을 구비한 새로운 박물관으로 이전하였다. 소장 유물들 가운데는 최초의 순한글 성경인 『누가복음』을 비롯하여, 국보 제141호 다뉴세문경과 국보 제231호 청동기 용범 및 보물 883호 지구의, 보물 569호 안중근의사 유묵, 마테오리치의 양의현람도, 3 · 1 독립선언서 등이 포함되어 있다. 숭실대 박물관은 오늘날 한국이 자랑하는 대표적인 대학박물관으로 성장하고 있다.

개교 100주년이 되는 1997년에는 한경직기념관을 건립하였는데, 이는 평양 숭실대 졸업생으로서 6대 학장을 역임한 한경직 목사의 기독교적 봉사와 희생적 사회활동을 높이 기리는 동시에, 이를 숭실대학이 보다 발전적으로 계승시켜 나가겠다는 의지의 표현이다. 한경직은 1925년 숭실대학을 졸업하고(16회), 1929년 미국 프린스턴 신학교를 졸업했으며, 1948년 미국 엠포리아 대학에서 신학박사 학위를 취득했다. 월남 후 그는 서울에서 영락교회를 세워 세계적으로 존경받는 목회자가 되었을 뿐만 아니라, 사회로부터 소외된 계층들에게 희망과 사랑을 심어주고, 우리 사회에 기독교적 가치관을 보편화시키며, 사회적 통합과 화해의 정신을 실천했던 자랑스러운 숭실인이다.

한편 2005년 9월에는 지하 1층 지상 15층의 웅장한 형남공학관이 완공됨으로써 숭실대학교의 발전과 위상을 대내외에 과시하게 되었다. 김형남은 1905년 평남 강서 출생으로, 1924년 숭실대학을 2년 수학한 후 미국으로 유학하여 1930년 프랫 공과대학을 졸업하였다. 1957년 숭실대학 이사장에 취임했던 그는 제9대 학장 및 초대 총장으로 봉사한 대표적 숭실인이다. 1972년 중흥의 계기가 된 종합대학교로의 승격에 즈음하여, 그는 숭실대학교가 이제 교계의 지도자뿐만 아니라 세계와 인류를 위하여 봉사할 인재를 육성하는 대학이 되어야 한다고 총장 취임사에서 밝힌바 있는데, 이는 숭실대학교의 앞으로의 비전을 제시한 일이었다.

서울에서 재건된 숭실대학교는 학사운용과 대학체제면에서도 꾸준한 성장을 이루어 왔다. 1954년 문학부와 정경학부 200명으로 출발했던 서울 숭실은 오늘날 인문대학, 자연과학대학, 법과대학, 사회과학대학, 경상대학, 공과대학, 정보과학대학의 7개 단과대학, 37개 학과를 갖춘 종합대학교로 성장하였으며, 매년 2,700여 명의 학부 신입생을 선발하는 세계적 수준의 대규모 고등교육기관이 되었다. 교수진도 그 숫자가 크게 증가하여, 1954년 교수 3명, 전임강사 1명, 강사 11명으로 출발했던 것이, 2006년 현재 전임교수 350명 등 1,000여 명의 교수진을 갖추게 되었고, 대학원의 경우도 1972년 영어영문학과, 철학과, 사학과 등 9개 학과의 석사과정이 설립된 이후 꾸준히 성장하여, 현재는 34개 학과(부)의 박사학위 과정과 40개 학과(부)의 석사학위 과정, 그리고 산업기술대학원, 중소기업대학원, 정보과학대학원, 노사관계대학원, 통일사회복지정책 대학원, 국제통상대학원, 교육대학원, 기독교학대학원 등 8개의 전문 대학원으로 성장하였다. 그리하여 오늘날 상도동 캠퍼스에서는 기독교 정신으로 무장된 15,000여 명의 숭실인들이 밤낮을 가리지 않고 학문을 연마하고 인격을 도야함으로써 희망과 비전을 일구어 가고 있다.

(2) 민주화 운동과 숭실대학

일제의 압제와 불의에 항거해 왔던 민족숭실의 전통은 우리 사회의 산업화는 물론 민주화에도 크게 기여하였다. 1960년 이후 이승만 정권의 장기집권과 오랜 실정으로 민심이 이반된 상태에서 실시된 1960년 3월 15일의 정 · 부통령 선거가 부정선거로 진행되자, 분노한 국민들과 학생들은 반독재 민주화운동에 나서게 되었다. 숭실대학에서도 4월 19일 등교와 동시에 교내 시위 및 가두시위가 일어났다. 그런데 이날 가두시위에 참여했던 본교 학생 김창섭(사학 4)은 경찰이 쏜 총탄에 맞아 현장에서 순국하였으며, 지정

달(사학 1)은 다리에 총탄을 맞아 부상을 당하는 사고가 발생했다. 이에 학교에서는 1960년 6월 재학생들의 발의로 '고 김창섭 동지 순국기념사업회' 가 결성되어 교정에 기념비를 건립하였으며, 지금도 인문대학 사학과가 중심이 되어 매년 4월 혁명 기념식을 거행하고 있다.

1980년대의 민주화 운동은 서울의 봄과 광주의 비극을 거치면서 새로운 양상으로 전개되었다. 한국사회의 총체적 위기 속에서 민주화를 위한 교수들의 노력도 가시화되었던 것이다. 1986년 4월 본교 교수 14명이 '오늘날 대학교육이 처한 현실에 대한 우리의 견해' 라는 시국선언을 발표했는데, 이를 '1차 민주화 선언' 이라고 불렀다. 그리고 1987년 5월에는 본교 교수 21명이 '민주사회를 위한 우리의 견해' 라는 '2차 민주화 선언' 을 거듭 발표하였다. 이는 당시의 군부정권이 이른바 '4 · 13 호헌조치' 를 발함으로써 더욱 급박해진 상황하에서 나온 지식인 집단의 시국선언으로서, 우리 사회의 민주화 운동을 1987년의 6월 혁명으로 승화시키는 한 계기가 되었다.[6] 이를 옮겨보면 다음과 같다.

〈민주사회를 위한 우리의 견해〉

오늘날 우리 사회와 대학은 심각한 시련에 처해 있다. 이에 오늘을 사는 지식인에 부과되고 있는 의무에 따라 아래와 같이 우리의 의사를 밝힌다.

---

6) 이에 관해서는, 본서, 앞장 '1980년대 한 지식인 집단의 고백' , pp.127-137을 참고하기 바람.

1. 지난해 우리 사회는 민주화의 성취를 위해 천부의 인권이 보장되는 헌법의 개정에 합의하였다. 정부와 여당이 개헌 의지를 거듭 밝혔던 것도 민주 헌법의 마련이 우리 사회의 뿌리 깊은 모순을 해결하는 이차적인 길이기 때문이었다. 우리는 이 국민적 합의의 조속한 실현이 민족적 비원을 치유하는 길임을 거듭 지적한다.
2. 작금에 드러나고 있는 구조적인 경제 비리는 공명정대하게 밝혀지고 과감히 개혁되어야 한다. 지난 여러 해 동안 이룩된 경제 성장은 모든 국민이 혜택을 골고루 누릴 수 있을 때, 지속적인 발전의 초석이 될 수 있으며 또한 진정한 역사적 의의를 가질 수 있다.
3. 법의 공정한 운용과 언론의 자유는 미주 사회의 부가결한 관건이다. 모든 국민은 법 정신에 따라 정의를 지향하고 사실을 알 권리가 있으며, 정부와 법조계 그리고 언론 매체는 국민의 이 기본적 권리들을 보호하여야 할 의무가 있다.
4. 진리 탐구의 도장인 대학의 자율권은 마땅히 보장되어야 하며, 대학인의 비판 정신은 반드시 평화적인 방법으로 표현되어야 한다. 타율과 폭력의 악순환은 오늘날 대학을 황폐화시키고 있으며, 정상적인 교육을 가로막고 있다. 자율화를 통한 대학 위기의 순리적 극복이 민주 사회로 나아가는 핵심 과제임을 분명하게 밝히는 바이다.

1987년 5월 9일

특히 1988년 6월 4일에는 인문대 학생회장 박래전(국문 3)이 "광주는 살아있다. 끝까지 투쟁하라, 군사파쇼 타도" 등의 구호를

외치며 분신하였다.[7] 그의 죽음은 절절한 시대적 아픔의 표출로서, 민주화 이후 학생들은 그 뜻을 기리기 위해서 1994년 5월 '박래전 기념비'를 도서관 옆에 건립하였다. 뿐만 아니라 80년대 초 서울의 봄 시기에 숭실캠퍼스에서 대학 민주화 운동을 주도했던 철학과 교수 조요한은 오랜 해직교수 시절을 끝내고 복직하여 제6대 총장(1989~1993)으로 봉직하였다. 서울 숭실의 민주화 운동은 평양 숭실의 민족운동을 계승하여 우리 사회의 발전과 숭실대학교의 성장에 크게 기여한 시대적 요청이었다.

5) 세계적 명문사학으로 도약

오늘날 숭실대학교는 새로운 21세기와 더불어 과거의 빛나는 신앙 전통과 실용주의 학풍을 토대로 세계적인 명문사학으로 도약하기 위해서 온 힘을 기울이고 있다. 특히 2005년 3월 제 11대 총장으로 부임한 이효계 박사는 '숭실발전 2010 프로젝트'를 완성하여 앞으로의 비전을 구체적으로 제시하고, 이를 역동적으로 수행하고 있다. 재건된 서울 숭실의 1회 졸업생으로서 일찍이 전라남도지사, 농림부장관 등을 역임한 바 있는 이효계 박사는 총장취임과 동시에 무보수 봉사를 선언했을 뿐만 아니라, IT대학을 신설하고, 첨단산업 및 선진화 관련 학문분야를 집중 육성하는 등 명실상부하게 숭실의 중흥으로 주도하고 있다. 그의 '2010 프로젝트'를 간략히 요약하면 다음과 같다.

---

7) '앞장', p.153. 각주 3에서 언급한 바를 참고하기 바람.

1. 비전 :

오직 하나님의 영광을 위하여(*Soli Deo Gloria*) "진리와 봉사"를 세계로

2. 목표 :

학생 만족과 최상 교육을 통한 세계적 수준의 인재(Global Brain)양성

3. 7대 전략 :

Ⅰ. 대학의 효율적 운영과 구조 강화

Ⅱ. 21세기형 첨단 복합 캠퍼스 건립

Ⅲ. 재정의 안정성 달성

Ⅳ. 연구 진작과 교수의 역할 재정립

Ⅴ. 실용적이고 선진화된 교육체제 구축

Ⅵ. 대학 특성화

Ⅶ. 수요자 중심의 지원체제 구축

4. 특성화 방안 :

봉사를 통한 국제화

실용 · 현장교육 강화

5. 경영목표 : 학생중심교육(Education on Demand)

국제화/대규모의 다변화된 국제 학생교류

특성화/열린전공+연계전공+유망학과 지원

교육의 질 제고/교육인증제도, 교수학습센터 활용

6. 경영전략 :

기금모금(장학금+우수교원 초빙)

시설확충(강의동+숭실문화센터+캠퍼스 공원화)

서비스 경영(학생 중심의 봉사행정 확립)

2005년 본교는 '중앙일보'가 실시한 대학평가에서 국내 과학기술분야 학술제 논문게재 수 1위, 교수연구 논문부분 15위로 평가되었으며, 대학교육협의회가 실시한 '대학종합평가'에서도 다양한 부문에서 '최우수'로 평가된 바 있다. 그러나 숭실은 결코 이에 만족하지 않고 보다 많은 노력과 후원으로 기독교적 정체성을 확립하고 학문적 탁월성을 확보함으로써 세계적 수준의 기독교 명문사학으로 발돋움하고 있다.

본교는 '숭실발전 2010 프로젝트'에 따라서 종합강의센터와 민자유치 기숙사의 건립 및 교육환경 개선사업을 획기적으로 펼치고 있는 바, 특히 2005년에는 녹색환경운동(Green Campus Movement)의 결과 '대학 환경개선 부문 대상'을 수상하였고, 평양 숭실의 축구 전통을 이어받고 있는 숭실대학교 축구단은 2005년도에 추계대학연맹전과 전국대학축구선수권대회를 연거푸 제패하였다. 한석환 교수를 단장으로 하는 숭실대학교 축구단은 대학축구의 왕자로서 2005년도 한 해에 2관왕을 차지하는 빛나는 개가를 올린 것이다.

1897년 10월 한말 평양에서 미국 북장로교 선교사 배위량(W.M. Baird) 박사에 의해 세워진 우리나라 최초의 기독교적 민족사학 '숭실대학'은, 한국전쟁 이후 1954년 서울 숭실대로 재건되었으며, 1972년 종합대학교로 승격함으로써 꾸준히 내실 있게 성장해 왔다. 그리하여 오늘날 숭실대학교는 평양 숭실대의 민족정신과 서울 숭실대의 산업화 및 민주화에의 비전을 토대로, 기독교적 정체성과 학문적 탁월성을 더욱 강화함으로써, 민족사회와 세계 교회가 자랑스러워하는 '명문 숭실대학교'로 세계 속에 우뚝 자리잡고 있다.

---

* 이 부분은 숭실대 학생처, "신입생을 위한 대학생활 안내" (2006) pp. 25-36에 실렸던 글을 옮겨 보았다. 한 사학도가 한국 현대사에 비추어 본 '숭실대의 역사상'으로 읽어주면 고맙겠다.
여기서 필자는 신입생들에게 숭실대학교가 한국에서 최초로 설립된 근대적 고등 교육기관 즉 "최초의 대학"이었다는 사실과, 일제 치하의 평양 숭실대는 기독교 선교활동은 물론이려니와 '신 학문' 및 '민족운동'의 요람이었으며, 한국전쟁 이후의 서울 숭실대는 실질을 숭상하는 대학답게 '산업화'와 '민주주의' 운동의 주역임을 제시하고자 했다. '숭실인'으로서의 자부심이 실체적이고 생산적이기를, 그리고 또한 기독교적이기를 바란다.

역사의식의 유형

1. 중세 유럽의 역사의식

2. 현대 역사이론의 동향

3. 한국의 중세 유럽사 연구의 한 실제

Ⅲ. 역사의식의 유형

1. 중세 유럽의 역사의식

1) 머리말

과거에 관한 중세적 인식들 가운데, '중세에는 역사의식이 형성되어 있지 않았다'는 생각만큼 흔히 범해지는 오해도 없는 것 같다. 요컨대 중세인들은 역사의식을 결여하고 있었기 때문에 과거를 그 자체로서 바라보려는 의지나 수단이 부족했으며, 또한 이들은 단지 그리스도교화 된 현재라는 특정한 렌즈를 통해서만 과거를 바라볼 수밖에 없었다는 생각 등이 이 같은 류의 오류에 해당한다. 앤더슨(B. Anderson)은 자신의 저서 〈상상된 공동체들, *Imagined Communities*〉에서 이 같은 시각의 기본 신조를 다음과 같이 제시하고 있다: "원형을 복원하려는 오늘날 박물관 관계자들이 가진 것과 같은 정신을 가지고, (중세인들이) 성모 마리아를 유대인적 특징 내지 1 세기 복장의 모습으로 그리는 일을 상상하기는 매우 어렵다. 왜냐하면 중세 그리스도교 정신에는 역사를 인과관계의 끊임없는 연쇄, 혹은 과거와 현재 간의 급속한 단절 등으로 보는 인식이 형성되어 있지 않았기 때문이다."[1)]

---

* 이 글은 Eds., S. Harris & B. Grigsby, *Misconceptions about the Middle Ages*, (New York, 2008) pp. 204-212에 실린, R. H. Godden, "The Medieval Sense of History"를 우리말로 옮긴 것이다. 서술의 체제를 드러내는 본문의 소제목과 몇몇 해설적인 각주들은 독자들의 이해를 돕기 위해서 옮긴이가 덧붙였다.

흔히 성모 마리아는 '1세기' 복장을 한 모습이 아니라, 오히려 당대적인 모습으로 묘사되곤 하였다. 또한 그리스도가 생존했던 역사 시기 및 그 밖에 다른 시기들도, 그것이 실제로 있었던 그대로 묘사될 수 없었다. 중세적 그리스도교 정신의 일원주의적 성격으로 인해서,[2] 이들은 오직 현재와의 관련 하에서만 제시될 수 있을 따름이었다. 이 중세적 그리스도교 정신은 모든 사물들을 그것의 고유한 세계관과 밀접하게 결부시켜 놓고 있었던 것이다. 이처럼 앤더슨은 중세 역사관을 '원인과 결과' 내지 '과거와 현재 간의 급속한 단절' 등으로 특징 지워지는 근대 역사관과는 대립적인 것으로 이해하였다.

그러나 이 같은 대립구도는 지나치게 단순한 것이 아닐 수 없다. 중세를 근대 또는 초기 근대와 자의적으로 구분하려는 이 같은 시도는 흔히 중세를 보는 일원주의적 시각을 근거로 하고 있었다. 그러나 로마제국의 해체로부터 페트라르카 내지 르네상스에 이르는 시기는 결코 암흑적이거나 비계몽적인 시기가 아니었다. 분명 이 시기는 하나의 전체 통합적이고 동질적인 규범에 의해서 조직되었던 시기는 더욱이 아니었다.

2) 중세적 역사의식의 형성

(1) 사도 바울 : 시간의 유한성(the finity of time)

---

1) B. Anderson, *Imagined Communities: Reflections on the Origin and Spread of Nationalism*, (New York, 1983) p. 23.

2) 중세 일원주의 (medieval monism)에 관해서는, 'Nominalism : Past and Present', *The Monist* 61, (1978) 특집호, 및 졸저, 〈서양 중세 정치사상 연구〉, (2001) pp.29-31 등을 참조하기 바람.

이 논문에서 필자는 중세 말기에 발견되는 역사와 시간에 관한 몇몇 다양한 시각의 예들을 제시해 보고자 한다. 물론 이 시기의 역사와 시간관을 이해해 보고자 접근하는 방식은 이 시기를 체험해 보려는 사람들의 숫자만큼이나 극히 다양하다. 이에 필자는 중세적 역사 인식을 묘사함에 있어서 두 가지 측면, 특히 영원으로부터의 추락이라는 시간 인식 및 일련의 혼란 내지 재난의 과정으로서의 역사 인식 등을 중심으로 이를 해명해 보도록 하겠다. 이 논문의 마지막 부분에서는 과거에 관해 정교한 인식을 보여주고 있는 좋은 예로써, 14세기 영국 시의 하나인 '성 어컨월드 (Erkenwald)' 를 간략히나마 분석해 보도록 할 것이다.

시간에 관한 그리스도교적 인식을 고찰해 보고자 하는 글들은 흔히 사도 바울(St. Paul)에 대한 검토로부터 시작하게 된다. 고린도전서에서 사도 바울은, '형제 여러분, 이제 때가 얼마 남지 않았다는 것을 나는 강조하고 싶습니다: 고린도전서 7장 29절' [3]라고 기록하였다. 사도 바울에 있어서는, 시간이 유한했으며, 메시아의 재림이야말로 시간의 종말을 알리는 사건이 될 것이었다.[4] 이 같은 신념은 사도 바울이 자신의 추종자들에게 어떻게 설교했던가도 설명해 주고 있다. 그는 계속해서 고린도전서 7장 20절에서, '그러므로 각 사람은 부르심을 받았을 때의 상태를 그대로 유지하도록 하십시오' 라고 밝혔다. 신에 의해서 부름받은 바가 무엇이든,

---

3) 본문의 성서 인용은 〈공동 번역 신약성서〉, (대한성서공회, 1971)를 근거로 하였다.

4) 성 사도 바울의 시간 개념에 대한 자세한 근년의 연구서로는, G. Agamben, *The Time that Remains: A Commentary on the Letter to the Romans*, tr., P. Dailey, (Stanford University, 2005)가 참고할 만하다.

즉 혼인이든, 할례든, 자유인이든, 노예제든, 모든 사람은 현재 각자가 부름 받은 그 상태에 반드시 머물러 있어야 한다고 그는 생각했다. 왜냐하면 "(남아있는) 시간이 짧을 것"이기 때문이었다. 인간과 시간의 유한성은 하나님과 그리스도의 영원성에 비교될 수밖에 없었다. 사도 바울에 따르면, 고린도전서 15장 28절에 기록된 바와 같이, 하나님이야말로 '모든 것의 모든 것' 이었던 것이다. 인간 시간의 유한성과 하나님의 영원성에 대한 이 같은 사도 바울의 시각은 초기 중세로부터 말기 중세에 이르기까지 계속해서 역사를 대하는 중세인들의 태도를 형성하는데 압도적인 영향을 미쳤다.

(2) 성 아우구스틴 : 종말론적 역사의식 (eschatological historical consciousness)

물론 사도 바울 이후로도 역사의 세기들은 이어졌으며, 시간도 끝나지 않았다. 그럼에도 불구하고 시간이 종말에 이를 것이라는 신념은 결코 약화되지 않았다. 시간은 유한하기 때문에 시간에는 반드시 끝이 있을 수밖에 없다고 생각되었던 것이다. 성 아우구스틴은 〈신국론〉에서, 시간이란 이 세상과 결코 분리될 수 없다고 지적하였다.[5] 시간은 신의 창조와 함께 시작되었으며, 피조물과 함께 종식될 것이었다. 따라서 인간 시간은 영원함 내지 완전함 즉 신 그 자체로부터의 추락을 의미하였다. 신은 영원한 시간 속에 두루 현존하는 존재임에 비해서, 인간은 이로부터 분리됨으로써 시간적인 제약 즉 죽음을 피할 수 없는 유한한 존재였던 것이다. 성 아우

5) St. Augustine, *City of God: Against the Pagans*, tr., H. Bettenson, (New York, 1984) Book XI, Chapters 4-8 참조.

구스틴은 이 점을 강조하면서, 세계의 역사를 엿새에 걸쳐 진행되었던 신의 창조 과정에 각각 상응하는 여섯 시기로 구분하였다.[6)]

성 아우구스틴의 여섯 역사 시기는 다음과 같다: 제1기, 아담으로부터 대홍수에 이르는 시기; 제2기, 대홍수로부터 아브라함에 이르는 시기; 제3기, 아브라함으로부터 다윗에 이르는 시기; 제4기, 다윗으로부터 바빌론 추방에 이르는 시기; 제5기, 바빌론 추방기로부터 예수 그리스도의 탄생에 이르는 시기; 제6기, 예수 그리스도기로부터 최후의 심판에 이르는 시기 등이 그것이다. 이 같은 역사 체제에 따르면, 인류는 당시 제6기에 속하고 있었는데, 이 시기가 얼마나 오래 가고 또 언제 끝날는지에 대해서는 누구도 정확히 계산할 수 없다고 성 아우구스틴은 주장하였다.

뿐만 아니라 그는 신이 제7일에 쉬셨기 때문에, 이와 마찬가지로 인류도 제7기에는 쉬게 될 것이라고 생각하였다. 다시 말해서 제6기의 종결은 다름이 아니라 제7기의 시작, 즉 인간 역사(시간)의 종식을 의미하고 있었다. 이러한 태도는 후대의 중세 저술가들에게도 그대로 유지되었다. 비드(Bede the Venerable, 673-735) 등은 이 세상의 여섯 역사 시기를 유아기부터 노년기에 이르는 인간 생애의 여섯 시기와 결부시킨바 있다.[7)] 그러니까 이들

---

6) St. Augustine, Book XXII, Chapter 30.

7) J. A. Burrow, *The Age of Man: A Study in Medieval Writing and Thought*, (New York, 1988) 참조. 버로우는 이 책에서 '여섯 시기' 가 인간 생애의 단계를 계량화하는데 쓰였던 유일한 수치는 아니었다고 지적하였다. 그리하여 버로우는 이 세상의 역사와 인간의 생애 모두의 구분과 관련된 '두 시기', '네 시기', 그리고 '여섯 시기' 등의 논의도 폭 넓게 검토하고 있다. '외경자 비드(Bede the Venerable)' 는 라틴교부들과 「불가타 판」성서에 대한 나름의 연구를 통해서, 특히 역사 분야에서 「시간에 대하여(*De Temporibus*)」, 「시간 측정론(*De Temporum Ratione*)」, 「사물의 본성(*De*

에게 있어서 인생의 제7기란 죽음을 의미하고 있었던 것이다.

성 아우구스틴이 〈신국론〉을 집필한 동기는, 로마가 제국의 마지막 몇 세기 동안 헤아릴 수 없이 많은 재난을 당했던 원인이 무엇보다도 그리스도교 때문이라는 이교도들의 비난에 대응하려는 데 있었다. 성 아우구스틴은 이교도 사상을 성서에 비추어 비판함으로써 이 같은 주장을 반박했으며, 또한 그는 이 같은 주장이 역사적 분석을 통해서도 해명될 수 있다고 판단하였다. 그런데 성 아우구스틴은 당시 〈신국론〉 Bk. 11의 집필에 몰두하고 있던 시기였으므로, 이 역사학적 분석 작업은 그의 동료이기도 했던 파울루스 오로시우스(Paulus Orosius)에게 맡겨 창세 시기로부터 당대에 이르는 인간 사회의 역사를 집필케 하였다.

이에 따라 오로시우스는 역사에 대한 분석을 통해서 악이 그리스도교가 도래하기 이전에 이미 이교도 세계에 있었음을 입증해 보이고자 노력하게 되었다.[8] 이것이 초기의 보편사적 역사서들 가운데서도 오로시우스의 〈이교도 반박을 위한 7권의 역사서〉가 가장 중요한 책의 하나가 되었던 이유였다. 뿐만 아니라 오로시우스의 저술은 그 대부분이 필사본의 형태로, 그리고 이시도르 세빌(Isidore of Seville, 560-636)[9]과 같은 저술가들의 자료로도 활

Natura Rerum)」, 「영국 민족의 교회사(*Historia Ecclesiastica Gentis Anglorum)*」 등과 같은 소중한 저작들을 남겼다. 그는 '영국 역사학의 아버지' 라는 애칭으로도 불린다.

8) P. Orosius, *The Seven Books of History Against the Pagans : The Apology of Paulus Orosius*, tr., I. W. Raymond, (New York, 1936) 참조. 오로시우스는 5세기 초엽의 역사가로서, 성 아우구스틴과 더불어 인간 역사에 대한 신의 섭리적 관리를 주장하였다.

9) 이시도르 세빌(Isidore of Seville), 세빌의 주교였던 그는 초기 중세의 지식을 망라하고 있는 대표적 백과사전인 「어원학(*Ethymologiae*)」 및 주로 스페

용됨으로써, 중세기를 통해서 꾸준히 보존될 수 있었다.

(3) 오로시우스 : 시대구분 체제의 도입

오로시우스의 역사 인식에 따르면, 역사란 분열과 혼란으로 가득 차 있었다. 다시 말해서 파괴와 악은 애초부터 이 세상에 존재해 왔다. 그렇다면 그리스도 이후의 역사는 어떻게 되는 것일까? 이 문제에 관해서는 데이비드 로톤(D. Lawton)이 13세기 말엽의 세계지도(*mappamundi*)에 대한 분석을 통해서 오로시우스의 특징을 다음과 같이 지적하였다.

> 그리스도의 탄생과 아우구스투스 제국이 군대의 모병에 열심이었던 시대에 관한 오로시우스의 서술은, 그의 저술 제 7권의 전편을 통한 전개에서 볼 때 지적 위기의 조짐들을 드러내고 있다. 무엇보다도 오로시우스는 그리스도교 세계 역시 재난들로부터 벗어나 있지 않다는 자명한 사실을 목격하였다. 여기서 그의 성 아우구스틴적 논리가 즉각 대응하였다. 재난이 여전히 끊이지 않는 이유는 이교도들이 여전히 있었기 때문이라는 것이었다.[10)]

성 아우구스틴의 역사 구도에 따르면, 완전함이란 역사의 종말 이전에 이 땅에서 이루어질 수 있는 무엇이 아니었다. 그러나 오

인의 역사에 관한 소중한 정보들을 담고 있는 「대 연대기(*Chronica Maiora*)」, 그리고 「고트족, 반달족, 그리고 스와브족 군주들의 역사」 등의 저술들을 남겼다.

10) D. A. Lawton, "The Surveying Subject", *New Medieval Literature*, 4 (2001) pp.9-37 및 오로시우스, pp.322-323 역시 참조하기 바람.

로시우스가 묘사하고 있는 그리스도의 탄생 시기는 이 점에서 짧지만 예외적인 시기였다. 그리스도가 탄생한 시대는 역사적으로 보아 '로마의 평화(*Pax Romana*)' 시기로서, 이 시기는 모든 세계가 로마제국의 평화로 통합되었던 때였다.[11] 그러나 그와 같은 평화의 시기는 다시는 돌아올 수 없었다. 왜냐하면 이교도와 유대인들이 개종하지 않는 한 인간 사회에는 분열이 그치지 않을 터였으며, 또한 유대인과 이교도들 간에 반목이 없어지지 않는 한, 유대인과 이교도들은 앞으로도 개종하지 않을 것이기 때문이었다. 유대인과 이교도 간의 분열이라는 외부적 요인 그리고 교리적 불일치와 이단사상이라는 내부적 요인 모두에 의해 초래되고 있었던 이 땅의 끊임없는 혼란은, 중세 그리스도 교도들로 하여금 인간 원죄의 의미와 완전으로부터 분리된 인간 시간에 대한 시대구분의 의미를 해명하기 위해서, 다양한 형태의 시간성들(multiple temporalities) 내지 역사적 시대구분 체제들을 발전시키도록 만드는 계기가 되었다.

3) 중세적 역사이해의 유형

(1) 고전주의 인식: 제국의 이전(*translatio imperii*)

중세기의 다양한 시간성 인식들 내지 역사적 체제들은 이 시기 역사서술에서 발견되는 다양한 접근방식들에서 확인될 수 있다. 서던(R. Southern)은 이를 세 유형으로 일반화하고, 이를 각각 '고전주의 유형, 초기 과학주의 유형, 그리고 예언주의 유형' 이라고 불렀다.

---

11) 오로시우스, p. 322.

고전주의 저술가들의 목표는 도덕적 교훈을 위해서 미덕과 악덕들을 예시하고, 과거의 혼란을 근거로 인간의 운명에 대하여 명확한 그림을 제시하려는데 있었다. 보편사를 지향했던 과학주의 저술가들의 목표는 역사를 통해서 인류에 대한 신성한 계획을 드러내고, 성서에 계시된 역사적 사실들과 세속 사료들에 의해서 확인되는 사실들 사이에 일치점을 입증하려는데 있었다. 그리고 예언주의 역사학자들의 목표는 무엇보다도 성서속의 예언자들의 진술에 포함되어 있는 획기적인 역사적 사건들을 먼저 확인하고, 그 다음에 이들의 역사가 현재 도달한 지점을 규명해 내며, 종국적으로는 예언적 진술들에 포함된 내용들 가운데 아직 이루어지지 않은 부분을 기초로 미래를 예측하는데 있었다.[12)]

역사의 첫 번째 유형 즉 고전주의 인식은 흔히 보다 문학적이고 극적이며, 또한 그것은 지오프리 몬마우쓰(Geoffrey of Monmouth, 1100-1154)의 〈영국 군주들의 역사〉에서 보듯이, 특정한 인간 집단과 결부되어 있었다. 한편 보편주의 역사는 일반적으로 세부 사항들에 대한 비중이 다소 덜하고, 서술적이며, 또한 창세로부터 현재에 이르는 이 세상의 시간을 두루 포괄하는 경향이 있었다. 그렇기는 하지마는 양자 모두에 있어서 중요했던 것은 '제국의 이전' (*translatio imperii*)이라는 당대를 풍미했던 관념이었다.[13)] 이에 따르면 문명들이 흥망성쇠함에 따라 제국 정부는

---

12) R. W. Southern, *History and Historians : Selected Papers of R. W. Southern*, ed., R. J. Bartlett, (Blackwell, 2004) p.66. 이 책의 첫 부분에 실린 세 편의 글은 각각 서던이 앞서 제시하였던 세 유형의 역사 인식을 세밀하게 다루고 있다.

꾸준히 서쪽으로 이동해 갔다. 예를 들면, 아에네아스(Aeneas)[14]가 조국의 유적과 운명을 파멸로부터 구출해냄에 따라 트로이 폐허의 잿더미 너머로 위대한 로마 제국이 등장하였다는 생각 등이 여기에 속한다.

이 같은 '제국의 이전' 논리는 구약성서의 〈다니엘서〉와 그것에 대한 해석에서부터 비롯되었는데, 서쪽으로의 이동은 먼저 바빌론으로부터 페르시아로, 그 다음에는 그리스로, 그리고 다시 로마로 하는 식으로 그 경로가 추정되었다. 그러니까 어느 시기든 이 세상에서는 세계 전체를 포괄하는 유력한 하나의 제국이 한 시대를 지배한다는 관념이 그 기저에 깔려 있었다고 하겠다. 현대 역사에 있어서도 서쪽 지역에로 팽창하려는 이 같은 류의 에너지는 여전히 소멸되지 않았다. 중세의 '제국의 이전' 관념은 오늘날의 이른바 '명백한 운명'(Manifest Destiny)과 같은 대중적 구호의 다소 애매한 선조 정도로도 간주될 수 있을 것이다.

휴그 생 빅토르(1096-1141)[15]와 같은 저술가들에게 있어서도, '제국의 이전' 과 같은 사건들은 역사의 종말에 이르는 시간의 길

---

13) 이에 관한 논의를 알아보기 위해서는, M. D. Chenu, *Nature, Man and Society in the Twelfth Century : Essays on New Theological Pespectives in the Latin West*, trs., J. Taylor & L. K. Little, (Toronto, 1997) p.187을 참조하기 바람.

14) 〈Legend of Aeneas〉는 버질의 「아에네아드」가 12세기 중엽 프랑스에서 기사문학의 형태로 개작된 글로서, 이상적 그리스도교 기사의 모습을 제시하고 있으며, 'Chretien de Troyes' 등 12 · 13 세기의 중세 기사문학에도 중요한 영향을 미쳤다.

15) 휴그 생 빅토르 (Hugh of St. Victor)는 대표적인 12세기 서유럽 지식인 가운데 한 사람으로서, 파리의 생 빅토르 수도원의 원장을 지냈다. 그에 관해서는, J. Taylor, "The Didascalicon": *A Medieval Guide to the Arts*, (1961)가 좋은 참고 자료이다.

위에 서있던 일련의 이정표들이었다. 시간의 흐름을 제국의 공간적인 이동과 결부시켰던 휴그는 이렇게 말하고 있다.

> 마치 신의 섭리에 의해 배치되기나 한 것처럼, 이 세상이 창조될 때부터 시간상 초기 단계에서 일어났던 사건은 항상 동부 지역에서 먼저 발생하였다. 그리고는 시간이 종말을 향해 흐름에 따라서 사건들의 절정은 예외 없이 서쪽 지역으로 옮겨가게 되었다. 이를 토대로 우리는 시간의 종말이 가까워지고 있다고 추정할 수 있다. 왜냐하면 사건들의 경로가 오늘날 이 세상의 (서쪽) 끝에 다다랐기 때문이다. (*De arca Noe morali*, iv. 9)[16]

(2) 초기 과학주의 인식: '9 명의 위인들(the Nine Worthies)'

오로시우스에 있어서는 로마가 최종적 제국일 터였다. 그러나 후대의 저술가들에 이르러서도 제권의 이동은 계속해서 확인되고 있었다. 이처럼 시간이 종말에 이르지 않았다는 사실은 역사에 대한 새로운 시간 계산을 필요로 하도록 만들고 있었다. M. 쉬뉘는 이를 다음과 같이 해석하고 있다. '오토 프라이징(Otto of Freising, 1110-1158)은〈다니엘서〉에 있는 제국 승계에 관한 기록들에 입각해서, 오로시우스의 가설을 계속적으로 주장해 나가는 길을 발견하였다. 그는 제국 정부가 문명의 이동이 취했던 바와 동일한 경로를 따라 섭리에 의해서, 로마로부터 비잔티움으로, 그 다

16) 라틴어 원문을 찾아보기 위해서는, Ed., J. P. Migne, *Patrologiae Latina*, CLXXVI, p. 667을 참조하기 바라며, 영어 번역문을 찾아보기 위해서는, 「성모 마리아 수도회」가 번역한 Hugh of Saint-Victor, *Selected Spiritual Writings*, (New York, 1962), p. 147을 참조하기 바람.

음에는 프랑크 족에게로, 그리고 다시 롬바르드 족에게로, 그리고 최종적으로는 게르만 족에게로 옮겨지게 되었다고 주장하였다'.[17] 그 밖의 대부분의 유럽 국가들도 문명의 다양한 경로와 시점을 택해서 나름의 계보를 아에네아스 또는 이 시기의 다른 인물들과 결부시키고자 하였다.

예를 들어서, 지오프리 몬마우쓰의 〈브리튼 군주들의 역사〉는 버질의 모델을 따르고 있었다. 그는 브리튼이 아에네아스와 브루터스의 후손들에 의해 건설되었고, 브리튼이라는 지명도 브루터스라는 사람 이름에서 유래되었다고 설명하였다. 이 같은 역사들은 각각의 국가가 로마로부터 '(신의) 섭리에 의해 이전됨으로써' 형성되었음을 밝히고 있으며, 그리하여 이는 각각의 국가들이 단지 로마의 한 후속적인 국가에 지나지 않는 것이 아니라, 오히려 이 같은 인식을 벗어나서, 각각의 국가들이 역사적 로마와 사실상 대등한 국가임을 주장하고자 했음을 드러내고 있다.

우리는 중세인들이 시간의 지속적인 흐름의 의미를 구분해서 파악하는데 활용했던 새로운 역사 체제의 또 다른 예로서 '9명의 위인들' (the Nine Worthies)을 들 수 있다. '9명의 위인들' 은 3사람이 한 조를 이루는 3개의 조로 구성되어 있었다. 첫 번째 조는 이교도들로서 여기에는 헥토르, 알렉산더, 카이사르(Caesar)가 포함되어 있었으며, 두 번째 조는 유대인들로서 여기에는 여호수아, 다윗, 유다 마카베우스(Judas Maccabaeus)가 포함되어 있었고, 세 번째 조는 그리스도 교도들로서, 여기에는 아더, 샤를마뉴 대제, 그리고 갓프리 부이용(Godfrey of Bouillon, 1060-1100)[18]이 포

17) Chenu, p. 187.

함되어 있었다. 역사적 위인들에 대한 이 같은 선정의 예는 원래 14세기 프랑스 저술가 알렉산더(Alexander)의 〈공작의 맹세, *Vouex de Paon*〉에서부터 유래되었다. 그리고 이 '9명의 위인들'은 훗날 영국에서도 '3시대에 걸친 의회' 및 두운시 '아더왕의 죽음(*Morte Arthure*)'과 같은 시들에서도 등장하고 있다.

이 같은 체제는 성 아우구스틴과 오로시우스 이래로 형성되어 내려온 역사에의 접근방식을 당대적인 형태로 변용한 것으로서, 여기에는 또한 몇 몇 중대한 차이점들도 내포되어 있었다. 먼저 성장과 쇠망이라는 널리 알려진 (역사의) 패턴은 9명의 위인들이 빛나는 고대 내지 영고성쇠하는 운명의 수레바퀴와 짝을 이루고 있다는 점에서 뚜렷이 확인될 수 있다. 또한 이 점은 앞서 언급한 두 편의 영국 시에서도 명백히 드러나고 있다. 그러니까 이 같은 역사해석 체제의 기저에는 그리스도교적 영웅주의 내지 승리라는 특징적 의식조차 포함되어 있었다. 그리하여 이는 미묘하게나마 성 아우구스틴이 중세에 물려주었던 역사의식과는 구별되는 인식조차 시사하고 있는 것이 사실이다.

예를 들어서, 세 사람의 그리스도교 영웅들 즉 아더, 샤를마뉴대제, 갓프리 부이용 등이 가리키는 함의는 그리스도교적 정복자 내지 이들의 다양한 역할들이었다. 특히 갓프리 부이용의 경우, 그는 당시 그리스도교 사회가 가지고 있던 성지를 재탈환하고자 하는 에너지의 한 영웅적인 표본이었다. 다시 말해서 그리스도교화된 유럽은 이제 그 시간이 언제 끝날는지를 산정할 수 없는 (성 아

---

18) 갓프리 부이용(Godfrey of Bouillon, 또는 Godefrey de Bouillon)은 제1차 십자군 원정의 결과 출현했던 '예루살렘 왕국'의 최초의 통치자였다. 그는 또한 '성묘의 수호자(Advocate of the Holy Sepulchre)' 라고 불리기도 한다.

우구스틴류의) 제6기의 시간대에 얽매인 사회가 아니었다. 바야흐로 당시 유럽 그리스도교 교도들은 자신들의 세계가 고대 세계의 영광에 견줄 수도 있고, 심지어는 그것을 능가할 수도 있는 시대를 살고 있다고 느끼기 시작했던 것이다.

(3) 예언주의 인식 : 영시 '성 어컨월드(St. Erkenwald)' 분석

성 아우구스틴류의 역사의식에 대한 보다 노골적인 도전은 앞서 R. 서던이 '예언주의적'이라고 범주화했던 유형의 역사 인식에서 더욱 뚜렷이 찾아볼 수 있다. 12세기의 종말론주의 저술가 요아힘 피오르(Joachim of Fiore, 1132-1202)는 이 세상의 역사를 3시기로 구분하였다. 그에 따르면 제1기는 성부의 시기로서, 이는 창세로부터 그리스도의 탄생에 이르는 시기를 가리켰다. 제2기는 성자의 시기로서, 이는 그리스도의 탄생으로부터 현재에 이르는 시기를 가리켰다. 그리고 제3기는 성령의 시기로서, 이는 하나님 나라의 완성을 이 땅에서 보게 될 임박한 앞으로의 시기를 가리키고 있었다.[19] 이 같은 요아힘 피오르의 종말론적 비전은 역사 이해의

---

19) 요아힘 피오르(Joachim of Fiore)에 관한 논의를 알아보기 위해서는, R. 서던, 앞의 책, '예언주의 역사'에 관한 장을 참조하기 바람. 또한 이에 관하여는 M. Bloomfield, *Piers Plowman as a Fourteenth-Century Apocalypse*, (Rutgers University, 1962), 및 K. Kerby-Fulton, *Books Under Suspicion: Censorship and Tolerance of Revelatory Writing in Late Medieval England*, (University of Notre Dame, 2006) 역시 유용한 참고 자료이다.
K. Kerby-Fulton은 중세 말기 영국에서 묵시론적 저술이 속어 문학에 미친 영향에 대해 검토하였다. 특히 저자는 위의 책, pp. 45-50에서 성 아우구스틴의 견해와 요아힘 피오르 그리고 힐데가르트 빙헨(Hildegard of Bingen)의 견해들을 비교 검토하여, 이들 간의 유사성과 차이점들을 분석적으로 해명하고 있다.

또 다른 유형을 제시하고 있다. 무엇보다도 그것은 역사의 목표가 단지 시간의 종결에 의해서만 이루어지는 것이 아니라, 이 땅의 현세적 시간 속에서도(*in time*) 그것이 온전히 이루어질 수 있다고 주장하는 것이기도 하였다.

이는 성 아우구스틴과 오로시우스가 제시했던 바와는 판이하게 다른 시간과 역사에 대한 인식이 아닐 수 없다. 그렇기는 하지마는 '9명의 위인들'에서 보이는 역사체제에 대한 변용된 인식과 요아힘 피오르 내지 힐데가르트 빙헨(Hildegard of Bingen, 1098-1179) 등이 보여주는 종말론적 저술 사이에 어떤 인과론적 관계가 있다고 필자가 지적하려는 것은 아님을 독자들께서는 기억해 주었으면 좋겠다. 필자가 여기서 강조하고자 하는 것은 기본적으로, 시간과 역사에 대한 새로운 인식들이 증가했다는 사실로서, 이는 무엇보다도 이 세상이 단절되지 않고 유지됨에 따라서 시간과 역사에 대한 견해들도 끊임없이 수정될 필요가 있었음을 뚜렷이 반영하고 있다는 점을 지적해 두려는 것이다.

시간의 유한성과 더불어 시간의 지속적인 전개 모두가 제기했던 문제들은 시간성에 관한 잠재적인 인식들, 다시 말해서 시간을 경험하는 중세적 방식들을 꾸준히 증가시키고 있었다.[20] 시간에 대

---

20) 이 글에서 다루지 못한 중요한 한 분야가 중세기에 활용되었던 시간을 측정하는 여러 방법들에 대한 연구이다. 대표적인 두 가지 방법을 소개하면 다음과 같다: (1) 시간을 측정하는 중세적 방법의 하나는 성무일도(the Liturgy of the Hours)였다. 3시 기도(*Terce*, 오늘날 오전 9시), 6시 기도(*Sext*, 오늘날 정오), 9시 기도(*None*, 오늘날 오후 3시) 등의 기도 시간은 역사에 '직선적인 시간 흐름 및 그것의 반복'이라는 관념을 포함시켰다. (2) 시간을 측정하는 다른 한 중세적 방법이 이 시기에 도입된 24 시간 체제의 시계였다. 시간에 대한 측정이 중세의 시간 인식과 역사의식 모두에 대해서 미쳤던 영향을 해명하는 작업은 앞으로 보다 깊은 연구를 필요로 하고 있는 묵직한 주제이다.

한 주관적 경험은 로마 제국과 그 이전의 문제, 민족의 역사들, 종교적 필요성, 및 시간과 공간을 측정하는 방법들 등 그 밖에도 수많은 요인들에 의해 영향을 받고 있었다.[21] 예를 들어서, 중세 영국의 시 '성자 어컨월드(Saint Erkenwald)' 는 서로 상충하는 '시간성 인식' 의 다양한 양상들을 극적으로 보여주고 있다. 이 시의 무대는 아우구스틴 켄터베리(Augustine Canterbury, d. 604)[22]가 회심 과정을 시작한 직후의 앵글로 색슨기 영국으로서, 특히 런던이었다. 이 시는 이교도 신전이 그리스도교 교회로 개조되는 과정에 대한 이야기로 시작되는데, 이는 다음과 같이 묘사되고 있다: 신전들은 '무엇보다도 그 이름이 바뀌었으며, 더욱 아름답게 봉헌되었다.'[23] '지금까지는 이들이 아폴로의 신전이었으나, 앞으로는 성 베드로의 교회가 될 것이었다'.[24] 또한 이 같은 신전 명칭의 변

---

21) P. Ricoeur, *Time and Narrative*, tr., K. McLaughlin & D. Pellauer (University of Chicago, 1984-1988), 3 vols.는 '시간성 인식' 에 관한 필자의 이해에 특별히 많은 도움을 주었다. 또한 D. Lawton, "1453 and the Stream of Time," *Journal of Medieval and Early Modern Studies* 37. 3, (2007) pp.469-491은 중세 문학에 나타난 다양한 '시간성 인식들' 의 작용에 대한 탐구적 연구이다. D. Lawton은 특히 비잔티움과 콘스탄티노플을 중심으로 중세와 근대의 문헌들에서 나타나는 서로 상충하는 시간성 인식들이 여하히 다양한 지역 및 민족들과 결부되어 있는가를 해명하고 있다.

22) 아우구스틴 캔터베리(Augustine Canterbury), 이탈리아 태생으로서, 교황 그레고리우스 1세에 의해 596년 영국 선교사로 파견되었으며, 최초의 캔터베리 대주교로 임명되었다.

23) 특히 Ed., Thorlac Turville-Petre, *Saint Erkenwald, Alliterative Poetry of the Later Middle Ages: An Anthology*, (The Catholic University of America, 1989)는 마땅히 참조해야 할 유용한 연구이다. 본문을 소개하면 다음과 같다 : "*chaungit cheuely hor nomes and chargit hom better*"

24) 본문을 소개하면 다음과 같다: "*þat ere was of Appolyn is now of Saynt Petre*"

경은 대부분의 경우 유사한 이름을 따라서, 그러니까 머하운(Mahoun) 신전은 성 마가렛(St. Magaret) 교회 등으로 바뀌게 되었다.

이 시의 핵심적 내용 가운데는 고고학적인 발굴 작업, 즉 잘 보존된 주검을 가진 무덤에 대한 발굴 작업이 포함되어 있었다. (요약하면 다음과 같다)). 주교 어컨월드는 이 진기한 발굴 작업에 참관하여, 주검의 신원을 알지 못해서 불안해하던 시민들을 진정시키도록 요청되었다. 마침내 어컨월드의 조사에 의해서, 그 주검의 신원이 기적적으로 확인되었다. 그는 그리스도교 이전기인 고대 브리튼의 재판관이었다. 이에 어컨월드는 그 주검 위에 눈물을 뿌리고, 이제는 주검이 된 고대 재판관에게 세례를 베풀어, 그가 하늘나라에 들어갈 수 있도록 도와주었다. 물론 이러한 시의 내용은 교황 그레고리우스 1세(590-604)[25]와 트라야누스(98-117)[26] 황제의 관계를 연상시키는 것이 사실이다. 요컨대 주교 어컨월드는 이 같은 의식을 통해서, 그 재판관이 환유적으로 표상하였던 영국의 이교도적인 과거를 구출해내고 있었던 것이다.

사실 영국의 역사는 '일련의 단절들'의 역사였다. 브리튼 족은 앵글로 색슨 족에 의해 대치되었으며, 또한 앵글로 색슨 족은 데인

25) 교황 그레고리우스 1세 (St. Gregory the Great)는 라틴 교회의 4 교부들 가운데 한사람으로서, 교황령 국가의 창설자이다. 그의 저서 〈사목 규칙서(*Liber Regulae Pastoralis*)〉는 중세 내내 주교들의 사목활동의 지침으로 간주되었다. 또한 그는 '그레고리안 송가 및 성례전'의 제정자이기도 하다.

26) 트라야누스(Trajanus), 로마 제국의 5 현제 가운데 한 사람. 게르마니아 총독이었던 그는 황제 네르바(Nerva, 96-98)에 의해 양자로 지명되고, 또한 제위를 승계받음으로써, 양자상속제와 '로마의 평화'를 뿌리내리게 한 인물로 평가되고 있다.

족의 침입을, 그리고 이는 다시 노르만 족의 침입을 감수할 수밖에 없었다. 그런데 세례를 통해서 주교 어컨월드는 은총 이전기의 영국 역사 시기로 되돌아갈 수 있었고, 또한 이 고대의 영국 이교도들을 그리스도교적 구원에로 이끌 수도 있게 되었다. 브리튼 섬의 이교도적 과거는 그리스도교화가 진전됨에 따라서 점차 원래의 야만적 위협적 성격을 상실하게 되었으며, 그리하여 중세 영국이 유지하고 싶어 했던 유기적이고 수용적인 역사상과도 완벽하게 결합할 수 있게 되었다. 예를 들면, 이 과거의 고대 브리튼 재판관은 '신 트로이'에 거주하였다고 기록되어 있는데, 1390년 스미쓰필드에서 열렸던 마상무술시합에서는, 런던이 바로 '신 트로이(*la neufe troy*)'로 언급되고 있었던 것이다.

이 같은 예를 한 가지 더 들어 보겠다. 이교도 신전을 그리스도교 사원으로 바꾸는 문화적 전용은 이른바 '새로운 작업'[27]이라고 불렸다. 그런데 13 세기의 이 시에서는 이 같은 호칭이 바로 사원의 개축 사업을 가리키고 있었다. 그러니까 이 시는 다루기 힘든 과거들을 보편사적 체제의 일부로 수용하고자 했을 뿐만 아니라, 서로 다른 역사 시기들 간의 다양한 기억과 연결고리들도 함께 포괄하고자 하였다. 여기서 '서로 다른 시기들'이란 세 시기를 가리키고 있음을 기억해 두는 것이 좋을 것 같다. 즉 시인의 시기였던 당대의 영국, 그리고 주교 어컨월드의 시기였던 과거의 앵글로 색슨기 영국, 그리고 다시 이교도 재판관의 시기였던 먼 과거에 속하는 그리스도교 이전기 고대 영국 등이 그것이다.

이들 세 시기는 체계적 연속적인 서술을 해 내려는 시인의 노력

---

27) 본문을 소개하면 다음과 같다 : "*New Werke hit hatte*"

에 의해서 하나로 결부되었다. 이는 마치 스미쓰필드의 마상무술 시합이 현재를 강화하기 위해서 과거를 재현했던 것과 마찬가지로, 오래된 이교도의 주검에 세례를 베푸는 것은 그리스도교 이전기의 과거와 역사를 구원하는 한 방법이었던, 그리스도의 지옥 정복(the Harrowing of Hell)을 재현해내는 일 바로 그것이었다. 이 같이 복합적인 시간과 문화의 흔적들과 연결고리들은 한편으로는 영국 역사의 단절들을 드러냄과 동시에, 또한 그들을 유기적인 하나로 결부시키려는 노력을 가리키기도 하는 것이다.

그렇기는 하지마는 이 시에서 확인되는 문화적 전용에 문제가 없었던 것은 또한 아니었다. 이교도 재판관이 환유적으로 과거를 상징하고 있었음에도 불구하고, 그는 여전히 익명으로 남아 있었다. 이 점은 중요하다. 왜냐하면 이 시에 등장했던 런던 사람들은 그처럼 화려한 무덤에 묻혔을 주인공에 관해서 약간의 언급이라도 찾기 위해 관련된 기록들을 샅샅이 뒤졌으나, 결국 찾을 수 없었기 때문이다. 뿐만 아니라 무덤 그 자체조차 소장되어 있던 기록의 내용들이 해독됨에 따라 도움을 줄 수 있는 상황이 되지 못했다. 그 이유는 기록들이 닳아 없어졌기 때문이 아니라, 그것이 누구나 읽을 수 있는 언어로 된 것이 아니기 때문이었다. 다시 말해서 이 시는 역사적 기록의 한계를 여실히 드러내고 있다. 이는 주교 어컨월드가 먼 과거의 이교도 재판관에게 세례를 베풀었다는 사실을 확인해 주고 있기는 하지마는, 여전히 과거들은 그 대부분이 해명되지 않은 채로 남겨져 있었다. 요컨대 이 시는 본원적으로 다양한 과거들과의 간격을 인식하고 있었다. 그렇다면 과연 과거는 우리들로부터 얼마나 멀리 떨어져 있을까?

4) 맺는말

역사에 대한 중세의 이해는 단순하거나 획일적인 것이 결코 아니었다. 여기에는 시간과 역사를 헤아리는 다양한 체제와 접근방식들이 포함되어 있었다. 예를 들면, 성 아우구스틴이 가졌던 '이 세상의 여섯 (역사) 시기' 등의 시각을 비롯하여, 지속적인 성장과 변화를 담아낼 수도 있었던 '제국의 이전' (*translatio imperii*)과 같은 인식이 전형적으로 중세적인 것들이었다.

B. 앤더슨 류의 중세 역사상에 대한 필자의 반론은, 오늘날 우리들이 가지고 있다고 상정되는 역사의식을 중세 사상가들도 유사하게 가지고 있었다는 식의 주장을 하려는 것이 아니다. 물론 많은 역사가들이 앤더슨 류의 주장을 했던 것도 사실이다. 그러나 필자가 보기에는 '이것이 중세 역사의식이다' 라고 할 만한 여하한 시간과 역사에 대한 인식도 단일하고 획일적인 형태로 중세기에 존재하지는 않았다. 다시 말해서 하나의 유형으로 범주화될만한 중세 역사의식은 없었다는 것이 필자의 주장의 핵심이다. 설령 중세 역사가들이 현대의 박물관 큐레이터들이 가지고 있는 '원형 복원주의 정신' 과는 다른 정서를 가지고 있었던 것이 사실이라 하더라도, 그러나 여전히 중세인들도 역사에 대해서 복합적인 이해를 추구하는 정서를 가지고 있었으며, 또한 인간의 시간과 역사의 시기들을 구분하고, 이를 각각 구별해서 파악하려는 체계적 의식도 공유하고 있었다.

사도 바울에 의해 시작된 이후 성 아우구스틴과 오로시우스를 거치며 누적되었던 중세 역사의식은, 무엇보다도 시간이란 짧고 또한 영원으로부터 분리되어 나왔다는 생각이었다. 포스트 모더니즘, 현상학, 인류학과 같은 지적 운동들에 의해서, 그리고 전례 없는 규모로 발생하는 역사적 단절들에 의해서 만들어 지고 있는 오늘날 사회의 현대적 시간 인식은, 필자의 견해로는 점점 더 중세적인 것을 닮아가고 있는 것처럼 보인다.

〈참고문헌〉

G. Agamben, *The Time that Remains: A Commentary on the Letter to the Romans*, tr., P. Dailey, (Stanford University, 2005).

C. Baswell, *Virgil in Medieval England: Figuring the Aeneid from the Twelfth Century to Chaucer*, (Cambridge University, 1995).

M. W. Bloomfield, "Chaucer' s Sense of History," *Essays and Explorations: Studies in Ideas, Language, and Literature*, (Harvard University, 1970).

———, *Piers Plowman as a Fourteenth-Century Apocalypse*, (Rutgers University, 1962).

E. Breisach, *Historiography : Ancient, Medieval & Modern*, 2nd ed., (University of Chicago, 1994).

J. A. Burrow, *The Ages of Man : A Study in Medieval Writing and Thought*, (Oxford University, 1988).

M. D. Chenu, *Nature, Man and Society in the Twelfth Century: Essays on New Theological Perspectives in the Latin West*, tr., J. Taylor & L. K. Little, (University of Toronto, 1997).

J. Coleman, *Ancient and Medieval Memories : Studies in the Reconstruction of the Past*, (Cambridge University, 1992).

Ed., J. J. Cohen, *The Postcolonial Middle Ages*, (New York,

2000).

Eds., P. J. Geary, *Medieval Concepts of the Past : Ritual Memory, Historiography*, (Cambridge University, 2002).

Eds., Y. Hen & M. Innes, *Time in the Past in the Early Middle Ages*, (Cambridge University, 2000).

P. Ingham, *Sovereign Fantasies: Arthurian Romance and the Making of Britain*, (University of Pennsylvania, 2001).

D. Lawton, "1453 and the Stream of Time," *Journal of Medieval and Early Modern Studies*, 37.3, (2007) pp. 469–491.

J. Le Goff, *Time, Work, and Culture in the Middle Ages*, tr., A. Goldhammer, (University of Chicago, 1982).

R. Nissé, "「A Coroun Ful Riche」: The Rule of History in St. Erkenwald," *ELH 65*, (1998) pp. 277–95.

M. Otter, *Inventiones: Fiction and Referentiality in Twelfth-Century English Historical Writing*, (University of North Carolina, 1996).

———, "「New Werke」: St. Erkenwald, St. Albans, and the Medieval Sense of the Past," *Journal of Medieval and Early Modern Studies* 24.3, (1994) pp. 387–414.

L. Patterson, *Chaucer and the Subject of History*, (University of Wisconsin, 1991).

———, *Negotiating the Past: The Historical Understanding of Medieval Literature*, (University of Wisconsin, 1987).

———, "On the Margin: Postmodernism, Ironic History, and Medieval Studies," *Speculum*, 65.1, (1990) pp. 87–108.

J. Simpson, *1350–1547: Reform and Cultural Revolution*, (Oxford University, 2002).

G. M. Spiegel, *The Past as Text: The Theory and Practice of Medieval Historiography*, (University of California, Berkeley, 1997).

———; *Romancing the Past : The Rise of Vernacular Prose Historiography in Thirteenth-Century France*, (University of California, Berkeley, 1993).

R. W. Southern, *History and Historians: Selected Papers of R. W. Southern*, ed., R. J. Bartlett, (Blackwell, 2004).

B. Stock, *The Implications of Literacy : Written Languages and Models of Interpretation in the Eleventh and Twelfth Centuries*, (Princeton University, 1983).

———, Listening *for the Text : On the Uses of the Past*, (Baltimore, 1990).

M. R. Warren, *History on the Edge : Excalibur and the Borders of Britain, 1100–1300*, (University of Minnesota, 2000).

〈국문 요약〉

중세 유럽의 역사의식

과거에 관한 중세적 인식들 가운데, '중세에는 역사의식이 형성되어 있지 않았다' 는 생각만큼 흔히 범해지는 오해도 없는 것 같다. 시간에 관한 중세의 그리스도교적 인식을 고찰해 보고자 하는 글들은 흔히 사도 바울에 대한 검토로부터 시작하게 된다. 사도 바울에 있어서는 시간이 유한했으며, 메시아의 재림이야말로 시간의 종말을 알리는 사건이었다. 성 아우구스틴도 이 점을 강조하면서, 세계의 역사를 엿새에 걸쳐 진행되었던 신의 창조 과정에 각각 상응하는 여섯 시기로 구분하였다. 그의 역사 체제에 따르면, 인류는 당시 제 6기에 속하고 있었다. 그러나 이 시기가 얼마나 오래 가고 또 언제 끝날는지에 대해서는 정확히 계산할 수 없다고 성 아우구스틴은 생각하였다.

한편 오로시우스는 〈이교도 반박을 위한 7권의 역사서〉 집필을 통해서 '분열과 혼란으로 가득찬 역사' 를 분석함으로써, 악이 그리스도교가 도래하기 이전에 이미 이교도 세계에 있었음을 입증해 보였다. 특히 R. 서던(R. Southern)은 중세기의 다양한 역사의식들을 세 유형으로 구분하여, '고전주의 유형, 초기 과학주의 유형, 그리고 예언주의 유형' 으로 범주화하였다.

서던이 예언주의 역사의식이라고 구분했던 시간과 역사에 대한 중세적 진술들은 성 아우구스틴 류의 역사 인식에 대해 보다 노골적인 도전을 보여주고 있다. 예를 들어, 12 세기의 요아힘 피오르는 이 세상의 역사를 새로운 3 시기로 구분했으며, 13 세기의 영시

'성자 어컨월드'는 서로 상충하는 '시간성(*temporalities*) 인식'의 다양한 예들을 잘 보여주고 있다. 이 같은 예들은 무엇보다도 역사의 목표가 단지 시간의 종결에 의해서만 이루어지는 것이 아니라, 이 땅의 현세적 시간 속에서도(*in time*) 온전히 이루어질 수 있다는 주장을 포함하고 있었다.

사도 바울에 의해 시작된 이후 성 아우구스틴과 오로시우스를 거치며 누적되었던 중세적 역사의식은, 무엇보다도 시간이란 짧고 또한 영원으로부터 분리되어 나왔다는 생각을 축으로 하고 있었다. 그리고 그 이후 확인된 시간과 역사에 대한 중세적 진술들은 다양한 접근방식과 구분체제들을 보여주고 있다. 중세 역사의식은 결코 하나가 아니었다. 이 점에서 포스트 모더니즘, 현상학, 인류학과 같은 지적 운동들, 및 전례 없는 규모로 발생하는 역사적 단절들 등에 의해 만들어지고 있는 오늘날 우리들의 현대적 시간 인식은, 필자의 견해로는, 점점 더 중세적인 것을 닮아가고 있는 것처럼 보인다.

〈English Summary〉

The Medieval Sense of History

The most common misperception about the medieval sense of the past is simply that there was not one. In lacking a historical consciousness, the argument goes, people in the Middle Ages were unable or unwilling to approach the past in its own terms, but instead could only see it through the lens of a specifically Christian present.

However, there were various approaches to time and history in this period. As far as the multiple temporalities and schemata seen in the varying approaches to writing history in the Middle Ages are concerned, R. Southern organizes them into three general types, 'classical, early scientific, and prophetic' :

> The aim of the classical imitators was to exemplify virtues and vices for moral instruction, and to extract from the confusion of the past a clear picture of the destinies of peoples. The aim of the scientific students of universal history was to exhibit the divine plan for mankind throughout history, and to demonstrate the congruity between the facts of history revealed in the Bible and the

facts provided by secular sources. As for the prophetic historians, their aim was first to identify the historical landmarks referred to in prophetic utterances, then to discover the point at which history had arrived, and finally to predict the future from the still unfulfilled portions of prophecy.

The idea of history in the Middle Ages is not a simple one. There are multiple schemata and approaches for reckoning time and history, ranging from 'the Six Ages of the World' to the continued development of '*translatio imperii*'. In an age shaped by intellectual movements like postmodernism, phenomenology, and anthropology, and with historical ruptures on a staggering scale, the contemporary views of time and history are tending to seem more and more like those of the medieval.

〈English Keywords〉

St. Paul, St. Augustine, the Six Ages of the World, P. Orosius, *Pax Romana*, *Translatio Imperii*, 'the Nine Worthies', R. Southern, Godfrey de Bouillon, Joachim of Fiore, Eschatology, '*Saint Erkenwald*.' Historical Consciousness.

---

* 이 부분은 숭실사학회 편, 〈숭실사학〉 24집 (2010) pp.453-475에 실렸던 것을 옮긴 것이다.

2. 현대 역사이론의 동향

1) 전통적 역사학에 대한 비판

양차 세계대전으로 점철된 20세기 전반기 동안 역사학은 그 운명의 극적인 등락을 경험하였다. 전통적 역사학은 20세기에 접어들 즈음 매우 높은 수준의 학문적 객관성을 확보하게 되었다고 자부하였다. 이는 무엇보다도 근대 역사학의 아버지로 불리게 된 베를린 대학의 랑케(L. Ranke : 1795~1896)와 그 추종자들인 역사주의(historicism) 사가들이 이룩했던 전통적인 역사주의 사학의 유산이었다. 랑케류의 역사주의 사학은 먼저 자연과 역사를 구분하여 역사학의 고유한 영역과 자율성을 보장했을 뿐만 아니라, 정밀한 사료 비판에 초점을 맞춘 사료학(Quellenkunde)과 엄격한 금욕주의에 입각한 주관의 배제를 통해서 과거 사실들의 객관적 재구성이 가능하다고 믿었다 역사가의 임무는 과거 사실을 '원래 있었던 그대로(Wie es eigentlich gewesen ist)' 복원하는 일이며, 역사란 원래 있었던 그대로 복원된 과거가 들려주는 이야기 그 자체라는 것이다.[1)]

분명 역사주의 사학은 '지배계층의 교양으로서의 과거사 지식'이라는 역사학에 대한 종래의 일반 인식은 물론, 계몽주의적 진보사관과 헤겔류의 관념주의적 역사관 모두로부터 벗어나서 역사학적 인식의 깊이와 넓이를 획기적으로 확대하였다. 개체주의적 역

---

1) 역사주의에 관해서는, 길현모, 「랑케사관의 성격과 위치」, 『역사의 이론과 서술』(서강대 인문하연구소, 1975) ; 이민호, 『역사주의 – 랑케에서 마이네케』(민음사, 1988) ; 이상신, 『19세기 독일 역사인식론』(고려대 출판부, 1989) 등을 참조하기 바람.

사인식, 사실주의적 사료해석, 일회적 과거 사실에 대한 객관적 인식에의 믿음, 직관에 의한 보편 인식, 사물의 가변성과 그것에 내재하는 본성적 제 요소의 전개에 대한 소박한 낙관, 만유재신론적(panentheism) 사물관 그리고 주의주의(voluntarism) 성향 등의 역사주의적 방법론이야말로, 인간과 역사에 대한 합리주의적 자연주의적 해석의 함정이었던 추상적 초월적 합리에의 추구를 극복하고, 역사적 실체적 합리를 추구하는 진정한 지적 신조로, 심지어 삶의 원리로 수용될 정도였다. 마이네케(F. Meinecke)가 역사주의를 '종교개혁 이후 유럽이 경험한 가장 중요한 정신적 혁명 내지 인간사에 관한 한 가장 높은 이해의 단계'[2]라고 평가하였던 근거도 이 점에 있었다.

그렇기는 하지마는 우리는 역사주의 사학이 사건중심적 정치사라는 지평에 머물렀으며, 그 정치사적 서술의 기본 단위가 전통적 민족 내지 종교였고, 개체주의적 논리 또한 실제에 있어서 국가주의적 성향의 외투에 지나지 않았음을 잘 알고 있다. 랑케 자신의 견해를 들어보기로 하자.

> 신은 인류의 이념을 여러 민족에게 다양하게 부여하였다. 민족성은 국가를 형성하는 도덕적인 힘이다. 이념의 현상이 민족, 국가, 강국들인 바, 그 원리는 대중의 무의식적 행동 속에 있으나 무엇보다도 그것은 위대한 개인 내지 진정한 정치가의 행동과 사고 속에 집중되어 있다. 국가의 근원은 신으로부터 유래되었으며, 모든 의미 있는 국가들은 특수성이라는 고유한 경향으로 충만해있다.[3]

---

2) F. Meinecke, *Die Entstehung des Historismus*, (1959), 서문.

이같이 랑케는 국가의 본질을 신성한 무엇으로, 그리고 그것을 신이 만든 피조물들 가운데 가장 완전한 형태의 인간 삶의 사회적 단위로 간주했다. 더욱이 이는 1830년대 이후 서유럽 제 국가들이 경쟁적으로 정치적 국제적 사건을 중심으로 한 '국가문서' 들을 공개함으로써 야기된 특수한 사료 상황, 및 프랑스혁명 이후 대두되고 있던 민족주의가 산업혁명의 진전과 더불어 그 물질적 기반을 더욱 강화하고 있었다는 점, 그리고 특히 1871년의 독일 통일이라는 정치적 상황 등과 맞물려, 일련의 역사주의적 역사 서술을 '국가 경건성 확보' 라는 정치적 목표를 향해 매진하도록 만들었던 것이다.

'통치집단과 과거에 대한 비판 없는 경건' 이라는 반성과 더불어 역사주의 사학의 '객관성' 에 대한 심각한 비판이 양차 세계대전과 함께 제기된 것은 오히려 당연한 일이었다. 사실 전쟁발발의 원인과 전후보상의 책임문제에 있어서, 몇몇 예외적인 경우를 제외하고는 이른바 '객관적' 역사학자들의 대부분이 국가주의적 경향으로부터 벗어나지 못했다.[4] 그리하여 "역사학은 그것으로부터 아무것도 배울 것이 없다는 사실 이외에는 아무 것도 가르쳐 주지 않는다"라는 역설적인 자조가 제기될 정도였다. 그렇기는 하지마는 전통적 역사학 특히 역사주의적 신조의 설득력 상실이 역사학 전반에 대한 불신에로 나아가지는 전혀 않았다. 오히려 그것은 진지한

---

3) L. Ranke, *Samtliche Werke*, 9, (Leipzig, 1867~1890), 49~50, 246, 320 이하.

4) H. Barnes 저, 허승일 역, 『서양사학사』(1994), 361 이하 참조. 예를 들면 J. Buchan, H. Stegeman, M. Schwarte, G. Hanatoux, J. Swain 등이 이러한 예외에 속한다.

역사학도들로 하여금 '보다 과학적인 역사학'을 추구하도록 하는 치열한 계기가 되었다. 필자의 이해로는 전통적 역사학에 대한 광범위한 위기감과 역사와 미래에 대한 새로운 신뢰 및 낙관적 전망에의 회복 추구가 바로 현대 역사학의 지적 토양이다.

2) 현대 역사학의 동향

현대의 다양한 역사학적 모색은 무엇보다도 역사주의 사론에 함의되어 있던 주관성과 관념성에 대한 집중적 비판에 그 기반을 두었다.[5] 먼저 역사학적 인식의 주관성에 대한 논의부터 일별해 보기로 하자. 따지고 보면 역사주의자들이 주장하였던 과거 사실에 대한 객관적 인식이란, 설령 그것이 아무리 엄격한 사료비판에 입각하고 있다 하더라도, 사실의 객관성에 대한 현재적 주관적 인식에 다름 아닐 것이다. 이에 크로체(B. Croce)와 콜링우드(R. G. Collinghood) 등은 '(죽은) 과거 사실들의 단순한 집합으로서의 역사'를 부정하고, 문화과학 내지 정신과학으로서의 역사학의 성격을 변론하였다. 그리하여 "모든 (참다운) 역사는 현재의 역사이며 또한 사상의 역사이다"라고 이들은 생각하였다.[6] 더욱이 카아(E. H. Carr)는 "역사란 역사가와 사실 사이의 부단한 상호작용의 과정이며, 현재와 과거 사이의 끊임없는 대화이다"라고 주장하였던 것이다.[7]

---

5) G. Iggers, *International Handbook of Historical Studies,* (Westport, 1979), 서문에서 저자는 현대 역사학의 기본 흐름을, 사건서술사, 아날학파, 사회과학적 역사, 그리고 마르크스주의 역사라는 네 유형으로 대별하였다.

6) 이에 관해서는 B. Croce, 『역사서술의 이론과 역사』; R. Collingwood, 『역사의 이념』 등을 참고하기 바람.

7) 이에 관해서는 E. H. Carr 저, 길현모 역, 『역사란 무엇인가』(탐구당) 참조

베커(C. Becker) 및 베어드(C. Beard)와 같은 상대주의자들과 함께, '사실의 텍스트(text)와 컨텍스트(context)의 분리'를 강조하였던 해체주의 역사가 라까프라(D. Lacapra) 등에 의해서도 제기되었던,[8] 사실 인식의 주관성 내지 부분성의 문제, 심지어 역사사실의 허구성의 문제는, 전통적인 문헌고증적 역사방법론의 한계를 뚜렷하게 드러냈다. 이들에 의하면 역사가의 주관은 배제되어야 할 무엇이 아니라, 오히려 풍요로워져야 할 무엇이었다. 더욱이 역사학의 생명력이란 사실성 그 자체에 있다기보다는 그것의 현재성 내지 비판성에 있었다. 명백히 해체주의자들이 제기했단 문제의식은 역사학적 인식의 객관성에 관한 우리들의 이해에 깊이와 넓이를 더해 주었다. 그리하여 역사학적 사실 내지 지식의 기본 성격도 '끊임없이 다시 쓰여져야 할 일종의 문화과학'으로 재정립된 측면이 없지 않다.

그럼에도 불구하고 이들에 의해 제기된 '객관적 과거 사실'의 개념 그 자체에 대한 비판이, 직업적 역사가들의 실제 작업에 미친 충격을 '찻잔 속의 태풍' 정도 이상으로 평가하기는 어려울 것 같다. 이는 오늘날도 해석적 비판(Hermeneutics)을 포함한 전통적인 사료비판의 방법이 그 중요성을 잃지않고 있으며, 사실상 역사서술의 계량화 내지 통계화 추세는 오히려 지나칠 정도로 강화되고 있는 실정이다. 역사서술의 실제 작업에 관한 한 '객관적 사실'에 대한 탐구는 모든 역사학도들에게, 그것으로부터 결코 벗어날 수 없는, 일종의 '공기'와도 같은 것이 아닐까. 끊임없이 '정화

---

8) 김욱동, 「포스트모더니즘」, 『서양의 지적운동』, 김영한 편, (지식산업사, 1994), 681~683.

되어야 할 공기' 처럼 말이다.

(1) 마르크스주의 역사해석

한편 정치, 사건, 개인 등을 중심으로 했던 전통적 역사학의 관념성을 극복하려던 비판적 모색은 사실들에 대한 경험과학적 수집과 분석에 입각하여, 경제 내지 구조를 중심으로 하는 역사서술에서 새로운 활로를 찾게 되었다. 다시 말해서 역사주의 사론에 대한 간세기 즈음의 일련의 비판적 모색이 찾은 확실한 한 대안이 마르크스주의 역사해석이었던 것이다. 이 같은 지적 동향의 저변에는 민족주의와 자본주의의 제휴 그리고 그것이 초래한 파국적 세계대전 등의 체험에 따른 나름의 치열한 반성, 즉 개인은 언제나 구조적 상황에 종속될 수밖에 없으며, 전통적 역사가들의 신조였던 '자유' '개인' 등의 이상주의적 개념이 비사회적이었을 뿐만 아니라, 현실과 유리된 일종의 이데올로기로 기능하였다는 자각이 이를 나위없이 두텁게 깔려 있었던 것 같다. 먼저 마르크스(K. Marx : 1818~83) 자신의 주장을 듣는 것이 이 같은 동향에 접근하는 관건일 것이다. 1859에 출간된 「정치경제학 비판」서문에서 그는 이렇게 밝히고 있다.

> 인간은 자신의 의사와는 무관하게 그리고 필연적으로 일정한 생산관계의 일부가 되며, 이 생산관계의 총체가 그 사회의 경제구조이고, 이 경제구조 위에 법적 정치적 상부구조가 구성된다. 물질적 생산양식이 사회적 정치적 및 정신적 구조를 결정한다. 인간의 존재를 규정하는 것은 인간의 의식이 아니라, 역으로 인간의 사회적 존재가 그들의 의식을 규정한다. 사회의 물질적 생산관계란 일정한 발전단계에

이르면 구생산관계에 대립하게 되고, 구생산관계는 질곡으로 변하며, 마침내 사회적 혁명의 시기가 도래한다. 경제적 토대의 변화와 더불어 모든 상부구조도 변화하게 된다. 역사적으로 보아 생산양식은 대략 다음의 네 가지이다. 즉 아시아적, 고대 노예적, 중세 봉건적, 근대 부르주아적 생산양식이 그것이다. 부르주아적 생산양식은 생산의 사회적 발전단계에 있어서 최종적 계급대립의 형태이다.[9]

변증법적 유물사관이라 불리게 된 그의 역사이론은 간략히 다음과 같이 정리될 수 있겠다. ① 역사적 변화의 근본 힘은 물질적 생산력이며, 이는 발전단계에 따라 일정한 생산관계 내지 생산양식을 형성하고, 이 생산관계의 총체가 곧 경제구조이다. ② 한 사회의 경제구조는 그것에 상응하는 법적 · 정치적 · 사회적 · 정신적 상부구조를 구성한다. 다시 말해서 생산수단을 장악한 경제적 지배계급은 국가권력까지 장악함으로써 사회 전체에 자신들의 계급적 이해관계를 관철시킨다. ③ 따라서 경제구조의 변화는 필연적으로 그것에 상응하는 사회계급들 간의 대립을 초래하며, 생산양식의 모순에 근거한 이 계급적 대립은 종국에 가서 반드시 사회혁명을 초래한다. ④ 모든 현존 사회의 역사는 생산력과 생산수단이 변증법적으로 전개된 계급투쟁의 역사로서, 부르주아 계급이 생산수단을 장악하고 있는 오늘날의 자본제 사회는 결국 프롤레타리아 계급의 독재로 종식되며, 그리하여 마침내 계급 없는 사회가 도래한다.[10]

---

9) K. Marx, *Early Writings*, (Penguin Books, 1975), 425 ; S. Avineri 저, 이홍구 역, 『칼 마르크스의 사회사상과 정치사상』(까치, 1986), 217~245 참조.

그러나 경제적 결정론에 입각한 마르크스의 이 같은 역사 발전 단계론은 금세기 초엽, 우리 모두가 잘 알고 있는 바와 같이 단순한 학문적 지평을 넘어 구소련 공산당 등의 실천적 정치적 강령으로 확립되었다. 그리하여 그것이 이념적 도덕성만을 앞세운 나머지 본래의 이론적 탄력성조차 상실함으로써 일종의 교조적 지배이데올로기화한 것은 차라리 '필연적' 수순에 가깝다. 그렇기는 하지마는 형해화한 교조주의 내지 천박한 도식주의로 전락한 이 결정론적 역사해석의 틀에 새로운 생명력을 회복시키려는 다양한 지적 추구 또한 서구 마르크스주의 지식인들에 의해 제기되었다. 역사발전의 한 영원한 요소일 수밖에 없는 인간의 행위와 의지, 그리고 이들의 자율성에 대한 진지한 고려가 일찍이 1920년대에 루카치, 코르쉬, 안토니오 그람시 등에 의해 가해졌다. 그리고 1930년대에는 호르크하이머, 아도르노, 마르쿠제 등의 프랑크푸르트 학파에 의해서도 이 같은 노력이 계승되었다. 마르크스주의 역사해석의 기반이었던 '과학적' 경험주의와 경제적 구조적 결정론에 대한 일련의 재검토가 낳은 역사적 비판적 방법론의 중요성 그리고 인간 및 문화의 문제에 대한 새로운 자각을 호르크하이머는 이렇게 드러내고 있다.

역사적으로 활동하는 인간의 사회 현실 내지 발전 과정은 하나

---

10) 마르크스의 사론이 역사서술에 미친 영향에 관해서는, E. Hobsbawm의 일련의 글들, 즉 "K. Marx's Contribution to Historiography", *Ideology in Social Science*, R. Blackburn ed., (London, 1972), 265~283 ; "From Social History to the History of Society", *Daedalus*, 100, (1971), 20~45 ; "Marx and History", *NLR*, 143, (1984), 39~50 등이 있다.

의 구조를 형성하고 있다. 그런데 이 구조를 파악하기 위해서는 급진적으로 변화하는 모든 문화적 과정의 관계들을 이론적으로 반영해야 한다. 그러나 이 같은 구조는 종래의 자연과학적 방법으로는 파악될 수 없다. 계급없는 사회가 현실적으로 인간주의적인 의미에서 보다 인간적인 사회를 가져왔는가? 오히려 위로부터 관리되는 세계를 초래한 것은 아닌가? 더욱이 마르크스는 인간 사이의 관계들만이 아니라 인간과 자연 사이의 관계들도 구제되어야 할 한 관건이라는 점을 간과하였다.[11]

뿐만 아니라 마르크스주의적 역사해석에 대한 그간의 이론적 비판들을 자신의 실제적 역사서술 작업에 구체적으로 반영하려는 마르크스주의 역사가들 역시 등장하였다. 특히 1952년 창간된 〈*Past and Present*〉와 1960년 창간된 〈New Left Review〉를 각각의 주된 토론의 장으로 활용하였던 이른바 문화주의자(culturalist)들과 구조주의자(structuralist)들이 그 대표적인 예일 것이다. 홉스보움(E. Hobsbawm), 힐(C. Hill), 힐튼(R. Hilton), 톰슨(E. P. Thompson) 등에 의해 대표되는 문화주의 마르크시스트 사가들과 앤더슨(P. Anderson), 네언(T. Nairn), 왈라스틴(I. Wallerstein) 등으로 대표되는 구조주의 마르크시스트 사가들은 활발한 논쟁과 구체적인 서술작업을 통해 현대 역사학계 전반에 의미 깊은 영향을 미치게 되었다.[12]

---

11) 설헌영, 「호르크하이머의 비판이론」, 『사회철학대계 3』, 차인석 편, (민음사, 193), 77~103 참조.

12) 이 논쟁에 관한 주요 문헌들을 정리하면 다음과 같다.
H. Kaye, *E. P. Thompson* : *Critical Perspectives*, (Oxford, 1990) ;

〈*New Left Review*〉의 편집을 주도하였던 앤더슨은 『고대에서 봉건제도로의 이행』과 『절대주의 국가의 계보』 등의 저작을 통해서 역사발전 단계론과 같은 마르크스주의의 이론적 입장을 고수하였다. 동시에 그는 그간의 비마르크스주의적 역사학 연구성과들도 적극적으로 수용하였다.[13] 그리하여 유럽사 전반의 성격을 국가, 인종, 지역의 경계를 뛰어넘어 보다 폭넓은 비교사적 맥락하에서 규정하고자 하였다. 그에 의하면 유물론적 역사해석이라고 해서 완결된 과학이 아니었으며, 국가 내지 계급지배의 다원적 기구 등에 대한 '위로부터의 역사(history from above)' 도 '아래로부터의 역사(history from below)' 만큼이나 필수적인 탐구였다.

예를 들어 그는 봉건제도를 농노제, 토지경작민에 대한 사적 지배, 경제외적 강제, 자유민들 간의 가신관계, 그리고 분권적 지배체제 등이 복합적으로 구조화된 총체로 파악하였다.[14] 종교, 볍률, 국가, 관습, 혈족 등의 상부구조가 봉건적 생산양식의 성격을 규적하는 구성적 계기라는 것이다. 전자본주의 생산양식의 진정한 성

R. Samuel, *People's History and Socialist Theory*, (London, 1981) ; P. Anderson, *Arguments within English Marxism*, (London, 1980) ; "Origins of the Present Crisis", *NLR*, 23, (1964) ; J. Clarke, *Working Class Culture*, (New York, 1979) ; R. Johnson, "Edward Thompson, Eugene Genovese and Socialist-Humanist History", *History Workshop Journal*, 6, (1978) ; E. Thompson, *Poverty of Theory and Other Essays*, (New York, 1978) ; T. Nairn, "The English Working Class", *NLR*, 24, (1964) ; The British Political Elite", *NLR*, 23, (1964). 이 밖에도, V. Kiernan, "Problems of Marxist History", *NLR*, 161, (1987), 105~118 등은 그간의 마르크스주의 역사해석의 논점들을 일별하는 데 유용하다.

13) P. Anderson 저, 유재건 역, 『고대에서 봉건제도로의 이행』, (창비, 1990) ; 김현일 역 『절대주의 고대국가의 계보』, (베틀. 1990) 등 참조.

14) P. Anderson, 『고대에서 봉건제도로의 이행』, 157~165

격은 그 정치적 법적 이데올로기적 구조에 의하지 않고는 정의될 수 없다는 그의 지적에서 우리는 구조주의 마르크스주의자와 교조적 마르크스주의자들 간에 가로놓인 엄청난 거리와 함께 현대 마르크스주의 역사해석의 다양성을 동시에 접할 수 있다. 그간의 마르크스주의 역사해석이 몰역사적 무비판적 보편주의에 함몰하였다는 반성에 입각하여 거시적 이론과 구체적 역사를 접목시키려고 하는 시도 그 자체가 적지 않은 의미를 가지는 것이리라.

한편 자타가 공인하는 대표적인 문화주의 마르크시스트 사가인 톰슨(1924~1993)은 홉스보움, 힐 등과 함께 영국공산당 내 '역사가 그룹(Historians' Group)'에 속하면서,[15] 오늘날도 역사학계 전반에서 가장 권위 있는 학술지의 하나가 된 〈*Past and Present*〉의 창간에 깊이 관여하였다. 그러나 그는 1956년 구소련의 헝가리 침공을 계기로 공산당과의 결별을 선언하였다. 무력 침공은 그에게 환상을 환멸로 전락시킨 계기가 되어, '인간의 얼굴을 가진 사회주의' 내지 '사회주의적 휴머니즘'이라는 새로운 이념노선을 그는 주장하게 되었다. 뿐만 아니라 1963년 발간과 함께 현대의 고전이 된 『영국 노동계급의 형성』을 집필하면서, 톰슨은 역사서술의 실제적 작업에 비추어 '객관성'과 '중립성'을 구분하는 등 전문 역사가로서도 탁월한 활동을 하였다.[16]

---

15) 이에 관해서는, E. Hobsbawm, "The Historians' Gruop of the Communist Party", *Rebels and Their Causes*, M.Comforth ed., (London, 1978), 21~48 참조.

16) 조용욱, 「E. P. 톰슨과 영국의 노동계급」『인문학 연구』 1, (한림대 인문학연구소, 1994), 24~44 ; 유재건, 「E. P. 톰슨의 역사방법론 - The Poverty of Theory and Other Essays를 중심으로」『역사교육』 39, (1986), 309~337 등 참조

톰슨의 학문적 주제는 무엇보다도 '그들에 의해 만들어지기는 했지마는 쓰이지는 않은' 민중의 역사, 즉 역사 변화의 능동적 주체적 구성요소로서의 하층민들의 삶과 경험 그리고 문화를 해명하는 작업이었다. 사실 민중 내지 하층계급의 역사 즉 '아래로부터의 역사'는 오늘날 특히 전후 사회사가들에게는, 그가 마르크스주의자인가 또는 비마르크스주의자인가를 막론하고, 거의 주술이 되다시피 한 주제이다. 그러나 톰슨이 제시한 '아래로부터 위로의 역사(history from the bottom up)'는 매우 독특한 측면을 가지고 있다. 물론 일반적인 의미에서 '아래로부터의 역사'는 지배계층 내지 엘리트 중심의 전통적 역사학의 극복이라는 공통의 성격을 가지고 있다. 그럼에도 불구하고 여기에는 두 가지 구별되는 경향이 혼재하고 있는 것도 사실이다.[17]

하나는 과거 민중의 삶과 경험을 고찰함에 있어서 이로부터 정치적 요소를 배제하는 경향이 그것이다. 이들은 장기적 구조적 변화만을 강조한 채 정치란 지배적 계급, 인물, 조직 등의 지평에서 수행된다는 통념, 그리고 문화에 관해서도 「지배계급의 문화가 곧 사회전체의 문화」라는 등의 가설을 묵시적으로 수용하였다. 그리하여 민중들의 삶과 경험을 장기적 구조적 변동(예를 들어, 근대화, 산업화, 도시화 등)이 수반하는 가차없는 기계적 변화에 적응하는 과정, 또는 적응에 실패하는 과정으로 단순하게 취급해버렸다. 그 결과 민중집단의 정치적 문화적 정체성(identity)은 손쉽게 간과되고 말았다. 이 같은 경험은 프랑크푸르트 학파나 구조주의

17) H. Kaye 저, 양효식 역, 『영국의 마르크스주의 역사가들』, (역사비평사, 1988), 6~9, 266~269 참조.

마르크시스트들조차 민중을 지식인 집단이 제공하는 이론 내지 노선에 의해 계몽되어야할 존재로 간주했다는 사실에서도 드러나고 있다. 이에 톰슨은 이 점을 '문화야말로 대립하는 계급들 간의 상이한 가치들이 역동적으로 작용하는 투쟁의 장임을 인식하지 못했기 때문'이라고 지적하였던 것이다. 심지어 법률조차 지배집단의 이해관계를 대변하는 단순한 도구가 아니라, 상이한 사회세력들이 각각의 이익을 추구하는 일종의 전투장으로 이해되어야 한다는 것이 그의 견해였다.

다른 하나는 '급진적 포퓰리즘(radical populism)'의 경향이 그것이다. 이들은 민중 내지 하층계급의 생활과 투쟁을 고찰함에 있어서, 마치 이들이 '자율적인 문화'를 기적같이 창조하여 지배집단의 가치와 욕망에 대해 성공적으로 저항했던 것처럼 이해한다. 그리하여 이들은 민중계층의 정치적 경험과 문화적 관행들이 보여주는 지배문화에의 적응과 흡수라는 실제적 상황 및 온정주의적(paternalism) 에토스의 끈끈한 형성력 그리고 발전과 쇠퇴, 해체와 재구성이라는 계급관계의 역동적 과정 등을 제대로 규명할 수 없었다. 이는 하층계급의 공적 경험을 소홀히 하고 사적 경험의 비중만을 과장했을 뿐만 아니라, 민중의 삶을 저항 혹은 투쟁과 같은 정태적인 계급적 정치적 맥락으로만 이해했기 때문일 것이다.

결과적으로 그것은 원래의 구호였던 '아래로부터의 역사'와는 거리가 먼 '아래의 역사(history of the bottom)'에만 머무르고 말았다는 평가를 벗어나기 어려웠다. "우리가 하고자 하는 바는 과거의 직조공과 농민뿐만 아니라, 과거의 국왕과 귀족들까지 함께 구해내는 일이다.[18] ……계급이란 마치 그것이 독립적인 실체인양 먼저 존재하고, 그 다음 주위를 둘러보아 적대계급을 발견하며, 그리고 투쟁을 전개한다는, 그런 따위의 것이 아니다. 계급과 계급의식은 항상 역사과정의 마지막 단계의 것이지 처음 단계의 것이 아니다"[19]라는 것이 문화주의 마르크시스트 사가들의 견해였다. 이들이 독보적으로 '아래로부터 위로의 역사(history from the bottom up)'를 추구하게 된 것은 결코 우연한 일이 아니었다고 하겠다.

그렇다면 톰슨은 그에게 있어서의 민중 즉 노동계급의 실체를 어떻게 규정했을까. 이에 관한 그의 방대한 논의의 의도는 노동계급에 대한 당대의 두 대립적인 견해 모두를 비판하고 그 대안을 찾는데 있었다. 흔히 스탈린주의로 대표되는 '천박한 마르크스주의'(Vulgar Marxism)에 따르면, 노동계급은 자본주의적 생산관계라는 '구조'의 자동적인 사회적 산물로서, 이들은 공산당과 당이론가들에 의해 제시된 계급의식을 당연히 가지고 있고 또 가져야만 한다고 상정되었다. 반면에 다렌도르프(R. Dahrendorf)와 같은 서구의 사회과학자들은 노동계급을 자본주의 체제의 안정화를 위해 그것에 부여된 고유 기능을 수행하는 하나의 정태적 구성요소로 이해하였다. 그러나 톰슨에 있어서는 우선 사회계급이 구조나 범주가 아니라 실제적 인간관계 속에서 형성되는 '역사적 현상'으로서, 고정된 물체(thing)가 아니라 역동적인 관계(relationship)였다. 따라서 계급은 '사회적 문화적 형성물'인 바, 이는 일군의 사람들이 특정한 역사적 상황 하에서 공통의 '경험'

---

18) E. Hosbawm, "Comments", *Review*, 1, (1978), 162

19) E. Thompson, "Eighteenth-Century English Society : Class Struggle without Class?, *Social History*, vol 3, no. 2, (1978), 147~149.

을 통해 자신들의 이해관계가 일치함을 느끼고, 또한 다른 사람들의 이해관계가 자신들의 그것과 상이함을 분명히 깨달을 때 비로소 존재하게 된다는 것이었다.[20)]

"계급은 주체인 인간과 구조인 환경 사이의 끊임없는 상호작용에 의해 형성되는 공동결정(co-determination)의 산물이다. 결국 계급은 그들 자신의 역사를 살아가는 사람들에 의해서만 규정되는 바, 이것이 계급에 관한 유일한 정의이다. 계급은 그것이 만들어진 만큼이나 그 자신을 만들어왔다"[21)]라는 것이 사회계급과 계급형성의 과정에 대한 톰슨의 인식이었다. 종래의 마르크스주의 역사서술에서 거의 도식적으로 해석되었던 것과는 달리, 노동계급의 형성과정이 역동적 능동적 과정이며, 노동계급은 역사의 물결에 수동적으로 휩쓸리는 '얼굴없는 희생물'이 아니고, 오히려 자신들의 굳건한 전통에 기초하여 역사의 다양한 전개과정에 주체적으로 대응하는 자의적인 사회세력이라는 것이 그의 일관된 지론이었던 것이다.

톰슨 사론의 독특성은 "계급이란 경제적 형성물인 동시에 문화적 형성물이다. 이들을 분리하여 전자의 측면에 이론적 우위를 부여하는 것은 불가능한 일이다"라는 지적에서 알 수 있듯이, 경험 · 가치와 같은 문화적 요인들에 대한 그의 고유한 인식에서 두드러지게 확인된다.[22)] "생산양식이 계급을 결정한다는 점은 공통의 경험에 의하지 않고는 파악되기 어렵다. 사회적 존재에 의한 사

---

20) Thompson, *The Making*, 8~10.

21) 위의 책, 10~11.

22) Thompson, "Folklore, Anthropology and Social History", *Indian Historical Review*, 3, (1977), 247~266.

회적 의식의 결정은 이 같이 공통경험의 과정이 진행되는 가운데 이루어진다"[23]라고 그는 밝혔다. 또한 그는 가치의 유물론적 검토에 관해서도, 그 필요성과 더불어, 그것이 관념적 명제들에 의해서가 아니라, 삶의 양식, 생산관계 및 가족관계와 같은 문화의 구체적 토양에 비추어 이루어져야 한다는 점을 강조하였다. "이는 가치가 이데올로기적 착색으로부터 독립된 무엇이라는 이야기가 결코 아니다. 이 점은 자명하다. 인간의 경험 그 자체가 계급적 방식으로 구조화되는 터에 어떻게 가치가 독립적일 수 있겠는가. 그러나 이로부터 가치가 이데올로기로서 부과된다고 추정한다면, 이는 사회적 문화적 전 과정을 잘못 해석하는 것이다"[24]라고 그는 주장하였다. 기든스(A. Giddens)의 표현을 빌리면, 의식의 '상호의존적 구조화 이론'을 그는 가지고 있었다.[25] 톰슨에 의하면 물질적 요구 못지않게 가치도 항상 모순의 장, 즉 상이한 세계관들 사이의 상호투쟁의 장이었던 것이다.

삶의 공통경험 내지 가치형성 과정의 한 중요한 요소일 수밖에 없는 종교 역시 톰슨의, 비록 중립적은 아닐런지 몰라도, 매우 객관적인 검토의 당연한 한 일부였다. 그 자신 감리교 목사의 아들이기도 했던 톰슨은 당시 노동계급의 종교로 대두한 감리교의 영향에 대해 비판적 시각을 감추지 않았다. 한편으로 감리교는 집단적인 정기모임과 예배의식을 통해 노동자들의 공동체 의식과 유대감 형성에 기여한 바가 있지마는, 동시에 그것은 산업시대의 작업기

23) Thompson, *The Making*, 7~10 ; *Poverty of Theory*, 170, 229~242, 289~295 등 참조.

24) Thompson, *Poverty of Theory*, 175~176.

25) Kaye, 『영국의 마르크스주의 역사가들』, 273~274, 291~292 등 참조.

율을 강조하고, 정치적 보수주의와 과도한 집단 감성주의(emotionalism : 방언, 통곡, 울부짖음 등)에 경도됨으로써 반혁명의 심리, 정서적 자학, 정신적 도피 내지 자위 등을 낳는데 적지 않은 역할을 했다는 것이다. 그가 영국 비국교도(non-conformist)의 자유정신을 한 의미 깊은 문화적 전통으로 간주했음을 감안한다면, 이 같은 비판적 분석은, 오늘의 과제이기도 한, 종교에 대한 역사학적 접근이 어떻게 부정과 맹신이라는 관념적 양극을 극복할 수 있을 것인가를 구체적으로 시사하고 있다.[26]

톰슨을 통해 일별해 본 이른바 문화주의 마르크시스트 사가들의 '아래로부터 위로의 역사'는 분명 '입장이 있는 역사(committed history)'였다. 그럼에도 불구하고 이들은 결정론적 역사해석을 지양하여 사회계급과 구조 등을 역동적 과정으로 규정하였고, 문화와 가치 심지어 법률과 종교의 개념까지 매우 복합적으로 정의하였다. 이를테면 이들은 인간 경험의 주체적 능동성 내지 자율성이 역사의 전개과정에서 점하는 중요성을 인정하는데 조금도 인색하지 않았다. 톰슨의 저작은 그 이념의 탁월성을 통해서가 아니라, 그것이 구사한 방대한 사료, 풍부한 내용, 정교한 분석과 서술 그리고 논점의 창의성 등과 같은 학문적 탁월성을 통해서 충분한 설득력을 드러내고 있다. 사실 그가 역설한 '이론에 대한 사실의 종국적 우위'[27]야말로 전통적 역사주의자들의 신앙 그 자체이기도 했다.

그리하여 앤더슨을 비롯한 일련의 구조주의 마르크시스트들이,

---

26) Thompson, *The Making*, 33~34, 51~57, 385~417.
27) Thompson, *Poverty of Theory*, 32~33, 44~46 ; "Interview with E. P. Thompson", *Radical History Review*, 3, (1976), 16.

톰슨류의 사론에 대해 주의주의(voluntarism) 내지 주관주의(subjectivism)의 함정에 빠질 위험성을 거듭 제기했다는 점도 충분히 이해될 만하다. 그럼에도 불과하고 만약 우리가 톰슨류의 역사해석이 함의하는 유연한 이념성과 치밀한 방법론을 근거로, 앞으로의 학문적 과제가 될, 이론적 역사학과 실증적 역사학의 생산적인 접목 가능성을 기대한다면, 그것은 단지 지나친 기대에 불과한 것일까.

(2) 아날학파의 역사이론

'정치'와 '사건'을 중심으로 했던 전통적 역사학에 대한 현대 역사학계의 반성이 '경제'와 '구조'를 중심으로 하는 마르크스주의 역사해석만을 낳은 것은 아니었다. 오히려 마르크스주의 사학 못지않게 전후 역사학계에 심대한 영향을 미친 것이, '사회'와 '전체'를 자신들의 역사학적 사고와 서술작업의 핵심적 화두로 삼았던 아날학파의 역사이론이었다.[28] 아날학파와 그들이 표방한 '새로운 역사'는 페브르(L. Febvre)와 블로흐(M. Bloch)가 1929년 『사회경제사 연보(*Annales d'Histoire Economique et*

---

28) 아날학파의 역사이론에 관해서는, 민석홍, 「아날학파의 성립과 이론」『역사와 사회과학』, 이광주 편, (한길사, 1981), 11~57 ; 김응종, 『아날학파』, (민음사, 1991) ; G. Iggers, *New Directions in European Historiography*, (1975) ; T. Stoianovich, *French Historical Method : The Annales Paradigm*, (1976) ; R. Forster, "Achievements of the Annales School", *Journal of Economic History*, vol. 38, no. 1, (1978) ; M. Bloch, *Apologie pour l'histoire*, (Paris, 1974) ; L. Febvre, *A New kind of History and Other Essays*, P. Burke ed., (1973) ; F. Braudel, *On History*, (1980) ; E. Le Roy Ladurie, *The Mind and Method of the Historian*, (1981) 등을 참고할 수 있다.

Sociale)』를 발간하면서 구체적으로 등장하였다. 2차 세계대전의 종식과 더불어 이를 주도하게 된 페브르는 1946년 잡지의 이름을 『연보, 경제, 사회, 문명(*Annales, Economies, Societes, Civilisations)*』으로 바꾸면서, 자신들이 추구하는 '새로운 역사'란 다름이 아니라 '보다 넓고, 보다 인간적인 역사' 임을 분명하게 밝히고 있다.

> 파당 및 파당적 견해에 봉사하는 역사, 그것이 결코 아니다. 인류의 현재적 요구에 입각하여 과거에 문제를 제기하는 역사, 그렇다, 바로 이것이다. 이것이 우리의 교리이다. 이것이 우리의 역사이다.[29) ……인간을 (이론으로) 왜소화시키는 역사는 어리석은 역사이다. 아날의 역사 그것은 인간을 사랑하는 역사이다. 그것의 진정한 이름은 인간사이다.[30)]

페브르에 의하면 역사학은 무엇보다도 인간과학(science de l′homme)이었다. 그런데 역사학의 대상인 인간은 결정론의 지배를 받는 단순한 메커니즘이 아닌 동시에, 시간 안에 있는 사람들(des hommes dans le temps)이었으며, 고립된 개인이 아니라 사회 내의 인간 즉 사회적 인간(homme social)이었다. 따라서 역사학의 주된 관심은 개인의 행위나 사상이 아니라 인간들의 조직인 집단 내지 사회인데, 사회를 연구하는 여타의 사회과학과는 달리 역

---

29) L. Febvre, "Face au vent, Manifeste des Annales nouvelles", *Annales*, (1946), 8.

30) Febvre, "De l′histoire au martyr, Marc Bloch 1886-1944", *Annales*, (1945), 5.

사학은 이 사회적 인간을 '시간 계열 속에서' 그리고 '전체적'으로 파악하는 학문이라는 것이다. "진정한 의미에서는 경제사니 사회사니 하는 것이 따로 존재하지 않는다. 오직 완전히 통일된 역사가 있을 뿐이다. 역사란 한마디로 정의를 내린다면 사회적이다"[31] 라는 것이 블로흐, 페브르 등의 1세대 아날의 기본적 신조였다. 그리고 이것은 2세대 아날의 대표인 브로델의 "역사란 모든 가능한 역사의 종합이다. 역사가의 유일한 잘못은 이 같이 종합적이고 전체적인 역사의 한 부분을 다른 부분을 희생시키며 선택하는 것이다. 역사의 통일성은 마치 인간의 삶이 다양하면서도 또한 하나(une)인 것과 같다"[32] 등의 학문적 신앙고백을 통해서 아날학파의 역사이론의 가장 특징적인 성격의 하나가 되었다.

'사회적 인간의 전체사(l' histoire totale)적 재구성'이라는 아날의 학문적 추구는, 흔히 직관주의적 신비주의적 방법론에 의존하는 전체주의자(holist)에게는 물론, 전통적 문헌고증적 역사학계에도 엄청난 충격을 주었다. 그 충격의 정도는 『프랑스 농촌사의 기본성격』, 『봉건사회』, 『역사를 위한 변명』 등의 저작에서 드러나는 블로흐 사학의 독특성을 일별하더라도 여실히 짐작된다. 왜냐하면 그는 사료 범주의 획기적인 확대, 사실구성상의 회기적 방법(regressive methode), 비교사적 이해, 유형적 접근, 토지와 인간의 관계를 통한 경제와 인간관계의 조명, 섬세한 정신과 심리

---

31) Febvre, "Vivre l' histoire", *Combats pour l' hisotire*, (1953), 20 ; Bloch, *Apologie*, 4 등 참조.

32) F. Braudel, "Histoire et sciences sociales, La longue duree", *Annales*, 13, (1958), 734 ; "Sur une conception de l' histoire sociale", *Annales*, 14, (1959), 319 등.

학적 이해의 중요성에 대한 강조, 집단기억의 분석을 통한 인간과 인간관계의 재구성, 역사학과 사회과학의 통합, 역사인류학적 방법론의 실천적 제시 등 비전통적이라 할 다양한 접근을 통해, 『봉건사회』의 서문에서 스스로 밝힌 대로, "사회의 구조와 그것의 제 관계를 분석하고 설명함으로써, 사회구조의 다원적 제 측면을 총체적으로 재생"시키고자 했기 때문이다.[33]

단편적이기는 하지마는 몇몇 연구성과들을 구체적으로 들어 보는 것이 유용할 것 같다. 이를테면 블로흐는 봉건제도의 진정한 성격을 가신제와 장원제가 아니라 혈연관계와 가신제라는 특수한 인간관계의 구조화에서 찾았으며, 경제의 하부구조적 기능이란 인간관계의 복합적 성격 가운데 '창백한 이미지'에 불과하다고 밝혔고, 사회구조에 대한 연구의 출발점은 경제와 심성에 대한 분석이라고 주장하였다. 뿐만 아니라 르 고프(J. Le Goff)는 13세기에 이루어진 꿈꾸는 권리의 민주화가 중세의 문학과 예술 그리고 상상력에 큰 영향을 미쳤다고 지적하는가 하면, 12세기 말엽에 확립된 신학상의 연옥 개념이 13세기 이후 한 사회세력으로 대두하고 있던 고리대금 업자들에게 '구원의 길'을 보장함으로써 결과적으로 자본주의의 성장이 촉진되었음을 제시하기도 하였다.[34] 분명이 같은 역사상은 전통적 역사학으로는 물론 마르크스주의적 역사

33) Bloch 저, 한정숙 역, 『봉건사회 1』, (한길사, 1986), 128~175, 205~285 ; 양병우, 「블로크의 비교사학」『현대 역사이론의 조명』, (정문연, 1984), 159~175 등 참조.

34) J. Le Goff, "Dreams in the Culture and Collective Psychology of the Medieval West", *Time, Work & Cuylture in the Middle Ages*, tr. A. Goldhammer, (Chicago, 1980), 201~204 ; *Medieval Callings*, tr. L. Cochrane, (Chicago, 1987), 248~252, 270~275 ; 민석홍, 앞의 글, 17~19 ; 김응종, 앞의 책, 183~186 등 참조.

해석으로도 포착하기 어려운 '새로운 역사학' 이었다.

1956년 페브르의 타계 이후 아날학파를 주도하게 된 인물은 브로델(F. Braudel)이었다. 그는 1세대가 넘겨준 역사학과 사회과학의 협업, 전체사에의 추구, 인간중심의 역사 등의 지적 패러다임을 한편으로는 고스란히 물려받았다. 동시에 그는 『필립 2세 시대의 지중해와 지중해 세계』, 『물질 문명, 경제 및 자본주의』 등의 거작을 통해서 전체사적 역사서술의 한 전형을 실증적으로 제시하였다.[35] 이를테면 아날학파의 역사이론은 브로델의 작업을 통해서 그 독특한 모습과 한계를 구체적으로 드러냈다고 하겠다. 브로델에게 있어서 인간과학으로서의 역사학의 성격은 무엇보다도 '간학문적(inter-disciplinary)' 이라는 데 있었다.

> 살아 있는 인간이란 있는 그대로의 복합적이며 혼돈된 인간이다. 따라서 이 같은 복합적 단일체로서의 인간과 인간사회에 접근하는 방법은 마땅히 전체적 총체적이어야 한다. 우리에게는 완전히 둘러막힌 인간과학이란 없다. 모든 인간과학은 그 하나하나가 저마다 사회의 전체성에 이르는 하나의 문이다. 그것은 모든 방, 모든 층으로 가는 문이다. 우리는 이 모든 문화, 모든 계단을 이용하도록 하자.[36]

---

35) Braudel, "Personal Testimony" ; H. R. Trever-Roper, "Fernand Braudel, the Annales, and the Mediterranean" ; J. H. Hexter, "Fernand Braudel and the Monde Braudellien" 등의 글이 함께 실린, 「History with a French Accent」, *Journal of Modern History*, vol. 44, no. 4, (1972) 및 나종일, 「브로델의 전체사」『세계사를 보는 시각과 방법』, (1992), 211~268 등은 브로델의 사론을 알아보는 데 매우 유용하다. 브로델의 거작 『물질문명과 자본주의』, 주경철 역, (까치글방, 1996)으로 현재 4책으로 역간되어 있다.

…… 역사학은 비단 인간과학들 가운데 하나일 뿐만 아니라 그들의 정상에, 적어도 그들의 중심부에 자리잡고 있다. 역사학이 인간과학의 모든 중요 분야와 대화를 나누어야만 하는 것은 그것이 인간과학의 통합이라는 과업을 맡고 있기 때문이다. 바로 이 과업을 통해서 역사학은 오늘날의 세계를 이해하는 데 어떤 실질적인 공헌을 하게 된다.[37] …… 요컨대 이제 역사가와 사회과학자 사이에 지난날의 장벽과 차이를 생각하지 말자. 역사를 포함한 모든 인간과학은 상호간에 영향을 받고 있다. 이들은 모두 같은 언어로 말하고 있거나, 적어도 말할 수 있어야 한다.[38]

브로델에 따르면 역사학이야말로 인간과학의 중심으로서, 모든 사회과학을 통합하여야 하고 또 통합할 수 있는 보다 총체적인 학문이었다. 얼핏 역사학의 제국주의 선언으로 들릴 정도이다. 그런데 여기에는 이유가 없지 않았다. 그에 의하면 역사학만이 근본적으로 시간지속(la duree)과 직결된 유일한 학문이기 때문이었다. "시간지속이란 시간 그 자체를 의미하지는 않는다. 그것은 차라리 어떤 시간의 단위 내지 어떤 기간 동안 지속되는 시간의 폭을 의미한다"[39]고 밝혔던 그는, 이 같은 시간지속과 이에 상응하는 역사서술의 지평을 세 유형으로 대별하였다.

표층에 사건사(histoire evenementielle)가 시간상의 단기지속

36) Hexter, 앞의 글, 498~499 ; Trever-Roper, 앞의 글, 474 참조.
37) Hexter, 앞의 글, 499~500.
38) Braudel, "Histoire et sciences sociales", 734.
39) Hexter, 앞의 글, 502.

(la duree courte) 안에 자리잡고 있는데, 이는 일종의 미시적 역사이다. 그리고 좀 더 크고 느린 리듬을 따라 움직이는 주기변동의 역사(histoire conjoncture)가 있다. 이는 주로 인구, 물질생활, 경제적 주기 등의 측면에서 연구되어 왔다. 같은 꽁종뛰르(주기변동)에 대한 서술 너머에 모든 세기들 전체를 문제 삼는 구조사(histoire structurale) 또는 장기지속의 역사(l' historir du longue duree)가 있다. 이는 움직이는 것과 움직이지 않는 것 사이의 경계에 자리잡고 있는데, 오랫동안 고정되어 있어서 다른 역사(단기지속 및 꽁종뛰르의 역사)들에 비해 변하지 않는 것처럼 나타난다.[40)]

브로델에 의하면 전통적 역사학은 무엇보다도 개별적이고 극적이며 새로워 보이는 단기지속적인 '짧은 시간(le temps court)'에 관심을 집중시켜 왔다. 그러나 이는 과학적 고찰에 필요한 '역사의 깊이'를 가지지 못한 연대기 작가와 신문기자들의 시간단위였다. 그리하여 그는 정치사니 사건사니 하는 것이 단기지속을 훨씬 넘어서는 시간과 사건의 전체적 연쇄, 즉 서로 분리될 수 없는 기저의 현실 내지 실체와 결부되어 전체사의 일부로 확장되지 않는 한, 그것은 단지 위험한 지적 유희에 지나지 않는다고 생각하였다. 이에 그는 역사가들이 이러한 한계를 극복하기 위해서는 사회적 현실을, 사건이나 개인을 설명하는 데 필요한 배경적 부수적 요소로서가 아니라, 그 자체로서 연구하여야 한다고 주장하였던 것이다. 다시 그를 인용해 보기로 하자.

40) 나종일, 앞의 글, 235에서 인용.

> 역사가들이 사건사에서 벗어나 사회적 현실을 그 자체로서 연구하게 된 것은 금세기 초엽부터의 일이다. 이는 흔히 정치사 대신 경제사와 사회사를 중시하는 경향으로 나타났으며, 접근방법의 변화 또한 불가피하게 만들었다. 하루 또는 일년 등이 문제인 지난 날의 정치사와는 달리 인구발전, 가격곡선, 임금변동, 이윤율 변화, 화폐유통의 분석, 경기변동 등에 대한 이해는 보다 넓은 시간단위를 요구한다. 이에 10년, 20년 또는 50년의 주기 및 간주기에 관한 새로운 양식의 역사서술 즉 꽁종뛰르의 역사가 나타나게 된 것이다.
>
> 하나의 사회적 운동은 다른 사회적 운동들에게도 영향을 미쳐 하나의 율동적 형태를 취하게 되는데, 이 같은 사회적 운동들의 집합이 바로 꽁종뛰르이다. 꽁종뛰르는 물가, 인구, 임금, 생산성, 정치제도 등과 같이 경제나 정치나 사회에 관한 것만이 아니라, 의식활동, 집단정신, 범죄의 증감, 미술의 유파, 문화의 시조 등 제각기 다른 성장과 생활의 리듬을 가진, 문명의 여러 분야에 관련된, 다양하고 복합적인 사회현상이다.[41]

뿐만 아니라 브로델은 역사학이 통합과학으로서의 역할을 다하려면 꽁종뛰르의 역사를 통한 사회적 현실에의 추구로부터, 마땅히 구조적 접근에 기초한 '장기지속의 역사'에로 나아가야 한다고 강조하였다. 그러나 이 경우 브로델의 구조는 사회구조니 경제구조니 하는 사회과학적 개념과는 달리 무엇보다도 시간지속적 측면에 규정된 개념이었다. 그에 의하면 '구조'란 거의 움직임이 없고, 시간이 쉽사리 소멸시킬 수 없으며, 인간의 삶을 가능케 하고 지탱

---

41) Braudel, "Histoire et sciences sociales", 729~730.

해 주는 기본 틀인 동시에, 인간의 자유로운 활동과 역사의 급격한 변화를 저지하는 한계 내지 제약이었다. 일종의 넓은 의미의 사회와 역사의 존재조건으로서 하부구조라고나 할까.[42] 아무튼 그는 이 결정적인 역사의 구조를 '장기지속(la longue duree)'이라 부르고, 지리적 환경, 자연적 조건, 생물학적 현실, 생산성의 일정 한계, 물질생활, 사고 및 행동의 오랜 관습, 샤머니즘 및 습속과 같은 정신적 제약 등을 여기에 포함시켰다.

예를 들어보기로 하자. "인간이란 언제나 해 오던 방식대로 밀을 파종하고, 옥수수를 심으며, 벼논을 고르고, 동식물을 사육하고, 음식물을 조리한다. 이처럼 반복적이고 경험적이며, 까마득한 옛날부터 전해 내려오는, 그리하여 인간이 거의 무의식적으로 행하는 일상적 생활의 관례들이 있다"라고 밝히고, 바로 이와 같은 것들이 물질문명이라 불리는 경제적 영역에서의 장기지속 내지 구조라고 생각하였다. 따라서 장기지속의 역사란 이러한 구조가 인간의 활동과 삶에 부과하는 모든 제약들에 관한 역사라는 것이다.[43] 아날 사학이 의식주 등의 일상적 물질생활에 보다 많은 관심을 가지며, 개인보다는 집단에, 역사적 인물보다는 익명의 대중에, 위대한 사상보다는 집단의 기억 내지 집단의식에 보다 많은 관심을 기울였던 것은 오히려 당연한 결과였다고 하겠다.

"나는 기질적으로 구조주의자이다. 사건들에는 거의 끌리지 않

---

42) 위의 글, 731·734 ; S. kinser, "Annalist Paradigm-The Geohistorical Structuralism of Fernand Braudel", *AHR*, vol. 86, no. 2, (1981), 102 등 참조.

43) 브로델 저, 주경철 역, 『물질문명 1-1』, 18~20 : Hexter, 앞의 글, 505 등 참조

으며, 동일한 표징을 가진 일군의 사건들 즉, 꽁종뛰르(주기변동)에는 단지 절반 정도만 끌린다"[44]라는 브로델 자신의 독백은 그의 사론의 진정한 독창성이 어디에 있는가를 잘 말해 준다. "만약 역사학이 시간지속 안에서 전개되는 모든 움직임들에 대해 특수한 관심을 가져야 할 사명을 가지고 있다면, 장기지속이야말로 여러 사회과학들과 더불어 공동의 관찰과 성찰을 수행하는 데 가장 유용한 지평이다. 장기지속은 역사를 현재에 결부시킴으로써 하나의 불가분한 전제를 만들어 내는 가장 유용한 언어이다"라는 것이 그의 지론이었다.[45] 복합적 단일체인 '사회적 인간'의 삶을 총체적으로 해명하고자 했던 브로델은, 한편으로는 역사학과 모든 인간과학 특히 사회과학과의 장벽을 허물어 내림으로써, 그리고 다른 한편으로는 시간지속이라는 새로운 개념의 방법론으로써, 이를 추구하였다. 그에 의하면 통합과학으로서의 역사학 내지 역사학의 전체성은 단기지속적인 사건들과 중기지속인 꽁종뛰르들이 하부구조인 장기지속의 틀 안에서 유기적으로 결부될 때 비로소 이룩되는 무엇이었다.

비록 페브르, 블로흐 등 1세대 아날의 추구가 사회적 질적 종합이었음에 비해, 2세대인 브로델의 그것은 물질적 계량적 종합이었다는 특징적 성격의 차이에도 불구하고, 전체사에의 추구는 분명 아날학파의 유서 깊은 전통이었다. 그러나 이 같은 전통은 흥미롭게도 아날학파 내부의 3세대들에 의해, 전체사의 추구가 혹 실현 불가능에 가까운 이상은 아닐까 하는 의문이 제기됨으로써 급속히

44) 브로델, 『지중해 2』, 520 (김응종, 앞의 책, 97에서 인용).
45) Braudel, "Histoire et sciences sociales", 751~752 ; 나종일, 앞의 글, 248~249 참조.

흔들리게 되었다. 이 점은 3세대 아날인 퓌레(F. Furet)의 지적을 통해서도 분명하게 확인된다. "(전체사적 역사서술을) 지평선에 있는 목표로 간직할 수는 있다. 그러나 만약 역사학이 전진하기를 바란다면, 이 같은 의도를 출발점으로 삼는 일은 버려야 한다고 나는 말하고 싶다. 오늘날의 역사서술은 그 목적을 제한하고, 그 사실을 한정하고, 그 자료를 될 수 있는 대로 조심스럽게 구성하고, 기술할 때에 비로소 전진할 수 있다"라는 생각이 젊은 아날들의 견해였던 것이다.[46)]

퓌레의 지적은 70년대 이후 새로운 아날들이 브로델류의 현란한 지적 모색을 사실상 포기하고, 자신들의 탐구를 세분된 영역에서 보다 전문화 내지 특수화하게 된 경위를 단적으로 설명해 준다. 아마도 경제사의 퇴조 및 사회사적 접근의 다변화에 뒤이어, 작금의 아날학파가 보인 가장 두드러진 연구동향은 심성사(l' histoire des mentalites)의 진전일 것이다. 60년대의 망드루(R. Mandrou) 이래로 심성사 영역은 아리애스(P. Aries), 뒤비(G. Duby), 르 고프(L. Goff), 보벨(M. Vovelle) 등을 거치면서, 지식의 역사, 종교적 정치적 상징체계의 역사 등으로 분화되고 심화되었다.[47)] 그 밖에도 아귈롱(M. Agulhon) 등에 의한 정치사의 복권, 쇼뉘(P. Chaunu)에 의한 계열사(histore serielle), 르 롸 라뒤리(Le Roy Ladurie)의 역사인구학적 신맬더스주의, 르 고프의

---

46) F. Furet, "Quantitative History", *Daedalus*, 100, (1971), 162~162. 이 측면에 관해서는 브로델도 3세대 아날의 견해가 자신의 그것과 판이함을 잘 알고 있었다 ; Braudel, "Personal Testimony", 467 참조.

47) 최갑수, 「미셸 보벨의 역사체계」『역사가의 역사인식』, (민음사, 1989), 285~316 ; 「프랑스 역사연구의 최근 동향」『서양사론』 32, (1989), 172~192 등 참조.

문화인류학적 문화사 등과 같이 아날학파는 역사학의 새로운 영역을 개척하는 데 의미 깊은 기여를 하였다.

그럼에도 불구하고 여전히 문제는 남는 것 같다. 아날학파에 대한 오랜 비판 즉 이들의 역사이론이 인식론적 전환이 아니라 방법론적 전환에 불과하다는 지적은 이미 문제가 아니다. 차라리 문제는 이들의 방법론이 단순한 절충주의가 아니라, '시간의 지속'과 '사건의 변화'를 제대로 담아내는 유용한 도구인가 하는 보다 근본적인 데 있다. 사실 아날학파의 주된 관심과 성과는 변화가 거의 없거나 매우 완만한 18세기 이전 사회에 집중되어 있다. 그리하여 '지속과 구조'를 근간으로 하는 이들의 방법론이 19세기 이후 산업사회가 겪은 '급격한 변화와 이에 수반된 문제들'에 관해서는 적용되기 어려운 것이 아닌가 하는 의문을 낳게 한다. 다시 말해서 '지속과 변화의 변증법'에 관한 아날사학의 '이론'이 과연 있는가, 만약 있다면 그것이 무엇인가 하는 의문이 여전히 미결의 장이라는 말이다. "아날학파의 역사학이야말로 오늘날 어느 역사가 집단보다도 훌륭한 과학적 역사학의 모델이 되고 있다"[48]라고 밝히면서도, "(그러나 이들은 여전히) 사회변동에 대한 포괄적인 이론을 결여하고 있다"라고 한 이거스(G. Iggers)의 지적이 설득력을 가지는 근거도 여기에 있을 것이다.[49] 그러나 비단 이것이 아날학파만의 비극은 정녕 아닌 것 같다. 사실 '장기지속'의 역사가였던

---

48) G. Iggers, *New Directions in European Historiography*, (1975), 79 ; L. Stone, "History and the Social Science in the Twentieth Century", *The Future of History*, F. Delzell ed., (1977), 11 역시 참조

49) G. Iggers, "Die Annales und ihre Kritiker", *Historische Zeitschrift*, H. 219/3, 604~605 ; 민석홍, 앞의 글, 24~26 등 참조

브로델의 종국적 관심도 '변화'에 있지 않았던가.[50] 따라서 '지속과 구조'에 대한 정교한 계량적 분석에 입각하는 아날 사학의 종국적 목표도 '움직임이 없는 역사(l' histoire immobile)' 그 자체일 수는 없다. 오늘날 아날학파의 과제로 왕왕 지적되고 있는, '지속과 변화의 변증법에 관한 체계적 이론', 어쩌면 그것은 현대 역사학계 전체가 나누어져야 할 운명 바로 그것이 아닐까.

3) 반성과 전망

현대 역사학 특히 전후의 그것은 전통적 역사주의 사학에 대한 위기감을 그 지적 토양으로 한 것이었다. 역사주의 역사서술이 과거에 대한 비판 없는 경건을 조장하고, 국가주의적 지평에 함몰했기 때문에, 이에 대한 비판적 반성이 역사주의의 전통 즉 과거 사실의 객관성에 대한 일차원적 인식 및 사건중심적 정치사에의 극복을 추구하게 된 것은 오히려 당연한 일이었다. 과학적 역사학의 절대적 기초일 수밖에 없는 '사실의 객관성' 그 자체에 대해 비코(G. Vico) 이래로 제기되어 온 인식론적 문제의식은 베어드 류의 상대주의를 거쳐 오늘날 헤이든 화이트(H. White) 류의 해체주의에 이르기까지 나름의 지적 전통을 가지게 되었다. 그리하여 이들은 역사학의 현재성과 비판성을 강조하고, 문화과학으로서의 역사학을 설득하는 등 의미 있는 기여를 하였다. 단지 해체주의자들에 의해 제시된 '사실의 허구성' 내지 '역사의 상상력' 등이 직업적 역사학자들에 대한 보완적 비판을 넘어 독자적인 생명력을 확보하기 위해서는, 나름의 이론에 입각한 보다 많은 구체적 성과들이 요

---

50) Braudel, "Histoire et sciences sociales", 748~749.

구되는 바, 이는 앞날의 일일 것으로 기대되고 있다.

한편 사건과 정치중심의 역사주의적 역사서술 관한 한, 이에 대한 비판을 우리는 마르크스주의 역사학과 아날학파의 역사이론으로 대별해서 검토하였다. 먼저 경제결정론적 마르크스주의 역사해석은 오늘날 현실 사회주의 체제의 와해와 더불어 그 설득력을 더더욱 상실하였다. 그럼에도 불구하고 '일정한 입장' 을 가지면서도 거시적 이론과 실증적 역사를 접목시킴으로써, 구조의 다양성과 그 탄력적 결정성을 제시하고자 했던 앤더슨류의 시도는 여전히 의미가 없지 않아 보인다. 더욱이 지금까지 거의 간과 되어 온 민중집단의 정치적 능동주의 내지 그 자율성에 대한 첨예한 인식을 토대로, 역사의 주체인 인간과 그 구조적 상황 간의 공동결정(co-determination)에 의한 사회변동의 전개를 역동적으로 드러내고자 했던 톰슨 류의 추구는 상당한 의미가 있어 보인다.

이처럼 정치와 사건에 대한 마르크스주의 역사해석의 대안이 경제와 구조였다면, 아날학파가 찾은 대안은 사회와 전체였다. 인간을 고립된 개인이 아니라 사회의 일부로, 그리고 시간 안에 있는 존재로 간주했던 아날학파에게는, 시간지속의 구조를 가지는 사회야말로, '보다 인간적인 학문' 내지 '인간과학의 중심으로서의 역사학' 의 당연한 토대였다. 따라서 아날학파의 역사학적 과제는 사회과학과의 모든 장벽을 허물어 내리고, 이를 다시 단기 · 꽁종뛰르 · 장기라는 세 유형의 시간 틀 안에서 유기적으로 결합함으로써, 복합적 단일체인 인간의 삶을 총체적 전체적으로 조명해 내는 작업이었다. 오늘날 전체사의 구축이라는 브로델 류의 시도는 이미 신화의 일부로 간주되기 시작하였다. 그럼에도 불구하고 아날의 간학문적 학풍은 인간의 삶과 일상적 사회생활에 관련된 거의 모든 정보들을 다양하게 계량화함으로써, 새롭고 세분된 역사학과 획기적인 탐구 영역들을 개척하는데 기여하고 있다. 아날의 성공적인 간학문적 세분화가 역설적이게도 아날학파의 소멸을 초래하게 되었다는 지적이 제기될 정도이다.

사실 앞으로의 역사학에 대한 세밀한 전망은 필자의 능력 밖의 일이다. 여기서는 두 학문 전통에 대한 지금까지의 검토를 통해 제기된 반성을 간략히 지적하는 것으로 이를 대신하겠다. 그런데 필자가 현대 역사학계의 동향을 마르크스주의적 역사해석과 아날학파의 '새로운 역사'를 중심으로 검토한 데는 한 가지 전제가 있었다. 그것은 오늘날도 여전히 직업적 역사가의 다수가 19세기 역사주의 이래로 유서 깊은 전통이 되어 온, 사건 및 개인들에 대한 개성기술적 서술사(narrative)라는 학문전통의 영향을 강하게 받고 있다는 사실이다. 아마도 이 점을 처음부터 밝히는 것이 순서였을 것이다. 그러나 그렇게 하지 않은 이유는 이 점이 너무나 자명한 사실이라고 생각되었기 때문이다. 따라서 앞으로의 역사학의 당연한 출발점이 될 마르크스주의 사론과 아날 사학에 대한 현재적 반성도 기실 그것이 서술사적 학문전통에 비추어 이해될 때 비로소 앞으로의 전망을 위한 어느 정도의 토대나마 갖추는 것이 아닐까 한다.

앞서 필자는 전후 마르크스주의적 역사해석의 흐름들 가운데 몇몇 의미 있는 시도들을 지적하였다. 그러나 이 같은 예들조차 "마르크스의 결정론적 역사해석의 틀 가운데 대부분의 것은 오늘날 근본적으로 무기력한 상태에 있다. 그러나 아무런 결정론적 요소도 가지지 않는 마르크스주의 역사는 사실상 무가치한 것이다"[51] 라는 원론적 반성으로부터 벗어나기 어렵다. 또한 지난 한 세대를 풍미한 아날류의 사회사 역시 "구조적인 해석 및 인류학적 생태학적 고고학적 탐사 등에 지나치게 경도됨으로써, 역사의 과정 자체를 암묵적으로 부정하거나 또는 시간의 지평을 왜곡하고 있다. 이들은 인간적 정치적 제 계기를 거의 무시하며, 특정한 역사적 상황에서 생산과 권력 그리고 착취의 제 관계가 가지는 중심적 규정력을 부정하고 있다"[52]라는 생득적 한계로부터 벗어나기 어렵다.

필자는 이 같은 반성과 한계가 마르크스주의 역사해석은 물론 아날학파의 역사이론 역시 퇴조하고 있는 역사학계의 작금의 실정과 무관하지 않다고 생각한다. 사실 이들 두 역사해석에는 각각 자기모순적인 측면이 처음부터 내재되어 있었다. 모든 결정론적 요소를 배제한 역사이론이란 생각조차 하기 어려우며, 또한 시간지속의 사회사가 변화와 그 의미조차 담아내는 '보다 인간적인 역사'가 되기 위해서는, 구호로서의 '새로운 역사'가 아니라 작업틀로서의 '새로운 이론'이 불가결할 것이기 때문이다. 그러나 필자는 이들의 실험이 반드시 성공적이지는 못했다 하더라도, 결코 무익한 것이었다고는 전혀 생각하지 않는다. 그리하여 앞날의 역사학이 사건의 일회성 내지 그 연대기적 논리에 함몰하여 사건들 간의 실체적 관계 및 이를 움직이는 구조적 계기의 문제는 도외시한 채, 사건기술적 서술을 곧 역사학적 해명으로 간주하는 신실증주의에로 광범위하게 경도되리라고도 전혀 생각하지 않는다.

---

51) R. Williams 저, 이일환 역, 『이념과 문학』 (1982), 83.

52) E. Genovese, *The Fruits of Merchant Capital*, (1983), 187~188. 보다 전면적인 비판적 논의를 위해서는, G. McLennan, "Braudel and Annales Paradigm", *Marxism and Methodologies of History*, (1981), 129~144 참조

이제 우리 모두는 '주체적 자율' 과 '구조적 결정' 이 교차하는, 복합적이며 혼돈된 인간과 그 삶들이 역사학의 영원한 주제임을 충분히 깨닫게 되었다. 따라서 필자는 인간없는 역사가 있을 수 없는 것과 마찬가지로, 이론없는 역사학도 있을 수 없다고 생각한다. 문제는 이론의 깊이와 내용일 것이다. 인간의 자율성과 구조의 결정력을 탄력적으로 조화시킬 수 있는 이론, 다시 말해서 자유에 관한 이야기와 구조에 대한 분석을 동시에 담아내는 역사학이 앞날의 과제인 것이다. 이 같은 맥락에서 볼 때, 인간들의 삶이라는 무한의 영토에서 발굴해 낸 모든 정보들에 대한 사회과학적 분석을 총체적인 인간의 이야기로 재구성해 보고자 하는 '종합적 서술사' 에의 경향은 한 의미 깊은 모색이 될 성싶다. 아니 어쩌면 인간의 삶에 대한 '분석과 서술의 종합' 내지 '총체적 해명' 이란, 브로델의 말대로, '불가능한 이상' 일런지 모른다.[53] 그러나 이 '불가능한 이상' 에의 추구야말로 현대 역사학의 한 위대한 유산이다. 더욱이 이 '분석과 서술의 종합에 입각한 삶의 총체적 해명' 이야말로, 앞날의 역사학도들이 더욱 많은 결실을 그것으로부터 거두어 들여야 할, 결코 포기할 수 없는 역사학의 학문정신 바로 그것이다.

53) 브로델, 『물질문명 2-2』, 654.

* 이 글은 숭실사학회 편, 〈숭실사학〉 11집 (1998) pp.193-220에 실렸던 것을 재정리한 것이다.

3. 한국의 중세 유럽사 연구의 한 실제

1) 머리말

학회의 요청이 있은 다음, 평자로서는 무엇보다도 그간의 연구 성과를 가능한 한 빠뜨리지 않고 소개하기 위해, 나름으로는 이들의 충실한 수집에 힘을 기울였다. 그렇게 하는 것이 국내 서양중세사 연구가 막 본격화하려는 현 단계에서 동학들께 애정과 격려를 표현하는 일차적인 방법이 될 뿐만 아니라, 평자의 의무라고 생각되었기 때문이다. 그럼에도 불구하고 필자의 과문 탓으로 인해, 여기에 언급이 누락된 연구 성과들도 아마 있을 것이다. 이 점 너그러운 이해가 있기를 바란다.

지난 3년(1989~1991) 동안 발표된 중세사에 관한 연구들 가운데 평자가 입수한 글은 박사학위 청구논문 6편, 논문 24편, 비중 있는 연구번역서 4편, 그리고 노작이라고 판단되는 석사학위 청구논문 9편 등이었다. 그러니까 석사학위 논문을 제외하더라도 확인된 연구성과들이 34편에 이르는 데, 이는 1979~1985년(6년) 간의 중세사 논문이 22편이었고, 1986~1988(3년) 간의 연구성과가 42편이었음을 감안할 때, 일단 꾸준한 양적 성장추세가 유지되었음을 말해주고 있다. 특히 1973년의 〈회고와 전망〉이 이번에는 1971년과 1972년 2년간 발표된 중세사 관계 논문수가 단 4편에 불과하기 때문에 이 분야에 대한 검토는 생략할 수밖에 없었다고 보고한 사실에 비추어 보면, 이 같은 동향은 중세사 연구의 앞으로의 학문적 발전을 기대하도록 만들기에 부족하지 않은 것 같다. 더욱이 1차 사료의 심층적 분석에 입각한 수준 높은 박사학위 논문들이 여러 편 있었고, 연구주제에 있어서도 상당한 다변화가 진전되어서 도시사와 여성사를 독립시킬 수 있었으며, 다수의 소장 학자들의 학문적 열의를 충분히 접할 수 있었던 점 등은 매우 고무적인 일이었다.

평자는 그간의 성과들을 사회경제사, 도시사, 여성사, 교황 및 그리스도교사상사, 정치 및 정치사상사, 연구서 이론 및 기타, 그리고 연구번역서로 나누어 정리하면서, 돋보이는 석사학위 논문들의 목록도 이에 따라 분류하여 각 분야의 말미에 덧붙였다. 물론 이 같은 범주화는 작업상의 편의를 위한 자의적인 구분에 불과하며, 또한 논지의 파악에 있어서도 적지 않은 오류가 있을 것이다. 뿐만 아니라 각고의 옥고들의 가치를 잘못 전달하지나 않았는가 하는 두려움도 없지 않다. 단지 평자의 이 같은 시도와 한계가 동학들로부터 많은 질책과 편달을 불러일으킬 수 있다면, 그리하여 보다 생산적인 학문적 대화의 장이 이를 계기로 마련될 수 있다면, 그것은 평자에게 더할 수 없는 보람이 될 것이다.

2) 사회경제사

중세사의 제영역 가운데 국내 연구자들의 가장 많은 관심을 집중시켜 온 영역이 사회경제사였다. 이번에도 이 분야는 도시사와 여성사를 독립시키고도 8편의 논문과 1편의 박사학위 논문이라는 수준급의 다산성을 과시하였다. 더욱이 1차 사료의 면밀한 분석에 입각한 질적으로 우수한 연구들이 여러 편 발표된 점은 매우 반가운 일이 아닐 수 없다. 특히 이기영씨는 〈고전장원의 공간적 기본구조와 크기〉, 서양사연구, 11집, (1990)와 〈고전장원제하의 농업경영 : 9~11세기 세느강과 라인강 사이 지역을 중심으로〉, (서울대 대학원, 1990) 그리고 〈고전장원제하의 농업노동력〉, 서양사론, 37집, (1991)을 집필함으로써 왕성한 연구열을 보여주고 있다. 이 연구들은 씨가 그동안 꾸준히 추구하여 온 초기 봉건사회에 대한 누적된 관심의 산물들로서, 고전장원에 대한 경제적 검토라는 일관된 연구시각이 세 편의 논문 모두를 관통하고 있다. 이에 평자는 씨의 학위논문을 중심으로 세 편 모두에서 표명된 견해를 함께 다루도록 하겠다.

먼저 씨는 9~11세기 세느강과 라인강 사이 지역에서는 대토지 소유제가 지배적이었고, 이들의 71~99퍼센트가 이른바 고전장원이었다고 지적하였다. 이 고전장원은 인구부족, 농업노동력의 부족을 그 사회적 기초로 하고 있고, 소유제면에서는 영주 사유지와 농민 공동지로 그리고 농경지를 중심으로 보면 영주지와 농민 보유지로 2분되며, 지대의 형태는 주로 경작부역이었다. 씨에 따르면 고전장원은 2분적 노동지대 장원으로 규정될 수 있었다.

또한 씨는 고전장원의 평균 농경지가 364헥타르 그리고 임야, 황무지 등 비농지가 1000헥타르에 이르는 대규모의 것임도 실증적으로 산정하였다. 특히 농민은 경작부역과 지대 이외에도 불입권(*immunitas*)을 토대로 한 영주의 금지권(ban)에 의해 각종 세금을 수탈당하였다. 여기에는 농지세, 포도주세, 방목세, 산림세 등의 토지세와 가축세, 상속세, 인두세, 결혼세, 통행세 등의 비토지세가 포함되는데, 이들 비토지세는 영민의 예속성을 잘 드러내는 것이었다.

씨의 날카로운 분석은 농업노동량에 대한 계량화에서 유감없이 발휘되고 있다. 농업노동력의 총량 가운데 농노노동의 비율이 2/3, 노예노동이 1/4 그리고 부분부역노동이 6퍼센트 정도를 차지하였다고 산정한 씨는, 다시 이 같은 봉건적 성격의 노동을 농민

부담의 총량에 대한 비율로 환산하는 경우, 그것은 농민의 개인별 총 노동량 가운데 78퍼센트에 해당된다고 추정하였다. 다시 말해서 농민이 자신의 총 노동시간 가운데 자신과 가족의 생존을 위하여 할애할 수 있는 시간은 22퍼센트 이하에 지나지 않았다. 따라서 고전 장원제는 농민의 노동을 철저히 착취함을 그 목적으로 하는 체제였다고 씨는 평가하였다.

뿐만 아니라 씨는 고전장원제하에서 3포제의 보급, 철제 농기구 사용의 확대, 도리깨, 물레방아, 축력수레 등 농경기술의 개량이 있었고, 그리하여 농업생산성의 향상이 있었음도 지적하고 있다. 그러나 씨는 고전장원제의 전 기간을 통하여 곡물재배의 생산성이 1:2 내지 1:3의 수준을 넘어서지 못했다고 밝혔다. 그 밖에도 씨는 고전장원제의 주요 특징으로서 주곡식 유축농업, 자급자족적 현물경제체제, 영주의 생산독점 및 농민의 소농생산체제 즉 소유형태와 생산형태의 기본 모순, 농업기술상의 획기적 발전과 기본적 저생산성, 농민의 잉여노동의 철저한 착취, 농촌공동체적 요소 그리고 경제외적 강제가 보여주는 영주에 대한 농민의 종속(씨는 이를 철저한 정치적 인신적 지배예속의 권력관계이자 계급관계라고 규정하였다) 등을 제시하고 있다.

이 같은 연구성과들은 우리네 중세사 연구자들이 처하고 있는 연구풍토의 척박함, 사료의 한계, 개념과 언어 등 연구수단의 미비 등을 고려할 때, 초기 봉건사회를 해명함에 있어서 탁월한 독보적 기여임에 분명하다. 사실 농업사회였던 이 시기 농경구조의 핵심이 고전장원이므로, 이에 대한 세밀하고 명확한 구명은 이 시기 역사상의 정립에 필수적이다. 다만 씨가 강조하고 있는 고전장원의 수탈성의 경우 그 비교대상이 시간적 공간적으로 확대될 때, 보다 많은 설득력을 가지게 되지 않을까 하는 점이다. 고전장원이 농민에 대하여 얼마나 효과적인 착취의 수단이었던가 하는 문제는, 그것이 어떤 추상적인 기준에 의해서가 아니라 고대 노예 및 당시의 비고전장원제하의 토지경작자 계층의 수탈 정도라는 폭넓은 비교사적 맥락 하에서 더욱 역사적 실체감을 확보하게 될 것이다.

끝으로 사족을 덧붙인다면, 씨가 제시하고 있는 고전 장원제의 상이 다소 정태적이지 않은가 하는 점이다. 고전장원의 다양성과 그것에 내재하고 있던 변화에의 동력 및 초기 봉건사회에서 차지하는 고전장원 자체의 비중 등이 함께 해명된다면, 그것은 고전 장원제 사회의 역동성에 대한 재조명은 물론, 한 걸음 더 나아가서 실증적 검토를 통한 이론화의 추구라는 씨의 학문적 태도 역시 한층 강화하게 되지 않을까? 씨가 보여주는 학문적 성실성은 앞으로의 성과를 더욱 기대하도록 만들기에 충분하다.

최제우씨는 〈봉건적 농민의 기원에 관한 고찰 : 동서 독일 학설을 중심으로〉, 조선대 인문학연구, 11집, (1989)를 발표하였다. 씨의 연구는 봉건 농민층의 형성이 노예 내지 그와 유사한 비자유민의 상승에 의한 것인가(Romanist), 혹은 자유농의 몰락에 의한 것인가(Germanist) 하는 유서 깊은 쟁점에 대하여 제기된 근년의 독일학계의 성과를 제시하였다. 먼저 초기 중세에 관한 귀족지배설(T. Mayer, H. Dannenbauer, K. Bosl)과 자유농민설(L. Stern, A.I. Njeussychin)을 개관한 씨는, E. Müller-Mertens의 고대 노예제의 해체를 통한 봉건제도성립설을 중심으로, S. Epperlein의 비자유인해방설 및 J. Hermann, F. Staab 등의 실증적 연구를 소개하고 있다. 씨는 봉건농민층의 형성을 규명하려는 시도들의 경우 전봉건적 계급구조와 봉건적 계급구조와의 연관성을 염두에 두어야 한다고 지적하였으며, 봉건농민층의 성격 역시 통일된 신분집단으로서 뿐만 아니라 자유와 예속의 개별적 수직적 다양성들을 포함시켜 추구되어야 한다고 제안하였다.

이영구씨는 〈11세기 영국 봉건사회의 계급구조에 관한 연구 - 둠즈데이 북의 농촌사회 분석을 중심으로〉, 부산여대 논문집, 30집, (1990) 및 〈둠즈데이 사회의 귀족계급에 관한 고찰 - 둠즈데이 북의 상층귀족계급의 분석을 중심으로〉, 부산여대사학, 8~9합집, (1991)을 계속해서 집필하였다.「Domesday Book」에 대한 H. C. Darby의 검토를 주된 근거로 하고 있는 씨의 세밀하고 꾸준한 분석은 11세기 영국사회, 특히 그것의 사회구성과 조직의 제양상에 대한 우리들의 이해에 도움이 되는 유용한 정보들을 많이 포함하고 있다. 6개 지역 277,231가구에 대한 씨의 분석은 귀족계급이 전체의 3.4퍼센트, 경작농민층이 86퍼센트 그리고 노예계급이 10퍼센트 정도였음을 실증하였다. 또한 귀족계급 가운데 상층귀족이 1,389가구 0.5퍼센트, 하층귀족이 8,000가구 2.9퍼센트이므로, 피지배계급이 96.6퍼센트에 이른다는 점과 경작농민층 가운데 자유농이 5.0퍼센트, sokeman(소토지보유농)이 8.7퍼센트로서, 비농노경작층이 13~14퍼센트에 이른다는 점 그리고 villeins, bordars, cottars, coscets 등 농노계층이 74퍼센트에 이른다는 사실도 지적하였다.

동시에 윌리암 1세의 정복 이후 지배계층의 토지보유 정도에 관해서도, 토착귀족의 보유비율이 8퍼센트, 국왕 직영지가 20퍼센트, 성직자 내지 교회보유령이 25퍼센트, 그리고 대영주 보유령이 50퍼센트 정도에 이르렀음을 밝히고 있으며, 특히 Odo 등 군주 윌리엄의 직접수봉자들인 측근 귀족들 가운데 10대 귀족가문이 전

국토의 25퍼센트 가까이 보유하게 되었음도 제시하였다. 그리하여 씨는 11세기 영국사회가 국왕을 그 정점으로 하는 지배귀족과 농민이 중심이 되는 계층적 종족 사회구조를 가지고 있었고, 여전히 노예제를 완전히 벗어나지 못한 농노제 사회였으며, 특히 윌리엄 1세의 정복은 토착귀족의 몰락 및 국왕 측근귀족들의 지배체제 강화를 결정적으로 초래하였다고 규명하고 있다.

최생렬씨는 〈카페(Capet)왕조 귀족의 친족구조와 혼인〉, 사총, 37~38합집, (1990)을 발표하였다. 씨의 연구는 M. Bloch가 봉건적 지배계층의 구성 원리로 지적한 바 있는 가신제와 친족제 가운데 11~12세기 프랑스 귀족계급의 친족제의 구조와 그 기능이라는 테마를 다루고 있다. 씨의 규명에 따르면 10세기 말엽까지의 프랑스 귀족계급의 친족구조는 공계친이었던 바, 그것이 11세기에 들어오면서 보다 분명하게 부계친 친족체제로 구성된 주된 이유는 봉건화의 진전에 있었다. 이와 더불어 친족 구성원 사이에 긴밀한 친족의식이 강화되었고, 친족간의 내부 불만을 억제하고 외부에로의 세력 확대를 위하여 일종의 가계전략도 형성되었다. 이를테면 토지의 공유, 장남의 친족재산 상속, 및 재산분할을 방지하기 위한 차남의 성직입문 권유 등이 그 예들이었다.

또한 친족구조를 구성 유지하는 핵심고리였던 혼인 관행에 있어서도 남성은 앙혼과 만혼의 경향을 그리고 여성은 낙혼과 조혼의 경향을 보인다고 씨는 지적하였다. 흥미로운 점은 귀족가문들의 끈질긴 족내혼 경향이 교회 측의 족외혼 요구에 순응하게 된 것은 12세기를 지나서의 일이며, 12세기 말엽에 이르기까지 친족제의 유대감과 결속력이 가신제의 그것에 우선하였던 바, 이 같은 상황은 13세기에 들어와서 카페왕조에 의해 추진된 광범위한 왕권강화

노력과 더불어 반전되었다는 지적이다. 씨의 작업은 그 중요성에도 불구하고 지금까지 다분히 간과되어 왔던 지배계급 내의 결속과 유대의 구조 및 이들의 독특한 심리, 알력 그리고 배타성에 대한 새로운 이해의 단서를 시사하고 있다. 친족체제에 대한 보다 포괄적이고 구조적인 해명이 이루어진다면, 그것은 봉건적 지배계층에 대한 구조와 성격 연구에 의미 깊은 한 기여가 될 것이다.

김호연씨는 〈13~14세기 영국농민의 사회경제적 지위 : Cuxham장원을 중심으로〉, 울산사학, 3집, (1990)를 발표하였다. P. Harvey의 장원기록집에 근거하고 있는 씨의 작업은 옥스퍼드 대학 머톤칼리지가 소유하였던 한 단일장원 촌락 Cuxham의 농민들이 1278~1358년에 이르는 대전환기에 과연 어떤 사회경제적 변동들을 겪었던가를 정밀하게 분석하였다. 농민층을 형성하였던 자유농(free tenant), 관습지 보유농(villein) 그리고 빈농(cottager) 가운데, 먼저 자유농의 경우 Grene가의 예가 보여주듯이 부자유농민들에 비해 3배 이상의 토지와 동산 그리고 면세권을 가짐으로써 월등한 부와 사회적 위치를 가지고 있었으며, 이 같은 사회경제적 지위는 흑사병의 내습에도 불구하고 능동적 적극적 대응에 의해 크게 타격을 받지 않고 번영이 유지되었다고 지적하고 있다.

한편 관습지 보유농과 빈농은 전반적으로 보아 열등한 신분적 경제적 위치에 처해 있기는 하였으나, 양자 사이에는 현저한 격차가 있었다. 즉 관습지 보유농이 평균 1/2버게이트(12에이커)의 경작지와 20실링 정도의 지대 및 부역을 부담하였음에 비해, 빈농은 텃밭이 딸린 cottage를 보유하였을 뿐 훨씬 가난하였고 또 토지보유권도 불안정하였다. 이들은 장원에의 속박이 덜 하였음에도 불구하고 직영지 등에서 날품을 팔아 생계를 유지하는 정도였다. 특히 관습지 보유농은 장원관리인직(bailiff, reeve)을 독점함으로써 흑사병 이전에 이미 농민층의 계층분화조짐도 보이고 있다.

또한 씨는 흑사병이 초래한 인구감소가 직영지의 분할임대에 의한 임대경작의 여건을 제공하였고, 관습지 보유농에게 지대의 경감, 주부역의 금납화 등을 촉진함으로써 부농층 형성의 조건을 마련해 주었다고 밝히고 있다. 씨의 빈틈없는 분석이 수반하는 학문적 설득력은 흑사병의 충격과 농민층의 변동 및 분화의 상관관계라는 중세말 사회경제사의 한 핵심적 주제에 내실 있는 접근을 가능케 하도록 이끌고 있다.

이연규씨는 〈브레너 논쟁 : 비판적 고찰 - 농업계급구조와 농업자본주의의 등장〉, 경성대 논문집, 12집, (1991)을 발표하였다. 이 글은 M. Dobb과 P. Sweezy의 논쟁에 뒤이은 이른바 2차 이행논쟁을 광범위하고 체계적으로 검토하고 있다는 점에서 뿐만 아니라, 씨 나름의 새로운 해석을 추구하고 있다는 점에서도 매우 계몽적이고 시사적이다. 산업자본주의의 전제조건으로서의 농업자본주의의 형성에 대해서, R. 브레너는 1976년 '과거와 현재' 지에 게재한 〈전산업시대 유럽의 농업계급구조와 경제발전〉에서 인구의 증감, 시장의 성장, 생산력의 변화와 같은 객관적인 경제적 요인에 우선시켜 계급구조와 계급갈등의 중요성을 강조하였다.

이에 대해 제기된 다양한 비판들을 씨는 이렇게 소개하고 있다. 첫째, M. Postan, J. Hatcher, Le R. Ladurie 등에 의한 인구론적 해석의 재확인, 둘째, G. Bois에 의해 지적된 인구론적 해석 및 봉건경제의 발전과 계급형성에 관한 브레너의 설명 모두에 대한 비판, 셋째, 예농제가 서유럽에서 쇠퇴한 반면 동유럽에서 성장한 이유에 대하여 브레너가 표명한 동유럽 영주들의 정치적 재조직의 역할에 대한 H. Wunder의 반론, 넷째, 영국에서 농업자본주의가 성장한 반면 프랑스에서 절대주의와 관련하여 농민의 토지소유권이 강화된 데 대한 브레너의 설명, 즉 13세기 이래의 농민공동체의 투쟁, 영주의 지방적 사법권 약화, 영주측의 국왕관료화, 분권적 착취형태들에 관한 왕권의 억제력 등에 대하여 가해진 G. Bois, P. Croot, D. Parker의 의문, 다섯째, 프랑스에서는 농민의 토지소유권 강화가 농업생산의 발전에 불리하게 작용하였다는 브레너의 견해에 대한 Croot, Parker, Ladurie 및 J. P. Cooper의 반론 등이 그것이다.

동시에 씨는 예농제에 집착한 브레너의 이론 기반의 편협성, 장원영지와 농민생산의 중요성에 대한 재인식, 잉여착취 체제와 농민생산 그리고 농업자본주의의 등장을 합리적으로 해명할 새로운 이론적 패러다임의 필요성 및 예농제와 예민제에 대한 구분의 정당성 등을 주장하였다. 이 같은 검토는 논쟁이 표면화시킨 여러 쟁점들에 대한 우리 나름의 구조적 재해석을 위한 중요한 초석들임이 분명해 보인다.

끝으로 이 분야에는 다음과 같은 우수한 석사학위 청구논문들도 있다.

성백용, 〈1358년 쟈끄리와 프랑스 농촌의 위기〉, (서울대 대학원, 1991).

안방선, 〈1381년 영국 농민봉기의 성격에 관한 연구〉, (고려대 대학원, 1989).

김선영, 〈미니스테리알레스(Ministeriales)의 사회적 지위에 관한 연구 - 상층적 사회유동성을 중심으로〉, (고려대 대학원,

1990).

손후자, 〈윌리엄 드 라 폴(William de la Pole)의 성공 : 14세기 영국상인의 토지귀족으로의 성장에 관한 일 고찰〉, (서울대 대학원, 1989).

3) 도시사

두 편의 깊이 있는 박사학위청구 논문은 이 분야를 독립시켜 다룰 수 있도록 만들어 주었다.

먼저 곽정섭씨는 〈독일 도시한자에 관한 연구〉, (부산대 대학원, 1989)를 집필하였다. 씨의 연구는 뤼베크시가 건설된 1159년부터 마지막 한자회의가 열렸던 1669년까지의 기간을 두 단계, 즉 1기인 상인한자 시기와 2기인 도시한자 시기로 구분하여, 상대적으로 여러 다양한 견해가 표명되어 있는 도시한자의 성격규명에 초점을 맞추었다. 도시한자의 형성을 13세기 말엽이 아니라 14세기 중엽으로 설정한 씨는, G. F. Sartorius 이래의 연구경향 즉 도시한자를 동맹조직으로 파악하고, 그 정치적 핵심체를 한자회의로 규정하는 경우 해명되어야 할 문제점들로서, 첫째, 도시한자와 한자회의의 상관관계, 둘째, 도시한자의 비강제성, 셋째, 도시한자와 제국내 상층세력들 간의 관계들을 지적하고 있다. 그리하여 정치적 동맹체로서의 도시한자설이 지금까지 상정하여 온 실증적 토대에 의문을 제기하였다.

또한 씨는 경제적 측면에서 본 도시한자의 비동맹적 성격을 화폐동맹의 한계, 동맹금고의 부재, 장기적 지속적 수입재원의 결여 등을 통해 입증하였으며, 사회적으로도 도시한자가 한자회의에 비협조적이었고, 양자 사이의 경제적 이해관계 역시 다분히 상충적이었음을 재검토하였다. 요컨대 씨는 도시한자를 체계적 동맹체가 아니라 단순한 경제적 이익단체로 규정하고 있는 바, 이 같은 해명의 저변을 이루고 있는 근본 문제의식 즉 지금까지의 한자사 연구들에 면면히 이어져 온 민족주의적 성향에 대한 통찰은 씨의 중후한 역사의식과 연구역량을 훌륭하게 드러내고 있다.

강일휴씨는 〈중세 프랑스 코뮌의 성격에 관한 연구〉, (고려대 대학원, 1991)을 집필하였다. 지역주민의 서약단체였던 중세 코뮌은 그것이 가졌던 자치권의 토대 및 성격에 대한 해석에 따라, 반봉건적 내지 혁명적 사회 단위로 해석(A. Thierry, K. Marx)되기도 하고, 혹은 봉건적 위계의 일부로 이해(A. Giry, A. Luchaire, J. Declareuil)되기도 한다. 씨는 기본적으로 중세도시가 다분히 봉건적 통치의 거점이었으므로, 근대도시와 구별되는 중세 코뮌의 성격 역시 이 같은 정치적 특징에서 찾아야 한다는 견해에 동의하였다. 구체적으로 씨의 작업은 11세기 중엽부터 13세기 초엽까지의 피카르드, 아르트와 같은 북부 프랑스 지방의 코뮌들에 대한 주로 다음의 네 가지 주제에 대한 검토를 중심으로 하고 있다. 첫째, 코뮌의 형성과 신의 평화운동과의 관계, 특히 교구 코뮌의 형성과정에서 확인되는 평화운동의 소산으로서의 코뮌의 성격에 대한 해명, 둘째, 루이 6세와 7세 및 필립 존엄왕의 적극적인 코뮌정책에 의해 봉건적 위계구조의 일부로 편입된 코뮌의 정치적 지위, 셋째, 코뮌의 구성원과 조직에 대한 실증적 재검토에 입각한 코뮌의 운영실태, 넷째, 자유특허장(charte de franchise)과 코뮌특허장(charte de commune)에 대한 비판적 분석을 통한 코뮌 자치권의 본질이 그것이다.

씨는 코뮌의 운영이 일부 도시귀족 가문에 의해 독점되었으므로 사실상 민주적이 아니라 과두적인 것이었고, 도시귀족의 권한 또한 봉건 지배층의 권한을 해치지 않는 범주 내에서 행사되었음을 밝혔으며, 코뮌의 자유와 자치는 일종의 봉건적 특권이었기 때문에 그것의 획득이 봉건적 종속관계의 단절을 의미하는 것은 아니었다고 파악하였다. 씨의 결론 즉 코뮌의 주목적이 자치의 획득에 있지 않았고, 그것은 반봉건적 내지 혁명적 성격의 것이 아니었으며, 오히려 그것은 혼란한 중세사회에서 평화와 질서를 유지하기 위해 결성되었다는 주장은 지금까지 국내 학계에 수용되어 온 코뮌에 대한 일반적 이해에 적지 않는 반성과 시사, 그리고 경우에 따라서는 반론의 여지조차 제기하고 있다. 그러나 씨의 연구가 보여주고 있는 풍부한 정보와 체계적인 서술은 많은 동학들에게 한 좋은 역할 모델이 될 것이다.

그 밖에도 이 분야의 석사학위 청구논문으로는 이순갑, 〈중세 영국도시의 성격〉, (부산대 대학원, 1990)이 있다.

4) 여성사

지난 3년간의 연구를 뒤적이면서 중세 여성사라는 사회사의 새로운 범주를 발견할 수 있었던 것은 커다란 기쁨이었다. 이 점 중세사 연구자들의 학문적 진취성과 진지성을 단적으로 말해주고 있다고 생각된다. 여성사 연구가 앞으로도 꾸준히 계속되어서, 서양 중세사학계는 물론 사학계 전반의 연구지평을 확대하고 계몽하는데 더욱 기여하기를 바란다.

홍성표씨는 〈여성의 재산권 행사의 한계와 그 성격 : 13세기 영국 농민을 중심으로〉, 역사학보, 122집, (1989)와 〈여성의 재산권과 결혼지참금 : 13세기 영국을 중심으로〉, 충북사학, 4집, (1991)

을 잇달아 발표하였다. 먼저 전자는 피터버러(Peterborough) 수도원령에서 보이는 농민층 여성의 재산권 행사의 실태를 기록한 「*Carte nativorum*」의 사례를 통해서 여성의 토지보유권 내지 상속권의 성격과 실상을 해명하고 있는 바, 이 같은 작업을 씨는 12세기 말엽 영국 자유민의 일반적 상속 관행을 담고 있는 Glanvill의 기록을 근거로 하여 dos(과부산 또는 결혼지참금)를 중심으로 추적하였다. 통상 결혼식 때 남편이 자신의 보유지의 1/3 정도를 아내에게 증여함으로써 형성되었던 과부산(dowry)은, 씨에 따르면, 첫째, 혼인의 합법성에 대한 종교적 인준 내지 의식적 절차라는 의미, 둘째, 부인의 경제적 법적 지위에 대한 보장장치의 기능, 셋째, 부인이 미망인이 되었을 경우 평생보유권이 부여되었던 만큼 사회보장적 장치로서의 성격 등을 가지고 있었다. 또한 씨는 「*Carte nativorum*」의 분석에 입각하여 과부산의 평균 면적이 1/2~2에이커 정도였으며, 그것이 자유보유지였든 관습보유지였든 부인의 동의 없이도 남편에 의해 양도될 수 있었음을 밝혔다. 한편 딸을 시집보내는 부모가 혼인을 계기로 딸 또는 그녀의 남편, 혹은 딸과 그녀의 남편에게 공동으로 평생 동안 증여하였던 토지인 결혼지참금은 평균 1/2~1 에이커였던 바, 그것이 비록 적은 토지이기는 하였으나, 여전히 그것은 결혼세(merchet)와 함께 친가에 적지 않은 경제적 부담이 되었다. 끝으로 과부산은 자유민 또는 농노를 막론하고 부인에게 증여될 수 있었으며, 결혼지참금의 경우에도 농노에 의해 딸에게 증여된 사례 등을 구체적으로 실증한 것은 흥미로운 발견이었다.

씨의 두 번째 글은 결혼지참금의 운용실태에 대한 세밀한 검토를 통하여 13세기 영국에서의 여성재산권 행사의 특징과 한계를 지적하였다. 씨의 작업이 밝힌 바에 따르면, 결혼지참금의 관행은 자유민과 농노 모두에게서 확인되며, 그것은 결혼을 상징하는 예물로서의 의미와 부인에 대한 사회보장적 장치 그리고 자식들의 부양책이라는 휴머니즘적 성격을 가지고 있었다. 또한 결혼지참금은 공동보유권이 원칙이었으나, 부인이 상대적으로 적극적 권한을 가졌던 데 비해 남편은 소극적 권한을 가졌으며, 그것의 상속에 관하여는 아들이 우선적 상속권을 보유하였다고 해명하고 있다.

김정자씨는 〈서양 중세 여성의 역할과 지위〉, 성대사림, 5집, (1989)를 발표하였다. 씨는 중세 사회의 여성관을 부정적 열등적 여성관 요컨대 이브적 여성관이었다고 지적하고, 봉건제도가 확립된 12세기 이후 교회와 귀족계층에 의해 대두된 마리아적 여성관 내지 궁정적 사랑 등은 암울했던 현실에 대한 낭만적 반작용에 불과한 것이었다고 이해하였다. 또한 법적 권리에 있어서도 여성의 불평등과 차별은 교회법과 세속법 모두에 의해 제도화되었다. 교회법은 게르만족들의 거친 여성관에 대한 다소의 완충적 기능에도 불구하고, 모든 여성들의 예배집전권, 성직수임권, 설교권을 부정함으로써 기본적으로 여성의 권리를 제한하였다. 또한 세속법은 농촌과 도시 여성들에게 납세의무는 면제해주지 않으면서, 모든 계층의 여성들에게 공적 권리의 행사를 금하는가 하면, 소송의 제기권도 규제하였다. 예외적으로 여성에게 호의적이었다고 할 재산권조차 제한된 범주를 벗어나지 못하였던 바, 여성에 대하여 이같이 불평등하였던 법제는 12세기 이후에도 크게 개선되지 않고 있었다.

그러나 씨는 중세 여성들의 실제적 삶의 양상에 관한 한, 봉건적 계서조직 내에서 점하였던 여성의 위치에 따라 다양하게 확인된다고 제시하고, 특히 농촌 여성들은 그들이 담당했던 노동의 중요성으로 인해 촌락사회에서 보다 많은 평등과 자존심을 보유할 수 있었다고 밝혔다. 씨의 논지의 핵심 즉, 첫째 봉건사회의 여성들의 역할과 지위는 일차적으로는 남성들과 마찬가지로 봉건적 생산양식 그 자체에 의해 결정되었다, 둘째 12~13세기에 있었던 봉건제도의 구조적 변화는 여성의 중요성과 영향력을 약화시키면서 진행되었다, 셋째 여성들에게 공통적으로 가해진 부정적 이데올로기와 불평등한 법적 제약은 모든 여성들로 하여금 자신과 같은 계급의 남성과 동일한 권리를 행사할 수 없도록 만들었다는 등의 주장은 매우 타당해 보인다. 방대한 주제의 여러 측면들에 대한 씨의 알뜰한 조명은 그간의 많은 노고와 깊이 있는 정의감을 인상적으로 드러내고 있다. 씨가 표명한 작업 의도 즉 과거 여성들의 역사에의 복귀를 통한 전체 사회사 내지 총체적 역사가 성공적으로 구성되고 설득력 있게 제시되기를 기대한다.

5) 교황 및 그리스도교 사상사

서양 중세사의 다른 분야들이 질과 양 그리고 관심의 영역 모두에서 꾸준한 성장과 확대를 보여주었다면, 교황권 및 그리스도교 사상에 관한 지난 3년간의 연구성과는 상대적으로 다산적이지는 못한 것 같다. 그러나 서양 중세사에서 차지하는 이 분야의 비중은, 그것이 단지 전통적이라는 점에서 뿐만 아니라, 그야말로 관건적 영역의 하나이다. 이 분야에 대해서 광범위한 관심이 앞으로 더욱 진작되고, 생산적 연구활동들도 활발히 진전되어서, 우리네 서양 중세사학의 발전에 더욱 적극적으로 기여하기를 바란다.

이정희씨는 〈교황권과 프랑크왕국의 동맹〉, 대구사학, 38집,

(1989)와 〈교황권의 영토보유의 기원과 확대과정〉, 경북사학 , 13집, (1990) 그리고 박사학위 청구논문인 〈교황권 국가의 기원과 성립〉, (경북대 대학원, 1991)을 집필하였다. 씨의 이 같은 연구성과들은 〈카롤링 왕조의 통치사상〉, 대구사학, 31집, (1986) 및 〈교황권의 탈비잔티움화〉, 대구사학, 35집, (1988)에 뒤이은 것들로서, 종래의 작업들이 - 필자의 과문 탓이기를 바라지마는 - 충분히 언급조차 되지 않는 외로운 여건이었음을 감안한다면, 마땅히 그간의 노고에 대해 응분의 치하와 격려가 있어야 할 것 같다. 씨의 연구들은 교황령 국가의 성격 해명이라는 일관된 문제의식을 근대적 국가개념의 보편성에 기초하여 추구하고 있다고 보이는데, 특히 이 점은 8세기를 전후한 유럽의 형성기에 핵심적 정치세력으로 기능하였던 로마교황청, 프랑크 왕국 그리고 비잔티움 제국 간의 이념적 정치적 역학관계를 교황령 국가의 성립과 성장을 중심으로 추적하고 있는 씨의 학위논문에서 뚜렷이 확인된다.

교황령 국가(Papal State)의 성립에 관한 지금까지의 연구는 13세기 설(W. Sickel, D. Waley, D. Partner)과 8세기 설(W. Ullmann, D. Miller)로 대별될 수 있고, 후자의 경우 다시 그것은 비잔틴 쇠퇴설(C. Duchesne, G. Ostrogorsky, A. Guillon, T. Schieffer), 프랑크 후원설(K. Lamprecht, H. Halphen) 그리고 이탈리아 자립설(L. Hartmann, E. Caspar, D. Miller)로 구분될 수 있다. 이에 대하여 씨는 먼저 교황령국가가 8세기에 이미 정부, 영토 및 주민들을 모두 갖춘 독립된 정치단위로 기능했다는 사실을 들어 먼저 W. Sickel류의 13세기 성립설을 비판하였다.

또한 씨는 세 유형의 8세기 성립설을 비교 검토하면서, 첫째, 8세기 교황령국가의 성립은 비잔틴제국의 쇠퇴가 초래한 자연발생적 귀결이 아니라, 4세기 이래로 로마교회가 주도해 온 반황제교권주의 즉 교황수장권주의의 산물이었으며, 둘째, 로마와 프랑크의 제휴는 프랑크 지배 - 로마 종속의 관계가 아니라, 상호등위적인 정치적 종교적 친족적 토대에 입각한 대등한 동맹관계였고, 셋째, 프랑크인들의 현저한 역할에 의한 8세기 교황령 국가의 물적 토대의 급속한 확대 내지 영토의 팽창은 교황령국가를 창설하였다기보다는 그것에 평화와 안정을 제공하였으며, 넷째, 교황령 국가의 성립은 전통적 원로원계층의 몰락 및 새로운 군인계층의 정치경제적 상승과 밀접히 결부되어 있고, 다섯째, 교황령 국가의 지배기구는 관료조직의 미비에도 불구하고 당시 서유럽이 가졌던 가장 효율적인 통치조직이었다고 주장하였다. 교황령 국가의 성립은 730년부터 800년에 이르는 연속적인 역사적 제과정의 산물이라는 씨의 논지는 여러 쟁점들에 대한 명쾌한 대비를 통해 훌륭하게 전달되고 있다. 구태여 조언을 덧붙인다면, 서양중세사에 대한 우리 나름의 이해와 성과를 누적하기 위해서, 기왕에 제시된 연구 정보들을 충실하게 수집 정리하는 작업 못지않게, 씨 나름의 학문적 시각이 기본적 작업가설로서라도 분명하게 제시되었더라면 하는 점이다. 아마도 이 부분은 교황권 및 교황령 국가의 역사적 구조적 기능에 대한 분석을 통해서 더욱 보충될 수 있을 것이다.

전성희씨는 〈레오 3세의 성상파괴운동〉, 경희사학 , 16 · 17합집, (1990)을 발표하였다. 씨의 연구는 대략 두 차례(726~760, 815~850)에 걸쳐 대규모로 진행된 성상파괴운동(iconoclasm) 가운데, 이를 직접 촉발시킨 레오 3세의 성상파괴운동을 검토하였다. 씨에 따르면 황제 레오가 유년기에 접하였던 단성론적 그리스도교가 이 운동의 한 종교적 배경이었으며, 정치적으로는, 첫째,

성상의 숭배가 일종의 범죄로서, 제국의 당시 어려움의 한 원인이므로 이를 근절함으로써 신의 진노를 면해 보려는 생각, 둘째, 성상파괴를 통한 황제권의 제고 즉 황제교권주의와 중앙집권화의 관철 등의 의도가 여기에 개재되어 있었다고 지적하였다. 흥미 있는 주제를 분명한 논지로 서술하였다.

그 밖에 이 분야에서도 3편의 석사학위 청구논문을 찾을 수 있었다.

조호연, 〈개혁수도원에 대한 귀족의 관련성 - Burgundy지방의 사례를 중심으로〉, (서울대 대학원, 1990).

이택규, 〈M. Eckhart의 신비주의에 대한 소고〉, (숭실대 대학원, 1991).

이형렬, 〈클뤼니 수도원운동과 그레고리우스 7세의 개혁〉, (경희대 대학원, 1991).

6) 정치 및 정치사상사

이 분야의 연구들 역시 양적 다산성을 보여준다고 말하기는 어려울 것 같다. 그렇기는 하지마는 솔직히 말해서 평자는 이 분야에 속한 5편의 논문들을 읽으면서 적지 않은 희열과 자긍을 느낄 수 있었다. 왜냐하면 불모지에 다름없었던 이 분야에서, 이만한 질을 갖춘 이 정도의 성과가 그것도 주로 젊은 연구자들에 의해 나왔기 때문이다. 이 같은 성과는, 이들의 거의 맹목에 가까운 학문적 열의 없이는 사실상 불가능한 일일 것이다. 지금과 같은 열의와 성과가 다양한 관심과 시각에 따라 그 영역과 깊이를 확대해 가고 또한 꾸준히 누적된다면, 중세 정치와 그 논리들에 대한 우리 나름의 학문적 대화와 개념 틀의 형성도 결코 먼 장래의 일만은 아닐 것이다.

배옥남씨는 〈샤를마뉴 제국의 제위관〉, 사학지, 24집, (1991)을 발표하였다. 씨의 작업은 800년 크리스마스 날에 있었던 샤를마뉴 대제의 황제 대관의 의미를 이 사건에 직접 관련되어 있던 당대인들의 견해를 통해 구명하고자 한 것이다. 당대인들의 견해를 4가지 유형 즉 황제 샤를마뉴 대제, 당대의 이론가 알퀸(Alcuin), 교황 레오 3세, 그리고 샤를마뉴 대제의 측근 이론가 집단으로 추정될 수 있는 엑스-라-샤펠(Aix-la-Chapelle) 그룹으로 대별하였다. 첫째, 샤를마뉴 대제는 무엇보다 경건한 구약성서적 사제-왕(Priest-King)이고자 했다. 그리하여 자신의 직책을 성 아우구스틴적 정의를 구현하기 위한 최고 재판관으로 이해하였다. 둘째, 로마인의 제국과 그리스도교도의 제국을 통일시하였던 알퀸은 황제를 로마의 지배자로 그리고 교황의 교회의 수장으로 간주하고, 특히 샤를마뉴 대제를 교회의 주된 보호자로 추정하였다. 셋째, 레오는 교황과 로마의 보호라는 현실정치적 이유에서 샤를마뉴 대제의 도움을 절실히 필요로 하였다. 이에 그는 샤를마뉴 대제를 황제로 대관함으로써 그를 로마와 이탈리아의 정치에 개입시키고자 하였다. 넷째, 엑크스-라-샤펠의 궁정그룹은 정치권력에 대한 냉정하고 현실적인 판단에 입각하여 샤를마뉴 대제를 실질적 황제로 추대하였다. 씨의 글이 보여주는 기지 있는 분석이 퍽 신선하고, 사료로서 아인하르트(Einhard)의 기록 이외에도 로레샤망스 연대기(*Annales Laureshamenses*)와 폰티피칼리 서집(*Liber Pontificalis*)를 검토한 점은 평가받아 마땅하다.

이경구씨는 〈Einhard의 *Vita Caroli*에 관하여〉, 전북사학, 11·12합집, (1989)를 집필하였다. 씨의 글은 R. Rau가 편찬한 *Quellen zur Karolingischen Reichsgeschichte*, 1에 수록된

Einhard, *Vita Karoli Magni*의 영역본인 L. Thorpe, *Two Lives of Charlegmagne*, (Penguin Classics)의 내용과 그 사료적 의의를 검토한 것이어서, 정작 정치 및 정치사상사 로 분류하기에 썩 어울리지는 않는 측면이 있다. 그러나 앞서 배옥남씨가 동일한 인물들을 다루었기 때문에, 중세사학계의 실정으로는 비교적 흔치 않은, 유사한 주제에 대한 다양한 접근의 구체적인 예가 될 수도 있겠기에 이 범주에 포함시키게 되었다.

아인하르트의 두 가지 집필의도, 즉 중요한 사건들과 새로운 정보를 정확하게 전달하겠다는 의도와 자신의 후견자의 은혜와 우의에 보답하고자 그의 행적을 서술하려는 의도는 처음부터 상호 모순될 수밖에 없으며, 바로 이 점이 사료로서 *Vita Caroli*가 가지는 기본적 한계라는 씨의 지적은 매우 타당해 보인다. 또한 씨의 글이 포함하고 있는 샤를마뉴 대제, 아인하르트 및 이들의 여러 행적들에 대한 다양한 정보도 계몽적이다.

두 사람 모두의 작업에, *Annales of St. Bertin*, ed. R. Ran, *Quellen zur Karolingischen Reichsgeschichte*, 2, (Darmstadt, 1972) ; Nithard, *Four Books of Histories*, tr. B. Scholz, *Carolingian Chronicles*, (Ann Arbor, 1970) ; R. Mckitterick, *The Carolingians and the Written Word*, (1989) ; F. L. Ganshof, *The Carolingians and the Frankish Monarchy*, (London, 1971) 등의 사료들이 동원되었더라면 하는 아쉬움은 있다. 그러나 이들의 연구는 명백히 봉건유럽 형성의 한 결정적 계기에 대한 새로운 해석과 논쟁의 토대이다. 양씨의 작업이 암흑적 초기 중세의 역사상 전반에 대한 구조적 해명으로 진전되기를 기대한다.

김중기씨는 〈John of Salisbury의 정치사상 분석 – 그의 국가론과 군주론을 중심으로〉, 전북사학, 14집, (1991)을 발표하였다. 씨는 John of Salisbury의 정치사상이 그리스도교적 요소와 고전적 요소를 함께 그 토양으로 하고 있으며, 국가구성에 대한 유기체적 해석, 인체비유론 그리고 개인주의적 개념을 특징적으로 드러내고 있다고 지적하였다. 또한 씨에 따르면 그는 공익과 정의의 구현을 위한 법률적 군주를 추구하였는데, 씨는 이를 미온적 군주제관이라고 평하였다. 〈*Policraticus*〉를 교권과 속권간의 문제에 한정하여 검토하지 않고, 폭군살해론을 씨 나름대로 해석하고자 한 대목 등이 돋보인다. 앞으로는 최근에 출간된 ed. & tr. C. J. Nederman, *Policraticus*, (Cambridge, 1990)도 활용될 수 있을 것이다.

이 기회에 한 가지 제안을 한다면, 씨는 주인공의 인명을 'Salisbury의 John', 또는 그냥 'John'으로 표기하였다. 중세 인명의 표기가 까다롭기는 하지마는, 우리 나름의 관행을 정립하기 위하여, 출신지역을 나타내는 'of' 이하를 구태여 생경한 방식으로 옮기지 않아도 무방하지 않을까 하는 생각이다. 그것이 고유한 인명이니 만큼 'of'를 생략하고 「있는 그대로 표기하는 방식」 즉 '존 솔즈베리'라고 쓰면 어떨까.

김현란씨는 〈단테의 제국론 소고 – *De Monarchia*를 중심으로〉, 전북사학, 14집, (1991)를 통해 단테의 정치적 견해를 규명하였다. 씨는 〈*De Monarchia*〉의 핵심적 주장을, 첫째, 유럽은 하나의 보편제국으로 통합되어야 한다, 둘째, 이 보편제국은 교황이 아니라 최고의 세속군주인 한 사람의 황제에 의해 통치되어야 한다, 셋째, 황제와 교황은 각각 교유한 영역을 지키며 상호 협력하여야 한다

등으로 정리하였다. 또한 씨는 단테의 견해에서 확인되는 정치적 근대성으로서, (1) 신앙 내지 교회의 권위와 교황의 권위를 구별하였다는 점, (2) 인류의 화합과 평화적 공존을 위한 보편정치체를 추구하였다는 점, (3) 인간의 세속적 개인적 행복의 추구를 당연한 권리로서 인정하고, 정치지배자는 이를 위해 봉사하여야 한다고 밝힌 점을 지적하였다. 기존의 연구가 정작 〈제국론〉의 내용과 성격을 충분히 해명하지는 못하고 있다는 씨의 지적에 많은 연구자들이 동의할 것이다.

김영한씨는 〈서양사상에서의 사회적 불평등 – 플라톤에서 토마스 아퀴나스까지〉, 서양사론, 36집, (1991)을 집필하였다. 씨의 작업은 고대로부터 13세기에 이르는 서양사회에서의 불평등의 개념을 일관되고 포괄적인 시각으로 해명한 것이기 때문에, 이를 중세 정치사상사의 일부로 한정하여 검토하는 데는 문제가 있다. 그렇기는 하지마는 씨의 대가적 서술에 포함되어 있는 중세적 불평등의 개념을 소개하는 일이 씨의 연구의 중요성을 재확인하고, 중세 사상사연구에서 점하는 그것의 유용성과 계몽성을 드러내는 계기가 될 수 있다고 판단하였다.

씨는 주로 존 솔즈베리와 토마스 아퀴나스를 통해서 불평등에 대한 중세적 인식의 실체를 포착하였다. 씨에 따르면 이들의 사회이론은 요컨대 계층적 사회유기체론으로서, 이는 위로는 교황에 의해 그리고 밑으로는 쵸서, 위클리프 등 급진적 변화를 요구하였던 개혁의 선구자에 의해서도 함께 공유되었을 만큼 일반적인 중세 사상이었다. 또한 씨는 이 사회유기체론을 (1) 각 계층의 독자적 기능과 역할을 인정하는 대신 계층간의 이동과 상승의 통로를 차단하고, (2) 신분제의 고착을 옹호하였으며, (3) 현상유지를 최선의 방책으로 삼았고, (4) 일체의 사회적 변화를 봉쇄함으로써, 불평등한 사회를 합리화시켜 주는 이데올로기로 기능하였다고 해석하였다. 씨에 따르면, 이 유기체적 사회관은 사실적 불평등과 이상적 평등이라는 성 아우구스틴의 이원론을 통해서 고유한 중세적 인식으로 보편화 내지 구조화되었다. 그리하여 이는 고대로부터 수용되어 온 계층제적 사회관 및 전근대적 평등 인식의 특성도 고스란히 보여준다고 씨는 해석하였다. 결론에서 씨는 인간은 역사적으로 평등의 실현을 위해 부단히 전진해 왔으며, 또 앞으로도 이를 위해 끊임없이 노력해야 한다고 주장하였다. 그렇다면 중세의 불평등, 평등 및 형평 등의 개념에 대한 오늘날의 사상적 조명도, 씨가 주장한 바로 이 측면, 즉 평등의 실현이 여하히 부단하게 역사 속에서 전진해 왔는가, 그리하여 그 중세적 양상은 과연 어떠하였던가 하는 다이나믹한 변화의 과정에 초점이 맞추어질 수는 없을까.

이 분야에도 석사학위 청구논문으로서 이희만, 〈단테의 제정론에 관한 연구〉, (숭실대 대학원, 1990)이 있다.

7) 연구사 이론 및 기타

중세사 영역에서 나온 지난 3년간의 글들 가운데는 흥미롭게도 2편의 연구사적 검토가 있었다. 이는 국내 학자에 의해 집필된 최초의 서양 중세사 논문인 안정모, 〈영국장원의 붕괴과정, 상 - 제가의 견해를 중심으로〉, 역사학보, 5 · 6합집, (1953~1954)가 발표된 지 대략 40년이 지난 시점에서, 그간의 학계의 성과를 반성적으로 점검하였다는 점에서 나름의 의미를 가지고 있다고 생각된다.

이석우씨는 〈서양중세사 연구의 현황과 과제〉, 경희사학, 16 · 17합집, (1990)을 통해서 그간의 연구들을 계량적으로 정리하였다. 씨는 그간 발표된 135편의 논문 가운데 100편이 사회경제사 및 그리스도교 분야에 편중되었다고 밝히고, 연구영역의 다양화, 일차사료 이용의 확대, 속성주의 내지 안일한 주제주의적 연구태도 불식, 총체적 실체의 규명을 위한 문화사적 접근의 중요성 등을 강조하였다. 또한 유희수씨도 〈Korean Studies on the Social and Economic History of Europe in the Later Middle Ages〉, 경제사론, 4 · 5합집, (1990)에서 중세 말기의 사회경제사에 관한 연구동향을 개관하면서 연구 인력과 주제 그리고 대상지역의 확대 등을 앞으로의 극복 과제로 지적하였다.

한편 중세사 연구와 관련된 역사이론 분야에서도 비중 있는 2편의 글이 발표되었다. 김응종씨의 〈마르끄 블로끄의 역사세계〉, 충남사학, 5집, (1990) 그리고 이연규씨의 〈포스탄의 역사관〉, 역사가와 역사인식, (민음사, 1989) 등이 이에 해당된다. 이들은 20세기가 배출한 아마도 가장 탁월한 중세사가들에 속할 M. Bloch와 M. Postan의 역사학에 대해서 체계 있고 재미있는 비판적 분석을 제시하였다. 역사학회가 역사이론 분야를 따로 설정하고 있는 만큼, 여기서는 단지 양씨의 작업이 중세 사회사와 경제사에 관심을 가진 이들에게 많은 도움이 될 것이라는 점만을 지적해두기로 하겠다.

중세사 연구지평의 확대는 이 밖의 독특한 몇몇 연구들에서도 뚜렷이 확인된다. 이은기씨는 〈공간묘사의 변천 : 14~16세기〉, 목원대 논문집, 18집, (1990)을 발표하였다. 씨는 공간에 대한 객관적 묘사의 표출이 르네상스 회화의 원근법이었다고 설명하고, 이 원근법적 묘사의 특성과 변화를 통해 르네상스적 세계관을 조명하였다. 씨에 따르면, 브루넬레스키(Brunelleschi)의 발견 이후 15세기 회화의 이념으로 성장한 수학적 원근법 즉 실제공간을 보는 인간의 시점에 소실점이 모아지고, 그 위치에 화면의 중심인물을 배치하는 등의 합리적 중앙집중적 공간묘사는 르네상스적인 인간중심성, 현세성 그리고 과학성을 반영한 것이었다. 중세와 르네상스 회화에 대한 독보적 해명을 지속하고 있는 씨의 작업은 미술사에 있어서는 물론 중세 문화사 전반에 있어서도 소중한 한 자산이다.

끝으로 유희수씨와 이원근씨의 노작들에 관해서도 소개하여야겠다. 새로운 유형의 사회사를 추구하는 실천적 사례라고 할 수 있을 양씨의 작업은 무엇보다도 여성사와 더불어 주제의 참신성과 학문적 진취성을 훌륭하게 보여주고 있다.

유희수씨는 박사학위 청구논문인 〈중세 프랑스에서의 죽음과 저승에 대한 의식〉, (고려대 대학원, 1991)과 〈중세말 통과의식으로서의 죽음의 시간〉, 경남사학, 6집, (1991)을 집필하였다. 중세 죽음에 대한 연구는 J. Chiffoleau, J. Le Goff, M. Vovelle들에 의해 1980년대에 접어들면서 심성사의 한 고유한 영역으로 제시되었다. 이 같은 연구동향에 발맞추어 씨는 죽음과 저승에 대한 인식을 사회적 사실(fait social)로 규정하고, 이에 내재되어 있는 죽음의 종교성, 죽음의 이미지와 사회계급의 관련성 및 죽음의 이미지의 변화와 사회구조의 변화와의 관련성 등을 해명하고자 하였다. 씨는 죽음과 저승에 대한 그리스도교적 모델이 중세 말엽 점차 자리잡아가고 있었다고 지적하면서도, 임종 철야 장례행렬 등 죽음의 의식에 관한 한, 중세말엽에 이르기까지 민중층에서는 민속적 요소가 강하게 유지되었던 반면, 귀족과 부유한 도시민계층에서는 그리스도교화와 더불어 개인주의화가 진전되었다고 밝혔다. 씨에 따르면 특히 지옥의 이미지는 말엽에 이르러 공포의 이미지로 무장함으로써 신도들의 교화와 지배에 기여하였고, 1170~1220년 즈음에 정립된 연옥의 이미지는 상업과 도시의 부활을 핵으로 하는 당시 사회의 다원화를 반영하고 있었다. 이른바 저승의 경제학 내지 구원의 전략은 중세 말엽 세속적 물질적 삶의 가능성에 보다 유연한 길을 열어 주었다고 씨는 해석하였다.

이원근씨는 〈해석논리의 출현과 상징물의 변화에 관한 연구 - 11세기 문자해독력의 확산을 중심으로〉, (고려대 대학원, 1990)을 박사학위 청구논문으로 집필하였다. 11세기를 유럽 다원주의의 형성기로 이해한 씨는 문자해독력의 확산이 수반하였던 사회적 문화적 변화의 제양상을 방대한 문헌들에 대한 섭렵을 통해 포괄적으로 조명하고자 하였다. 특히 씨는 이를 해석논리의 출현과 결부시켜 분석하였다. 씨의 정의에 따르면, 해석논리란 인간이 과거부터 축적한 표현대상과 실현대상의 기본개념에 연속성이라는 특성표현을 기초로 해석대상을 설정하고, 이 해석대상에 대해 외형 중심의 표현원리와 내용 중심의 표현원리를 복합적으로 적용하려는 이론이었다. 또한 이는 해석대상의 분석이론을 종교, 사회, 경제 등의 이슈와 결부시켜 특정한 개인이나 공동체의 논리체계를 통해 사회 전체의 구조적 틀을 인식하려는 이론이기도 하였다(421면). 씨의 이 같은 포괄적 이론화 작업은 문자해독의 정도와 양상에 대한 세밀하고 구체적인 실증을 통해 설득력과 의의를 더해 갈 것이다.

8) 연구번역서

지난 3년 동안에는 해외에서 출간된 중요한 연구서의 번역작업

분야에서도 의미 깊은 성과들을 거둘 수 있었다. 이를 정리하면 다음과 같다.

이연규 역, 〈농업계급구조와 경제발전 - 브레너 논쟁〉, R. 브레너, (집문당, 1991).

이연규 역, 〈중세의 경제와 사회〉, M. 포스탄, (청년사, 1989).

유재건 · 한정숙 역, 〈고대에서 봉건제도로의 이행〉, P. 앤더슨, (창비사, 1990).

강치원 편, 〈중세의 정치적 갈등〉, (강원대 출판부, 1989).

특히 이연규씨는 일반 사학도들에 대한 계몽과 중세사학의 성장을 위해 불가결한 업적들이라고 판단되는 연구들을 명쾌한 우리말로 옮겨 놓았다. 그간에 쌓은 씨의 꾸준한 번역작업들은 형성적 단계에 있는 우리의 중세사학계에 참으로 소중한 받침돌들이다. 씨의 각고의 노력에 경의와 사의를 함께 표한다.

9) 맺는말

지난 3년간의 연구성과들은 양적으로 지속적인 성장추세를 유지하였다. 그리고 질적으로도, 모두를 그렇게 평하기는 물론 어렵지마는, 다소 뚜렷한 수준의 향상을 보여주었다. 이는 서양중세사 연구의 중요성에 대한 국내 사학계의 전반적 몰이해를 감안한다면, 앞으로의 학문적 발전을 더욱 기대하게 하는 고무적인 현상으로서, 중세사 연구자들의 저력을 훌륭하게 드러내고 있다고 생각된다. 다시 말해서 지금까지 중세 사학의 구조적 한계로 지적되어 온 몇 가지 문제점들, 이를테면 연구자층의 부족, 1차 사료 및 연구수단의 미비, 연구문헌 정보의 결핍, 주제 내지 시기 선정의 편향성 등에 관한 한, 평자는 다분히 낙관적인 견해를 가지게 되었다. 다수의 젊고 의욕적인 연구자들이 이제 중세사를 매우 진지하게 추구하고 있으며, 또한 커뮤니케이션 수단의 발달은 중세사 분야에서도 사료와 연구문헌의 결핍을 상당한 정도로 극복하도록 만들고 있기 때문이다.

더욱이 누누이 지적되어 온 연구주제의 편향성 문제도 평자는 발전적인 극복의 가능성을 충분히 확인할 수 있었다. 이 점은 특히 사회사 분야의 성과들에서 두드러지는 데, 그것은 이 분야의 논문이 단지 양산되었다거나, 혹은 관심 영역이 사회경제사, 도시사, 여성사, 정신사 등에로 다변화되었다는 이유에서 만이 아니다. 오히려 그것은 사회사적 탐구의 진전이 수반하기 마련인 이데올로기의 문제에 있어서, 그간의 성과들은 학계 내부의 이념적 갈등과 대립의 심화를 초래하는 방향이 아니라, 구조적 전체적 역사상의 조명이라는 공통의 목표 아래 학문적 공존 내지 생산적 경쟁을 통해서 상호보완적으로 기능할 수도 있겠다는 조심스런 전망을 가능하게 하고 있기 때문이다. 사실에 대한 끊임없는 탐구와 객관적 분석 그리고 실증적 검증에 입각한 이론 내지 구조의 재검토는 새로운 중세세계의 재구성에 반드시 있어야 할 의미 깊은 누적의 과정들임에 분명하다.

끝으로 기존 업적의 한계 및 바람직한 연구방향의 제시라는 학회의 원래 요청에 따라, 설령 이같은 난제들이 단시일 내에 해결될 성질의 것은 아니라 하더라도, 약간의 고언을 덧붙이는 것으로 평자 나름의 반성을 마무리 짓도록 하겠다.

첫째, 안이한 문제의식과 협량한 주제의 해석은 무엇보다도 연구자들이 깊이 생각하고 극복하여야 할 문제이다. 사실 서양중세사가 우리네에게 어떤 의미와 모습을 가질 것인가 하는 점은 전적으로 연구자들이 가진 문제의식의 깊이와 주제의 진지성 그리고 해석의 참신성에 의해 결정될 수밖에 없는 문제인 것이다.

둘째, 연구수단, 즉 언어, 개념, 학설 및 근년의 연구동향 등에 대해 보다 체계적인 습득이 요구된다. 일관된 문제의식과 더불어 이 연구수단의 강화가, 간혹 눈에 띄는, 주변적이고 돌출적인 연구와 주장들을 보편성 있는 학문의 세계로 승화시키는 원동력이 될 것이다.

셋째, 지금까지 우리들에게 닫혀 있었던 동구와 같은 지역, 그리고 민중문화와 같은 새로운 분야의 개방은, 연구자들의 관심의 다변화를 절실히 요청하고 있다. 앞서 언급한 발전적 조짐들이 이 영역에서도 새로운 연구자들의 왕성한 도전의 계기가 되기를 기대해 본다.

넷째, 정보의 교환과 연구의욕의 활성화 그리고 연구풍토의 진작을 위하여 우리 나름의 유기적 토론의 장이 이제 모색되어야 할 시점이라고 생각된다. 활기차고 생산적인 담론의 장을 형식에 얽매이지 말고, 다양하게 시도해보아야 하지 않을까.

다섯째, 젊은 연구자들의 수의 증가는 기존학자들의 역할 또한 더욱 중요하게 만들고 있다. 그간의 중세사학의 성장이 기존학자들의 헌신적 지도의 산물임은 이를 나위가 없는 일이지마는, 젊은 연구자들에 대한 책임 있는 학문적 조언과 지원도 여전히 기존학자들이 맡아야 할 책무의 일부이다.

---

* 이 글은 한국역사학회 편, 〈역사학보〉, 136집 (1992) pp.175-200, "회고와 전망 : 서양 중세"를 약간 손질해서 옮긴 것이다.

찾아보기

ㄱ

가신제 ……………………23, 237, 257
가톨리시즘 …………10, 26, 32, 38, 40, 49, 89
갓프리 부이용………………199, 200
게르만교회 …………………………18
게르만족 ……14, 15, 17, 18, 19, 20, 32, 37, 89, 265
겔라시우스 1세 ………………30, 31
계열사 ……………………………244
고병간………………………………176
고전장원 ………252, 253, 254, 255
고전적 공화주의 ……………95, 126
고전주의 ………………195, 196, 212
공화주의 ……………………90, 95
과학주의 ………195, 196, 198, 212
관습법 …………………………44, 45
교권 …19, 25, 31, 42, 61, 62, 272
교부철학 …………………41, 44, 49
교육구국 운동 ………164, 166, 167
교황령 국가 ……32, 204, 267, 268
교황수장권 ……………………30, 268
교황주권론 ………………31, 46, 56
교회법 ……………………46, 61, 265
구조사 ……………………………240
구조주의 ……………225, 227, 228, 233, 242
그라브만(M. Grabmann) …62, 63
그라티안 ……………………………46
그레고리우스 7세 ……………55, 56
그레고리우스 1세 ……………31, 32, 203, 204
그리스도교 공화국 ………24, 57, 59
그리스도교 왕국 ………………10, 24
금욕주의 …………………38, 41, 217
금지권 ……………………………253
급진적 포퓰리즘 …………………229
기든스 ……………………………232
길현모 ……………………217, 220
김동진………………………………170
김양선………………………………177
김창섭 ……………………179, 180

김창준······173
김태술 ······169, 173
김형남 ······176~178

ㄴ

나일강 ······10, 25
나종일 ······238, 240, 243
낸시 패리스 베어드(Nancy Faris Baird) ······130
네비우스 ······141, 142, 144, 146
네언 ······225
노르만족 ······21, 89
녹색환경운동······184
농지법 ······106, 109~115, 120, 121, 125
니콜라스 쿠사······50

ㄷ

다렌도르프 ······230
다윗 ······192, 199
대학 ······41~43, 45, 48, 53, 60, 104~106, 128, 129, 131, 132, 147~149, 151~156, 159~185, 217, 252, 258, 260~262, 267, 269, 274, 276, 277
데이비드 로톤 ······194
델 노르트 학교 ······133
도나투스 ······34
도나투스주의자 ······33, 34
도미닉회······ 38
도시사······252, 261, 279
도시상인······42, 108
독립파······115
독립협회 ······136, 137
동고트족 ······18, 31
동로마제국 ······19
두 칼의 이론 ······31
둔스 스코투스······53
둠즈데이 북 ······256
뒤비(G. Duby)······244
드니에프르강 ······10, 25
디오클레티아누스 ······12~14

ㄹ

라압······124
라까프라(D. Lacapra) ······221
라티푼디아 ······19
라틴어 성서······29
랑케 ······217~219
레오 1세 ······30

레오 3세 ························268, 270
로마교회 ·········13, 18, 19, 20, 26, 32, 35, 40, 55, 268
로마법 ························44, 45, 46
로마법 계수 운동 ······················44
로버트 그로쓰테스트··················52
로저 베이컨·····························52
로즈 매이 ·······················132, 147
롬바르드(P. Lombard) ············47
롬바르드족 ··················15, 19, 32
루카치 ································224
르 고프(L. Goff) ······237, 244, 276
르네상스 ···············26, 27, 40, 46, 189, 275, 276
르 롸 라뒤리(Le Roy Ladurie) ································244, 259

ㅁ

마르실리우스 ·········54, 60, 62, 63
마르쿠제 ····························224
마르크스주의 ·········220, 222~234, 237, 247~249
마이네케(F. Meinecke) ············218
마자르족 ·······························21
마키아벨리 ···············95, 101, 122
만유재신론······························218
망드루(R. Mandrou) ················244
맥코믹 신학대학 ···············131, 132
맥퍼슨··································121
모하메드 ······························15
몽테스큐 ······························93
무디·····································132
문예부흥 ······························40
문화주의 ·········225, 227, 230, 233
민석홍 ··················234, 237, 245
민족이동 15, 17, 19, 21, 22, 25, 26
민주화 선언 ······153, 156, 158, 180
민주화 운동 ············179, 180, 182

ㅂ

박경호··································170
박래전 ························181, 182
박자중··································167
박태준··································170
박형룡··································169
박희도··································173
반달족 ··························18, 194
배교장··································133
배위량 ············128~149, 163, 169, 171, 172, 184

배타주의 ··························24, 25
베렌게르 ································51
베르나르 사르트르 ····················46
베어드(C. Beard) ·················221
베커(C. Becker) ····················221
변증법적 유물사관 ·················223
병자수호조약·························136
병행주의 ··············31, 54, 57, 58,
59, 60, 61, 62
보니파키우스 8세 ··············57, 59
보벨(M. Vovelle) ···········244, 276
보에티우스 ····························43
보에티우스 다치아 ····················52
보편자·········48, 49, 50, 51, 52, 53
보편적 정치공동체 ····················24
보편제국··························25, 272
봉건제도(Feudalism) ···10, 14, 22,
23, 226, 237, 255,
265, 266, 278
봉토 ·····································23
부농(Yeoman) ··············108, 259
불입권····························23, 253
브레너 ·················259, 260, 278
브로델 ········236, 238, 239, 240,
242~244, 246, 247, 250
브리튼 ·················199, 204, 205
블로흐(M. Bloch)······21, 234, 236,
237, 243, 257, 275
비드·····································192
비코 ····································246

ㅅ

사건사 ·················239, 240, 241
사도 바울(St. Paul) ·········189, 190,
191, 207, 212, 213, 216
사료학···································217
사르트르 학파 ····················46, 50
사무엘 마펫(Samuel Moffett)
·················132, 133, 134, 148
사회유기체론 ························273
상대주의자····························221
상향적 정치의식 ······················59
샤를마뉴 대제··············10, 20, 22,
199, 200, 270, 271
서고트족·······················17, 18, 19
서던 ··············195, 196, 201, 212
서술사 ··························248, 250
서임권투쟁 ····························55
선교학교································143
성 베네딕트 ························35, 38

성 베르나르 …………………………50
성 보나벤투라 ………………………50
성 아우구스틴…33, 39, 43, 44, 49, 54, 57, 191~194, 200~202, 207, 212, 213, 270, 274
성 안젤름 …………………41, 44, 50
성 프란시스 …………………………50
성 피터 ……………………………30, 55
성령의 시기 ………………………201
성부의 시기 ………………………201
성육화 …………………………43, 44
성자의 시기 ………………………201
세바인 ……………………………91
속권 ……………25, 31, 42, 46, 59, 61, 62, 264, 272
쇼뉘(P. Chaunu) ………………244
수도원 교육 ………………………39
수도원 운동 ………………29, 35, 38
수에브족 …………………………18
수장제 교황정부 …………………57
수평파 ……………………115, 125
순찰사 ……………………………22
숭실학당 ………128, 136, 145~147, 163~167
쉬뉘(M. Chenu) …………………198
스콜라사상…40, 43, 53, 71~77, 89
스튜어트 왕가 ………107, 108, 126
슬라브족 ……………………18, 89
시간성 …………195, 202, 203, 213
시제르 브라방 ……………………52
성 아우구스틴 시토교단 ……37, 38
신 트로이 ………………………205
신국론 ……………………191, 193
신맬더스주의 ……………………244
신비주의 …………28, 50, 236, 269
신사참배 ………………164, 174, 175
신성로마제국 ……………………24
신실증주의 ………………………249
신의 군단 …………………………40
신정적 정치의식 …………………54
신학대전 …………………………51
실재론 ……………………49, 50, 53
심성사 ……………………244, 276

ㅇ

아귈롱(M. Agulhon) ……………244
아나스타시우스 …………………30
아날학파 ……………220, 234~ 249
아더 ……………………199, 200
아도르노 ………………………224

아리스토텔레스 …………43, 47, 48, 50~54, 56, 59, 62, 63
아리애스(P. Aries) ………………244
아리우스파 ……………………18, 32
아바르족 …………………………19
아베라르 …………………47, 50, 51
아베로이스 …………47, 51, 52, 62
아비세나 …………………………47
아에네아스 …………………197, 199
아우구스투스 …………………12, 194
아우구스티누스 트리움푸스 ………50
아우구스틴 켄터베리 ………32, 203
아우구스틴주의 ………………62, 63
안토니오 그람시 …………………224
알란족(Alans) ……………………18
알렉산더 ……………………199, 200
알베르투스 마그누스 ………………50
어컨월드 ………190, 201~206, 213
애니 로리 아담스……………131, 134
앤더슨(B. Anderson) ……188, 189, 207
앤더슨(P. Anderson) ……14, 225, 226, 278
에기디우스 로마누스 ………………50
에드워드 기본(E. Gibbon) ………17
에르스트 트뢸취……………………28
에리게나 …………………………41
에카르트 …………………………50
여섯 역사 시기 ……………………192
여성사 …………252, 263, 276, 279
여호수아……………………………199
역사가 그룹 ………………………227
역사주의 ………17, 217~220, 222, 233, 246~248
연옥 ……………………………237, 277
예언주의 ………195, 196, 201, 212
예정설 ……………………………34
오로시우스 ……193~195, 198, 200, 202, 207, 212, 213
오도아케르 …………………………14
오토 대제……………………………24
오토 프라이징 ……………………198
온건 실재론…………………………49
올리버 크롬웰 …………91, 101, 116, 122, 123
왈라스틴 …………………………225
요아힘 피오르 ………201, 202, 212
울만 ……………………………54, 63
위클리프…………………………63, 273
윌리암 샹뽀…………………………50

윌리암 옥세르 ··························60
윌리암 정복왕 ··················23, 256
윌리엄 오캄 ·················52, 53, 63
유다 마카베우스 ····················199
유명론··············49, 51, 52, 53, 63
유스티니아누스 대제 ···········15, 19
윤산온 ····················170, 172, 174
은대지 ································22
음악전도대 ····················169, 170
이거스(G. Iggers) ·················245
이르네리우스 ·························45
이시도르 세빌 ······················193
이중진리설 ···························52
이효계································182
인간과학 ··············235, 238, 239, 243, 247
인노센트 3세 ························56
인문주의 ··············17, 26, 27, 44, 46~49, 80~85, 89
인문학 ·················39, 40, 47, 48
인민주권론 ················54, 60, 61
인민주의 정치의식 ····················54
인정법 ·····························45, 57
일반학교 ·····························42
입법권································106

ㅈ

자강운동·····························136
자연이성 ···················48, 51, 57
자유농 ···········108, 255, 256, 258
작 르고프 ·····························37
장원적 생산양식 ······················23
재정복 ································47
재판권 ································99
전체사 ················236, 238, 240, 243, 244, 247
절충주의 ···························245
제국의 이전 ·····195, 196, 197, 207
제노 ··································14
제임스 비터보 ························63
젠트리 ········91, 94, 108, 116~120, 122, 123, 124
조만식································170
조선국민회···························172
조요한································182
존 마틴 베어드(John Martyn Baird) ·······························130
존 베어드(John Baird) ···········129
존 솔즈베리 ·············46, 272, 273
존 파리 ·······························60
존 패리스(John Faris) ···········130

존 패리스 베어드 ······131
종교개혁가 ······17, 26
종말론적 역사의식 ······191
종말론주의······201
주석학파 ······45
주의주의(voluntarosm) ···53, 218, 234
주지주의(intellectualism)···38, 41, 53
중세대학 ······42, 43, 77~80, 89
중세 변증법······48
지오프리 몬마우쓰 ······196, 199
지중해 ······10, 11, 12, 14, 16, 20, 21, 25, 238, 243
질송(E. Gilson) ······48, 63

ㅊ

찰스 1세 ······90, 91
찰스 마르텔 ······19

ㅋ

카롤링 제국 ······10, 20
카르투지아파 ······38
카씨도루스 ······38
카아 ······220
카이사르(Caesar) ······199
코르쉬 ······224
콘스탄티노플 ···14, 16, 30, 32, 203
콘스탄티누스대제 ······12, 13, 18
콜링우드 ······220
크로체 ······220
크롬웰 ······91, 101, 116, 122, 123
클로비스 ······18
클루니파 ······38

ㅌ

테오도릭 ······14, 31
테오도시우스(379-395) ······14
토니 ······93, 94, 126
토마스 아퀴나스······31, 50~54, 57~59, 62, 273
토마스주의 ······94, 95, 96
톰슨 ······225, 227~234, 247
트라야누스 ······98~117, 204
트레버-로퍼 ······94, 122

ㅍ

펏니 논쟁(the Putney Debate) 115
페브르 ······234~236, 238, 243
페트라르카 ······16, 189

펠라기우스 ··················33, 34, 57
평양선교부 ·····················145, 146
포스탄 ···························275, 278
포스트 모더니즘··············207, 213
포콕 ·································94, 95
풀베르 ·································46
퓌레(F. Furet)·······················244
프란시스스회 ···························· 38
프랑크족 ··························18, 19
프랑크푸르트 학파···········224, 228
플라톤 ···········39, 43, 9, 95, 273
피핀 ·······································19
핑크 ································94, 95

ㅎ

하노바 대학 ····················131, 132
하향적 정치의식 ···········54, 56, 57
한경직 ···········170, 176, 177, 178
한국기독교박물관 ···········174, 177
한창선·································170
해링턴···························90~126
해체주의 ·······················221, 246
헥토르·································199
현제명·································170
형남공학관 ·····················177, 178
호르크하이머 ··················224, 225
혼합정부(mixed government)
···95
홉스보움 ························225, 227
화이트 ··························152, 246
화체설 ·····································51
황제가신 ·································22
황제교권주의 ··················30, 269
후기 주석학파·························45
훈족 ·······································17
휴그 생 빅토르(1096-1141)
································50, 197
힐 ································225, 227
힐데가르트 빙헨··············201, 202
힐튼 ·····································225

한 사학도의 역사산책

초판인쇄 2011년 2월 14일
초판발행 2011년 2월 18일

❙ 지은이 _ 박은구
❙ 펴낸이 _ 숭실대학교출판부
서울시 동작구 상도동 511
❙ 등 록 _ 제14-2호(1982. 1. 25)
TEL. 02-820-0771~2
FAX. 02-817-5297
http://press.ssu.ac.kr
❙ 찍은곳 _ 네오프린텍
TEL. 02-718-3111
FAX. 02-704-3113

[값 20,000원]

ISBN 978-89-7450-262-1 93920